中国旅游业普通高等教育应用型规划教材

旅游消费者行为学

（第二版）

主编 ◎ 邹勇文　刘德军　林文凯　　**副主编** ◎ 刘玉凤　肖　刚　曹国新　艾晓玉

中国旅游出版社

总　序

　　受中国旅游出版社的邀请，由我担任中国旅游业普通高等教育应用型规划教材编审委员会主任。本人自 1993 年跻身高等旅游教学团队之列，至今已 30 年，大概从 2013年起，自认为在旅游管理教学方面有了一些心得，于是就产生了为我国高等院校旅游管理专业本科及其专业核心课程开发一套教材的想法。基于旅游行业对于应用型、实战型、复合型人才的要求，意欲对旅游管理专业的理论知识、技术或技能体系进行全方位、多维度的系统梳理，使教师能够更有自信并能更有针对性地开展教学，学生能更准确、更明白、更直接地了解、熟悉、掌握、运用有关旅游管理的理论知识、技术或技能体系，提高从事旅游管理的业务能力。中国旅游出版社提出中国旅游业普通高等教育应用型规划教材的编写计划，对我可以说是正中下怀，得偿所愿。

　　2016 年 3 月 5 日，中国旅游出版社和南昌大学旅游管理系（现为旅游学院），联合十多所高等院校，举行了编写会议。其后，确定了以南昌大学江西发展研究院院长、旅游研究院院长黄细嘉教授为主任委员兼总主编和总协调人，江西财经大学旅游发展研究院院长邹勇文教授、江西师范大学旅游系冯淑华教授、江西科技师范大学旅游学院周叶教授、上饶师范学院院长殷剑教授、九江学院旅游与国土资源学院院长李松志教授、赣南师范大学历史文化与旅游学院副院长樊国敬教授、井冈山大学商学院旅游管理教研室主任王伟年教授、上饶师范学院历史地理与旅游学院张志荣教授、南昌工程学院工商管理学院旅游管理教研室主任涂远芬副教授、宜春学院经济与管理学院胡林龙教授、南昌大学旅游学院龚志强教授、南昌大学旅游学院院长旷天伟副教授 12 位江西旅游教育界学者为副主任委员，中国旅游出版社段向民编辑为秘书长的教材编审委员会。会议明确了该套教材由 7 门旅游管理专业本科核心课程和 6 门特色课程组成：旅游学原理、旅游经济学、服务运营管理、旅游目的地管理、旅游消费者行为学、旅游资源管理、旅游法规、旅游电子商务、旅游调查方法与实务、旅游形象推广、旅游规划与项目策划、旅游案例分析、旅游创意与创业。这次会议明确了组织构架，安排了相关编写人员，确定了编写计划，之后立即投入工作。

作为编审委员会主任，必须想清楚、弄明白到底什么是教材，以便于确立编写要求并指导编写。一般来说，将教材区别为广义和狭义两种。其中，广义的教材泛指对人有教育作用、有利于学习者增长知识或发展技能的所有材料。其形式并不仅限于教师自己编写或设计装订成册或正式出版的书本，还包括计算机网络上使用的各类学习材料。狭义的教材是根据教学大纲和实际需要，为师生教学应用而编选的材料（教科书）。我个人认为，当下教育部倡导或组织编写的国家级规划教材，是最典型的教材，都是在总结前人研究成果和经验材料的基础上，形成一般性知识概念界定和成熟理论概括，并非提倡将个人的学术创见作为教科书传授的内容。也就是说，只有当一种理论和知识成为学界普遍接受的观点时，它才可以被写进教材。因此，教材虽是反映人类社会具有普遍价值的知识，但它还有一个不断修改、充实、提炼、完善和提高的过程。教材旨在为教师的教学工作提供核心主题、基本线索，为学生的学习活动提供知识结构、操作方法，旨在培养其能力素养。因此，教材就需要体现教师实力，贴近学生实际，跟随时代与行业潮流，引导学生进行自主探索与合作交流，并关注对学生人文精神的培养，注重多维教学方法的运用。只有明白教材的作用与意义，我们才能知道自己是否适合、是否可以、是否应该从事教材编写工作。教材虽是编纂、编写、编著，但同样是一件不容易的事，因为它反映和传播的是人类学术共同体的"公识"和社会所普遍接受的"共知"，所有的概念、原理、范式、模型，必须是深入其里、出乎其中、得其要义的。一般没有理论积淀、知识集成、教学积存、实践积累的人，是难登堂奥的。

可以说，教材编写，于学术研究是一项登堂入室才可出神入化的工作，于知识传承是承前启后方能继往开来的工作，于人才培养是一项功在当代才能利在千秋的工作，于教育教学是一项科学严谨才不会误人子弟的工作。因此，其编写人员，应该具有丰富的教学实践经验以及较深的学科专业造诣，对本学科专业及相关学科专业的现状及发展趋势，有全面深刻的了解，同时还要有与时俱进的能力和改革创新的精神。此次中国旅游业普通高等教育应用型规划教材，在方法上努力解决"怎样编"的问题，即把握好继承、发展与创新的关系，在研究、消化、吸收以往相关著作和同类教材的基础上，有所继承，有所发展，有所创新，把握趋势、调整方法。内容上明确"编什么"的问题，即要有一个宏观的把握，遵循完整性、系统性、科学性、实用性、针对性等原则，在素材和案例选取时，要体现旅游管理学科专业的本质、联系旅游产业发展实际、体现旅游管理专业特色，关注旅游业的热点问题。国内外旅游实践中的实例，应展现旅游管理应用型教材的知识概念、学理结论、逻辑思想、实践方法，即以是否反映教材知识的实际应用为原则，组织材料、编写内容。在主体对象上处理好"为谁编"的问题，即充分体现"以学生为本""以学生的终身职业发展为本"的教育理念，注重学生的实训、见习、实习、实践教学环节的设计及运用知识分析问题、解决问题的能力和创新、综合、实战能力的培养。

当然，旅游管理专业教材的编写，不能完全出于个人追求和意愿，最主要的还是要适应全域旅游发展趋势下对旅游管理人才培养的新要求。该套教材的编写，主要缘于教育部将旅游管理类专业确立为应用型专业的教学改革精神，为顺应中国旅游业转型升级对高等旅游管理教育的新期待，进一步提高旅游管理专业本科课程教材水平和质量，推动应用型高等旅游管理类专业的国家级规划教材建设，深化旅游管理专业教学改革，发挥教材建设在提高人才培养质量中的基础性作用，根据教育部普通高等学校旅游管理类专业本科教学指导委员会历次会议，关于教材建设的相关要求，现以我所在的南昌大学为主体，主要联合其他各大高等院校多年从事旅游管理专业本科教学的教师，共同完成教材编写工作。

本套教材是普通高等学校旅游管理专业本科核心课程和特色课程教材，编写者在认真研究 21 世纪旅游管理专业本科教材建设的新思路、新机制和新方法基础上，力求开发一批既能反映现代科学技术先进方法，又符合我国旅游行业人才培养目标和培养模式要求，既对应用型旅游管理专业本科人才培养具有普遍适用性，又对旅游管理高端应用型人才培养具有特殊针对性的教材。在此，对于教材的定位，有几点宏观的原则性要求：一是追求教育高品位、教学高水平、教材高质量的精品教材；二是致力于所编内容有分量、所选案例有价值、所做阐述有贡献的经典教材；三是编写占领学科前沿阵地、体现专业前卫实践、反映学生前景应用的先进教材；四是钻研体现教师严谨教风、学生严肃学风、教学严格作风的严实教材；五是开发树立涵养创意策划思想、培育创造精神、培养创业能力的创新教材。即编写一套材料选择精当、案例分析精到、表现形式精致、篇章内容精深的精华教材。

本套教材力求反映高等学校旅游管理专业本科教学必需的基础理论、基本知识、基本技能和业务操作常识，课程体系建设立足旅游行业的现状特点和发展态势，以及人才市场的新需求。教材的特色追求主要体现在：一是围绕高端应用型、技能型旅游管理专业本科人才培养目标，参照旅游行业职业岗位任职要求，引入行业、企业技术标准或规范，实现专业课程内容与职业标准对接；二是紧贴旅游行业的最新发展变化，主动适应旅游经济发展需要，突出应用性与基础性、实践性与理论性、前瞻性与回顾性、灵活性与原则性、内生性与开放性的统一；三是根据应用型旅游管理专业本科课程体系、教学内容要求和学生学习特点，在进行教学组织时，要求重视学生课堂的理论与知识讲解教学、教学基地的技能与技术实训演练、实际工作部门的见习与实习等实践活动，将旅游管理专业本科教学过程与旅游行业实践活动过程有效对接，提供相应的实践教学环节的课程设计、毕业设计方案；四是根据应用型人才培养需要，体现个性化与通用性、规范化与创新性、稳定性与动态性相结合，定制化培养旅游企业操盘手、项目营运师、职业经理人和文创策划师等高端应用型旅游管理人才，服务国家和地方旅游经济发展。

　　本套教材的主要适宜人群是从事旅游管理专业本科教学的师生以及旅游与文化等产业的从业人员。我们力求以旅游实践、行业技能等应用为导向，兼顾理论与知识体系的构建，为旅游管理专业师生提供一套较为系统完整的旅游管理理论知识、技术或技能体系。理论不断创新，知识不断更新，技术技能立新，教材的编写也存在一个既相对稳定又不断发展的过程。本套教材难免存在不足和疏漏之处，敬请各位同行和广大读者批评指正！

黄细嘉

2022 年 5 月

再版前言

随着全球经济一体化的不断推进，旅游业已成为推动世界经济发展的重要力量。作为旅游市场的核心参与者，旅游消费者的行为模式和决策过程对于旅游产业的发展具有深远的影响。《旅游消费者行为学（第二版）》旨在深入剖析旅游消费者的心理活动、行为动机以及消费决策，为旅游从业者提供科学的指导和策略参考。

本书在第一版的基础上，结合近年来旅游市场的最新动态和研究成果，进行了全面而深入的修订和更新。

再版教材保留了第一版教材经典的理论框架，增加了绪论，将党的二十大精神、习近平文化思想、旅游强国等内容纳入教材，从而实现教材育人功能持续增强和内容动态更新。并且更新了内容和案例素材，选取了近年来国内外旅游业发生的典型案例，并结合新媒体传播的特点，增强了内容的时代性和可读性，力求使读者能够更直观地理解和把握旅游消费者行为的复杂性和多样性。

再版内容更加关注数字化时代对旅游消费者行为的影响。互联网和移动技术的普及极大地改变了消费者的信息获取方式和购买习惯。现在，消费者可以通过社交媒体、在线评论和比较网站等多种渠道了解旅游产品和服务，这增加了他们的选择范围，但也带来了信息过载的问题。因此，如何在海量信息中做出合理的决策，成了现代旅游消费者面临的新挑战。

为了帮助读者更好地理解这些概念和理论，本书采用了丰富的案例和实证研究。这些案例涵盖了不同类型的旅游目的地、不同的消费群体以及各种旅游产品，展示了旅游消费者行为的实际应用。通过对这些案例的分析，我们可以看到理论与实践之间的联系，以及如何将理论知识应用到实际的市场分析和营销策略中。

《旅游消费者行为学（第二版）》系统介绍了旅游消费者行为的理论和实践。它不仅适合旅游专业的学生和教师作为教材使用，也为旅游业内的从业者提供了宝贵的参考。通过对本书的学习，我们可以更深入地了解旅游消费者的需求和行为模式，从而设计出更符合市场需求的旅游产品和服务，推动旅游业的健康和持续发展。

书中不足之处在所难免，敬请读者批评指正！

编者

2025 年 1 月

前 言

随着国家将旅游业培育成为国民经济的战略性支柱产业和人民群众更加满意的现代服务业，并将其列为"五大幸福产业"之首，旅游在国家经济社会发展体系中的战略定位日益凸显。在经济新常态环境下，中国旅游全面进入大众休闲时代，休闲旅游成为国民生活的新亮点，深度体验旅游是旅游消费者的新常态。旅游业作为现代服务业的重要组成部分，要促进产业转型升级，拓展"旅游+"功能化融合发展，提升旅游发展品质，满足旅游者消费需求。面对当前背景，必须全面把握旅游市场发展的需求，必须精准深入研究旅游消费者需求，准确开发旅游产品，强化旅游产品的体验功能，推动中国旅游进入全域发展的新时代。

为适应中国旅游业全域发展的新常态，必须加强旅游管理高等人才的培养来支撑全域旅游发展。本书紧紧围绕"十三五"时期我国高等教育创新型人才培养目标，满足旅游管理人才应用型、复合型的培养要求，探索旅游管理人才培养与旅游市场需求的无缝对接。本书紧扣旅游消费者的旅游行为全过程这一核心，全面展开旅游消费者的动机、感知、态度、决策、体验、满意度和忠诚度，以及社会群体和亚文化对旅游消费者行为的影响机制研究。强化旅游消费者行为的最新理论与最新案例分析，将"学以致用"的理念渗入教材编写全过程，突出教材内容的丰富性和可读性。

本书由江西财经大学旅游与城市管理学院院长邹勇文博士主编，并负责拟定大纲、组织撰写和统稿审核，旅游管理系教师参与编写，具体分工如下：第一章，肖刚、曹国新；第二章，艾晓玉；第三、四、五章，林文凯；第六章，刘玉凤、邱婷（南昌师范学院）；第七、八章，刘德军；第九章，刘玉凤、邱婷；第十章，肖刚。本书可作为旅游管理类专业的本科生和硕士生教材，也可供旅游企业管理人员、旅游行政管理人员和旅游爱好者参考学习。

在编写本书过程中，参阅并借鉴了大量国内外专家、学者的相关最新成果，在此，向他们表示诚挚的谢意！由于编者水平有限，书中难免有疏漏之处，敬请广大读者批评指正。

编者

2017 年 2 月

目　录

绪　论

第一节　深入学习贯彻党的二十大精神

　　党的二十大是在全党全国各族人民迈上全面建设社会主义现代化国家新征程、向第二个百年奋斗目标进军的关键时刻召开的一次十分重要的大会，是一次高举旗帜、凝聚力量、团结奋进的大会。党的二十大在政治上、理论上、实践上取得了一系列重大成果，就新时代新征程党和国家事业发展制定了大政方针和战略部署，是我们党团结带领人民全面建设社会主义现代化国家、全面推进中华民族伟大复兴的政治宣言和行动纲领，对于全党全国各族人民更加紧密团结在以习近平同志为核心的党中央周围，万众一心、接续奋斗，在新时代新征程夺取中国特色社会主义新的伟大胜利，具有极其重大而深远的意义。学习贯彻党的二十大精神，习近平总书记强调的"五个牢牢把握"是最精准的解读、最权威的辅导。要从战略和全局高度完整、准确、全面理解把握党的二十大精神，增强学习贯彻的政治自觉、思想自觉、行动自觉，为实现党的二十大确定的目标任务不懈奋斗。

一、深刻认识党的二十大胜利召开的伟大意义，提升新时代大学生政治站位

　　党的二十大担负起全党的重托和人民的期待，从战略全局深刻阐述了新时代坚持和发展中国特色社会主义的一系列重大理论和实践问题，科学谋划了未来一个时期党和国家事业发展的目标任务和大政方针，在党和国家历史上具有重大而深远的意义。

（一）这是中国共产党在百年辉煌成就和十年伟大变革的高起点上创造新时代更大荣光的大会

　　中国共产党在百年历程中共召开了十九次全国代表大会。党的二十大是我们党在建党百年后召开的首次全国代表大会，也是在新时代十年伟大变革的时间坐标上召开的全国代表大会，具有特别的里程碑意义。

（二）这是推进实践基础上的理论创新、开辟马克思主义中国化时代化新境界的大会

马克思主义中国化时代化既是马克思主义的自身要求，又是中国共产党坚持和发展马克思主义的必然路径。中国共产党为什么能，中国特色社会主义为什么好，归根到底是马克思主义行，是中国化时代化的马克思主义行。党的二十大深刻阐述了习近平新时代中国特色社会主义思想的科学内涵和精神实质，深入阐释了开辟马克思主义中国化时代化新境界的重大命题并提出了明确要求，具有重大理论意义。

（三）这是谋划全面建设社会主义现代化国家、以中国式现代化全面推进中华民族伟大复兴的大会

现代化是各国人民的共同期待和目标。百年来，我们党团结带领人民进行的一切奋斗、一切牺牲、一切创造，就是为了把我国建设成为现代化强国，实现中华民族伟大复兴。在新中国成立特别是改革开放以来的长期探索和实践基础上，经过党的十八大以来在理论和实践上的创新突破，我们党成功推进和拓展了中国式现代化，创造了人类文明新形态。党的二十大明确提出以中国式现代化全面推进中华民族伟大复兴的使命任务，精辟论述了中国式现代化的中国特色、本质要求和重大原则，深刻阐释了中国式现代化的历史渊源、理论逻辑、实践特征和战略部署，大大深化了我们党关于中国式现代化的理论和实践。

（四）这是致力于推动构建人类命运共同体、携手开创人类更加美好未来的大会

当前，世界之变、时代之变、历史之变正以前所未有的方式展开，人类社会面临前所未有的挑战。世界又一次站在历史的十字路口，何去何从取决于各国人民的抉择。党的二十大深刻把握世界大势和时代潮流，宣示中国在变局、乱局中促进世界和平与发展、推动构建人类命运共同体的政策主张和坚定决心，为共创人类更加美好的未来注入强大信心和力量。

（五）这是推动解决大党独有难题、以党的自我革命引领社会革命的大会

全面建设社会主义现代化国家、全面推进中华民族伟大复兴，关键在党。党的二十大明确提出：我们党作为世界上最大的马克思主义执政党，要始终赢得人民拥护、巩固长期执政地位，必须时刻保持解决大党独有难题的清醒和坚定。

二、深刻把握党的二十大主题，激发新时代大学生爱国热情

党的二十大的主题，正是我们党对这些事关党和国家事业继往开来、事关中国特

色社会主义前途命运、事关中华民族伟大复兴战略性问题的明确宣示，是大会的灵魂。习近平总书记在党的二十大报告中，开宗明义指出大会的主题："高举中国特色社会主义伟大旗帜，全面贯彻新时代中国特色社会主义思想，弘扬伟大建党精神，自信自强、守正创新，踔厉奋发、勇毅前行，为全面建设社会主义现代化国家、全面推进中华民族伟大复兴而团结奋斗。"这一主题明确宣示了我们党在新征程上带领人民举什么旗、走什么路、以什么样的精神状态、朝着什么样的目标继续前进等重大问题。《中国共产党第二十次全国代表大会关于十九届中央委员会报告的决议》指出："报告阐明的大会主题是大会的灵魂，是党和国家事业发展的总纲。"学习领会党的二十大精神，必须把握这一"灵魂"，抓住这一"总纲"。大会主题中的六个关键词语值得我们高度重视。

（一）旗帜

新时代新征程党高举的旗帜就是"中国特色社会主义伟大旗帜"。大会主题写入这一根本要求，既体现了中国特色社会主义历史演进的连续性、继承性，又体现了新时代党坚持和发展中国特色社会主义的坚定性、恒久性。

（二）思想

大会主题所指示的"全面贯彻新时代中国特色社会主义思想"，就是要求在新时代新征程必须全面贯彻习近平新时代中国特色社会主义思想。党的二十大报告对此作出全面部署。

（三）精神

继在庆祝中国共产党成立100周年大会上习近平总书记提出并号召继承发扬伟大建党精神后，党的二十大主题写入了"弘扬伟大建党精神"的要求，新修改的党章载入了伟大建党精神"坚持真理、坚守理想，践行初心、担当使命，不怕牺牲、英勇斗争，对党忠诚、不负人民"的内涵，这是党在自己最高权力机关及最高章程上的庄严宣示，明确回答了党以什么样的精神状态走好新的赶考之路的重大问题，不仅是贯穿大会报告的重要红线，也是今后党的全部理论和实践的重要遵循。

（四）现代化

"现代化"即"全面建设社会主义现代化国家"。这一重要主题彰显了当前和今后一个时期党的中心任务。党的二十大庄严宣告："从现在起，中国共产党的中心任务就是团结带领全国各族人民全面建成社会主义现代化强国、实现第二个百年奋斗目标，以中国式现代化全面推进中华民族伟大复兴。""中国式现代化"成为这次大会的重要标识。

（五）复兴

在党的二十大主题中，前后用了三个"全面"，即"全面贯彻新时代中国特色社会主义思想""全面建设社会主义现代化国家""全面推进中华民族伟大复兴"。第一个"全面"规定了新时代党的创新科学理论的指导地位，第二个"全面"规定了新时代新征程的中心任务，第三个"全面"规定了党在新时代新征程的奋斗目标。大会主题中的前两个"全面"，以及报告全文使用的其他一百多个"全面"，都是为了实现"全面推进中华民族伟大复兴"这一根本目标。

（六）团结奋斗

"团结奋斗"是党的二十大主题的鲜明特色。除了在主题中要求"为全面建设社会主义现代化国家、全面推进中华民族伟大复兴而团结奋斗"外，"团结奋斗"一词还体现在党的二十大报告的标题、导语、正文、结束语各个部分。报告全文共使用7次"团结奋斗"、27次"团结"，突出表达了这次大会的主基调。

三、深入学习领悟过去五年工作和新时代十年伟大变革的重大意义，增强新时代大学生民族自豪感

过去五年和新时代以来的十年，在党和国家发展进程中极不寻常、极不平凡。习近平总书记在党的二十大报告中全面回顾总结了过去五年的工作和新时代十年的伟大变革，深刻指出新时代十年的伟大变革，在党史、新中国史、改革开放史、社会主义发展史、中华民族发展史上具有里程碑意义。学习宣传、贯彻落实党的二十大精神，必须深入学习领悟过去五年工作和新时代十年伟大变革的重大意义，坚定历史自信、增强历史主动，自觉在思想上政治上行动上同以习近平同志为核心的党中央保持高度一致。

党的二十大报告在总结党的十九大以来五年工作基础上，用"三件大事"、三个"历史性胜利"高度概括新时代十年走过的极不寻常、极不平凡的奋斗历程，从16个方面全面回顾党和国家事业发展取得的举世瞩目的重大成就，从4个方面总结提炼新时代十年伟大变革的里程碑意义。新时代十年的伟大变革，充分证明中国特色社会主义道路不仅走得对、走得通，而且走得稳、走得好。

四、深刻领会"两个结合"是推进马克思主义中国化时代化的根本途径，加强新时代大学生弘扬中华优秀传统文化教育

党的二十大报告提出，中国共产党为什么能，中国特色社会主义为什么好，归根到底是马克思主义行，是中国化时代化的马克思主义行。100多年来，我们党洞察时代大势，把握历史主动，进行艰辛探索，坚持解放思想和实事求是相统一、培元固本和守正创新相统一，把马克思主义基本原理同中国具体实际相结合、同中华优秀传统文化相结

合，不断推进理论创新、进行理论创造，不断推进马克思主义中国化时代化，带领中国人民不懈奋斗，中华民族迎来了从站起来、富起来到强起来的伟大飞跃，实现中华民族伟大复兴进入了不可逆转的历史进程。

马克思主义理论不是教条，而是行动指南。习近平总书记在党的二十大报告中指出："我们坚持以马克思主义为指导，是要运用其科学的世界观和方法论解决中国的问题，而不是要背诵和重复其具体结论和词句，更不能把马克思主义当成一成不变的教条。"坚持和发展马克思主义，必须同中国具体实际相结合。100多年来，我们党把坚持马克思主义和发展马克思主义统一起来，既始终坚持马克思主义基本原理不动摇，又根据中国革命、建设、改革实际，创造性地解决自己的问题，不断开辟马克思主义中国化时代化新境界。坚持和发展马克思主义，必须同中华优秀传统文化相结合。只有植根本国、本民族历史文化沃土，马克思主义真理之树才能根深叶茂。中华优秀传统文化源远流长、博大精深，是中华文明的智慧结晶，其中蕴含的天下为公、民为邦本、为政以德、革故鼎新、任人唯贤、天人合一、自强不息、厚德载物、讲信修睦、亲仁善邻等，是中国人民在长期生产生活中积累的宇宙观、天下观、社会观、道德观的重要体现，同科学社会主义核心价值观主张具有高度契合性。中国共产党之所以能够领导人民成功走出中国式现代化道路、创造人类文明新形态，很重要的一个原因就在于植根中华文化沃土，不断推进马克思主义中国化时代化，推动中华优秀传统文化创造性转化、创新性发展。

五、牢牢把握全面建设社会主义现代化国家开局起步的战略部署，指引新时代大学生守正创新促发展

党的二十大站在党和国家事业发展的制高点，科学谋划了未来五年乃至更长时期党和国家事业发展的目标任务和大政方针，发出了全面建设社会主义现代化国家、全面推进中华民族伟大复兴的动员令。

"全面建成社会主义现代化强国，总的战略安排是分两步走：从二〇二〇年到二〇三五年基本实现社会主义现代化；从二〇三五年到本世纪中叶把我国建成富强民主文明和谐美丽的社会主义现代化强国。"党的二十大对全面建成社会主义现代化强国两步走战略安排进行了宏观展望，又围绕统筹推进"五位一体"总体布局、协调推进"四个全面"战略布局，从11个方面对未来五年工作作出全面部署，全面构建了推进社会主义现代化建设的实践体系。特别是把教育科技人才、全面依法治国、维护国家安全和社会稳定单列部分进行具体安排，充分体现了抓关键、补短板、防风险的战略考量，是党中央基于新的战略机遇、新的战略任务、新的战略阶段、新的战略要求、新的战略环境做出的科学判断和战略安排，必将引领全党全国各族人民有效应对世界之变、时代之变、历史之变，推动全面建设社会主义现代化国家开好局、起好步。

六、深入把握党的二十大关于文化和旅游工作的部署要求，推动文旅融合高质量发展

党的二十大作出推进文化自信自强、铸就社会主义文化新辉煌的重大战略部署，要准确把握社会主义文化建设的指导思想和原则目标、战略重点和主要任务以及中国立场和时代要求。

（一）要准确把握社会主义文化建设的指导思想和原则目标

报告指出："全面建设社会主义现代化国家，必须坚持中国特色社会主义文化发展道路，增强文化自信，围绕举旗帜、聚民心、育新人、兴文化、展形象建设社会主义文化强国，发展面向现代化、面向世界、面向未来的，民族的科学的大众的社会主义文化，激发全民族文化创新创造活力，增强实现中华民族伟大复兴的精神力量。"报告明确提出了社会主义文化建设的根本指导思想、基本原则和奋斗目标，坚持为人民服务、为社会主义服务，以社会主义核心价值观为引领，发展社会主义先进文化，弘扬革命文化，传承中华优秀传统文化，满足人民日益增长的精神文化需求，巩固全党全国各族人民团结奋斗的共同思想基础，不断提升国家文化软实力和中华文化影响力。

（二）要准确把握社会主义文化建设的战略重点和主要任务

党的二十大报告提出了建设具有强大凝聚力和引领力的社会主义意识形态、广泛践行社会主义核心价值观、提高全社会文明程度、繁荣发展文化事业和文化产业、增强中华文明传播力影响力五个方面的战略任务，准确把握、全面落实好这些战略重点和主要任务，对推进文化自信自强、铸就社会主义文化新辉煌具有重要基础支撑作用。

（三）要准确把握社会主义文化建设的中国立场和时代要求

党的二十大报告指出："中华优秀传统文化源远流长、博大精深，是中华文明的智慧结晶。"要把马克思主义基本原理与中华优秀传统文化相结合，不断推进马克思主义中国化，增强中华文明的传播力和影响力。

（四）以文塑旅、以旅彰文、推进文化和旅游深度融合发展

党的二十大报告明确提出："加大文物和文化遗产保护力度，加强城乡建设中历史文化保护传承，建好用好国家文化公园。坚持以文塑旅、以旅彰文，推进文化和旅游深度融合发展。"这些重要论述，为文旅行业把握新发展阶段，贯彻新发展理念，构建新发展格局，推动高质量发展点明了方向，指明了路径，是未来5年乃至更长一段时间内文旅行业融合发展实践的根本遵循和行动指南，对文旅行业实现理念重构和实践创新具有非常重要的现实指导意义。

七、深刻把握团结奋斗的新时代要求，为文旅行业培养高素质人才

在党的二十大上，习近平总书记宣示新时代新征程党的使命任务，发出了全面建设社会主义现代化国家、全面推进中华民族伟大复兴的动员令。从现在起，中国共产党的中心任务就是团结带领全国各族人民全面建成社会主义现代化强国、实现第二个百年奋斗目标，以中国式现代化全面推进中华民族伟大复兴。

美好的蓝图需要埋头苦干、团结奋斗才能变为现实。习近平总书记的铿锵宣示充满信心和力量——"党用伟大奋斗创造了百年伟业，也一定能用新的伟大奋斗创造新的伟业"。让我们更加紧密地团结在以习近平同志为核心的党中央周围，全面贯彻习近平新时代中国特色社会主义思想，坚定信心、同心同德，埋头苦干、奋勇前进，深入贯彻落实党的二十大精神和党中央决策部署，为全面建设社会主义现代化国家、全面推进中华民族伟大复兴而团结奋斗，在新的赶考之路上向历史和人民交出新的优异答卷！

相关链接 1

关于党的二十大报告，必须知道的"关键词"

2022 年 10 月 16 日，中国共产党第二十次全国代表大会开幕，习近平代表第十九届中央委员会向大会作报告。一起学习报告里的这些"关键词"。

【大会的主题】

大会的主题是：高举中国特色社会主义伟大旗帜，全面贯彻新时代中国特色社会主义思想，弘扬伟大建党精神，自信自强、守正创新，踔厉奋发、勇毅前行，为全面建设社会主义现代化国家、全面推进中华民族伟大复兴而团结奋斗。

【三个"务必"】

中国共产党已走过百年奋斗历程。我们党立志于中华民族千秋伟业，致力于人类和平与发展崇高事业，责任无比重大，使命无上光荣。全党同志务必不忘初心、牢记使命，务必谦虚谨慎、艰苦奋斗，务必敢于斗争、善于斗争，坚定历史自信，增强历史主动，谱写新时代中国特色社会主义更加绚丽的华章。

【极不寻常、极不平凡的五年】

党的十九大以来的五年，是极不寻常、极不平凡的五年。党中央统筹中华民族伟大复兴战略全局和世界百年未有之大变局，就党和国家事业发展作出重大战略部署，团结带领全党全军全国各族人民有效应对严峻复杂的国际形势和接踵而至的巨大风险挑战，以奋发有为的精神把新时代中国特色社会主义不断推向前进。

【三件大事】

十年来，我们经历了对党和人民事业具有重大现实意义和深远历史意义的三件大事：一是迎来中国共产党成立一百周年；二是中国特色社会主义进入新时代；三是完成脱贫攻坚、全面建成小康社会的历史任务，实现第一个百年奋斗目标。

【新时代十年的伟大变革】

新时代十年的伟大变革，在党史、新中国史、改革开放史、社会主义发展史、中华民族发展史上具有里程碑意义。

【归根到底是两个"行"】

实践告诉我们，中国共产党为什么能，中国特色社会主义为什么好，归根到底是马克思主义行，是中国化时代化的马克思主义行。拥有马克思主义科学理论指导是我们党坚定信仰信念、把握历史主动的根本所在。

【中国共产党的中心任务】

从现在起，中国共产党的中心任务就是团结带领全国各族人民全面建成社会主义现代化强国、实现第二个百年奋斗目标，以中国式现代化全面推进中华民族伟大复兴。

【中国式现代化】

中国式现代化，是中国共产党领导的社会主义现代化，既有各国现代化的共同特征，更有基于自己国情的中国特色。

——中国式现代化是人口规模巨大的现代化。

——中国式现代化是全体人民共同富裕的现代化。

——中国式现代化是物质文明和精神文明相协调的现代化。

——中国式现代化是人与自然和谐共生的现代化。

——中国式现代化是走和平发展道路的现代化。

中国式现代化的本质要求是：坚持中国共产党领导，坚持中国特色社会主义，实现高质量发展，发展全过程人民民主，丰富人民精神世界，实现全体人民共同富裕，促进人与自然和谐共生，推动构建人类命运共同体，创造人类文明新形态。

【全面建设社会主义现代化国家开局起步的关键时期】

未来五年是全面建设社会主义现代化国家开局起步的关键时期。

【五个"坚持"】

我国发展进入战略机遇和风险挑战并存、不确定难预料因素增多的时期，各种"黑天鹅""灰犀牛"事件随时可能发生。我们必须增强忧患意识，坚持底线思维，做到居安思危、未雨绸缪，准备经受风高浪急甚至惊涛骇浪的重大考验。前进道路上，必须牢牢把握以下重大原则。

——坚持和加强党的全面领导。

——坚持中国特色社会主义道路。

——坚持以人民为中心的发展思想。

——坚持深化改革开放。

——坚持发扬斗争精神。

【加快构建新发展格局】

必须完整、准确、全面贯彻新发展理念，坚持社会主义市场经济改革方向，坚持高水平对外开放，加快构建以国内大循环为主体、国内国际双循环相互促进的新发展格局。

【发展经济着力点】

坚持把发展经济的着力点放在实体经济上，推进新型工业化，加快建设制造强国、质量强国、航天强国、交通强国、网络强国、数字中国。

【实施科教兴国战略】

必须坚持科技是第一生产力、人才是第一资源、创新是第一动力，深入实施科教兴国战略、人才强国战略、创新驱动发展战略，开辟发展新领域新赛道，不断塑造发展新动能新优势。

坚持创新在我国现代化建设全局中的核心地位。完善党中央对科技工作统一领导的体制，健全新型举国体制，强化国家战略科技力量，优化配置创新资源，提升国家创新体系整体效能。

【全过程人民民主】

全过程人民民主是社会主义民主政治的本质属性，是最广泛、最真实、最管用的民主。必须坚定不移走中国特色社会主义政治发展道路，坚持党的领导、人民当家做主、依法治国有机统一。

【全面依法治国】

全面依法治国是国家治理的一场深刻革命，关系党执政兴国，关系人民幸福安康，关系党和国家长治久安。必须更好发挥法治固根本、稳预期、利长远的保障作用，在法治轨道上全面建设社会主义现代化国家。

【文化自信自强】

全面建设社会主义现代化国家，必须坚持中国特色社会主义文化发展道路，增强文化自信，围绕举旗帜、聚民心、育新人、兴文化、展形象建设社会主义文化强国，发展面向现代化、面向世界、面向未来的，民族的科学的大众的社会主义文化，激发全民族文化创新创造活力，增强实现中华民族伟大复兴的精神力量。

【为民造福】

治国有常，利民为本。为民造福是立党为公、执政为民的本质要求。必须坚持在发展中保障和改善民生，鼓励共同奋斗创造美好生活，不断实现人民对美好生活的向往。

【完善分配制度】

坚持按劳分配为主体、多种分配方式并存，构建初次分配、再分配、第三次分配协调配套的制度体系。努力提高居民收入在国民收入分配中的比重，提高劳动报酬在初次分配中的比重。坚持多劳多得，鼓励勤劳致富，促进机会公平，增加低收入者收入，扩大中等收入群体。规范收入分配秩序，规范财富积累机制，保护合法收入，调节过高收

入，取缔非法收入。

【推动绿色发展】

大自然是人类赖以生存发展的基本条件。尊重自然、顺应自然、保护自然，是全面建设社会主义现代化国家的内在要求。必须牢固树立和践行绿水青山就是金山银山的理念，站在人与自然和谐共生的高度谋划发展。

【总体国家安全观】

国家安全是民族复兴的根基，社会稳定是国家强盛的前提。必须坚定不移贯彻总体国家安全观，把维护国家安全贯穿党和国家工作各方面全过程，确保国家安全和社会稳定。

【新安全格局】

我们要坚持以人民安全为宗旨、以政治安全为根本、以经济安全为基础、以军事科技文化社会安全为保障、以促进国际安全为依托，统筹外部安全和内部安全、国土安全和国民安全、传统安全和非传统安全、自身安全和共同安全，统筹维护和塑造国家安全，夯实国家安全和社会稳定基层基础，完善参与全球安全治理机制，建设更高水平的平安中国，以新安全格局保障新发展格局。

【开创国防和军队现代化新局面】

实现建军一百年奋斗目标，开创国防和军队现代化新局面。

如期实现建军一百年奋斗目标，加快把人民军队建成世界一流军队，是全面建设社会主义现代化国家的战略要求。必须贯彻新时代党的强军思想，贯彻新时代军事战略方针，坚持党对人民军队的绝对领导，坚持政治建军、改革强军、科技强军、人才强军、依法治军，坚持边斗争、边备战、边建设，坚持机械化信息化智能化融合发展，加快军事理论现代化、军队组织形态现代化、军事人员现代化、武器装备现代化，提高捍卫国家主权、安全、发展利益战略能力，有效履行新时代人民军队使命任务。

【坚持和完善"一国两制"，推进祖国统一】

"一国两制"是中国特色社会主义的伟大创举，是香港、澳门回归后保持长期繁荣稳定的最佳制度安排，必须长期坚持。

坚持贯彻新时代党解决台湾问题的总体方略，牢牢把握两岸关系主导权和主动权，坚定不移推进祖国统一大业。

解决台湾问题是中国人自己的事，要由中国人来决定。我们坚持以最大诚意、尽最大努力争取和平统一的前景，但决不承诺放弃使用武力，保留采取一切必要措施的选项，这针对的是外部势力干涉和极少数"台独"分裂分子及其分裂活动，绝非针对广大台湾同胞。国家统一、民族复兴的历史车轮滚滚向前，祖国完全统一一定要实现，也一定能够实现！

【人类命运共同体】

中国提出了全球发展倡议、全球安全倡议，愿同国际社会一道努力落实。我们真诚呼吁，世界各国弘扬和平、发展、公平、正义、民主、自由的全人类共同价值，促进各国人民相知相亲，尊重世界文明多样性，以文明交流超越文明隔阂、文明互鉴超越文明冲突、文明共存超越文明优越，共同应对各种全球性挑战。中国人民愿同世界人民携手开创人类更加美好的未来。

【新时代党的建设新的伟大工程】

全面建设社会主义现代化国家、全面推进中华民族伟大复兴，关键在党。我们党作为世界上最大的马克思主义执政党，要始终赢得人民拥护、巩固长期执政地位，必须时刻保持解决大党独有难题的清醒和坚定。全党必须牢记，全面从严治党永远在路上，党的自我革命永远在路上，决不能有松劲歇脚、疲劳厌战的情绪，必须持之以恒推进全面从严治党，深入推进新时代党的建设新的伟大工程，以党的自我革命引领社会革命。

【五个"必由之路"】

全党必须牢记，坚持党的全面领导是坚持和发展中国特色社会主义的必由之路，中国特色社会主义是实现中华民族伟大复兴的必由之路，团结奋斗是中国人民创造历史伟业的必由之路，贯彻新发展理念是新时代我国发展壮大的必由之路，全面从严治党是党永葆生机活力、走好新的赶考之路的必由之路。

【战略性工作】

青年强，则国家强。当代中国青年生逢其时，施展才干的舞台无比广阔，实现梦想的前景无比光明。全党要把青年工作作为战略性工作来抓，用党的科学理论武装青年，用党的初心使命感召青年，做青年朋友的知心人、青年工作的热心人、青年群众的引路人。

（资料来源：人民网·中国共产党新闻网．)

相关链接2

9个重要表述，带你理解高质量发展

习近平在党的二十大报告中提出，必须完整、准确、全面贯彻新发展理念，坚持社会主义市场经济改革方向，坚持高水平对外开放，加快构建以国内大循环为主体、国内国际双循环相互促进的新发展格局。

中国式现代化

📋 报告原文

在新中国成立特别是改革开放以来长期探索和实践基础上，经过十八大以来在理论和实践上的创新突破，我们党成功推进和拓展了中国式现代化。

中国式现代化，是中国共产党领导的社会主义现代化，既有各国现代化的共同特征，更有基于自己国情的中国特色。

高水平社会主义市场经济体制

📋 报告原文

构建高水平社会主义市场经济体制。坚持和完善社会主义基本经济制度，毫不动摇巩固和发展公有制经济，毫不动摇鼓励、支持、引导非公有制经济发展，充分发挥市场在资源配置中的决定性作用，更好发挥政府作用。

现代化产业体系

📋 报告原文

建设现代化产业体系。坚持把发展经济的着力点放在实体经济上，推进新型工业化，加快建设制造强国、质量强国、航天强国、交通强国、网络强国、数字中国。

乡村振兴

📋 报告原文

全面推进乡村振兴。坚持农业农村优先发展，坚持城乡融合发展，畅通城乡要素流动。扎实推动乡村产业、人才、文化、生态、组织振兴。全方位夯实粮食安全根基，牢牢守住十八亿亩耕地红线。深化农村土地制度改革，赋予农民更加充分的财产权益。保障进城落户农民合法土地权益，鼓励依法自愿有偿转让。

区域协调发展

📋 报告原文

促进区域协调发展。深入实施区域协调发展战略、区域重大战略、主体功能区战略、新型城镇化战略，优化重大生产力布局，构建优势互补、高质量发展的区域经济布局和国土空间体系。

高水平对外开放

📋 报告原文

推进高水平对外开放。稳步扩大规则、规制、管理、标准等制度型开放。加快建设贸易强国。营造市场化、法治化、国际化一流营商环境。推动共建"一带一路"高质量发展。有序推进人民币国际化。深度参与全球产业分工和合作，维护多元稳定的国际经济格局和经贸关系。

新领域新赛道

📋 报告原文

必须坚持科技是第一生产力、人才是第一资源、创新是第一动力，深入实施科教兴国战略、人才强国战略、创新驱动发展战略，开辟发展新领域新赛道，不断塑造发展新动能新优势。

共同富裕

📋 报告原文

我们要实现好、维护好、发展好最广大人民根本利益，紧紧抓住人民最关心最直接最现实的利益问题，坚持尽力而为、量力而行，深入群众、深入基层，采取更多惠民生、暖民心举措，着力解决好人民群众急难愁盼问题，健全基本公共服务体系，提高公共服务水平，增强均衡性和可及性，扎实推进共同富裕。

和谐共生

📋 报告原文

大自然是人类赖以生存发展的基本条件。尊重自然、顺应自然、保护自然，是全面建设社会主义现代化国家的内在要求。必须牢固树立和践行绿水青山就是金山银山的理念，站在人与自然和谐共生的高度谋划发展。

（资料来源：http://finance.people.com.cn/n1/2022/1018/c1004-32547280.html.）

相关链接3

高举中国特色社会主义伟大旗帜
为全面建设社会主义现代化国家而团结奋斗
——在中国共产党第二十次全国代表大会上的报告（节选）

八、推进文化自信自强，铸就社会主义文化新辉煌

全面建设社会主义现代化国家，必须坚持中国特色社会主义文化发展道路，增强文化自信，围绕举旗帜、聚民心、育新人、兴文化、展形象建设社会主义文化强国，发展面向现代化、面向世界、面向未来的，民族的科学的大众的社会主义文化，激发全民族文化创新创造活力，增强实现中华民族伟大复兴的精神力量。

我们要坚持马克思主义在意识形态领域指导地位的根本制度，坚持为人民服务、为社会主义服务，坚持百花齐放、百家争鸣，坚持创造性转化、创新性发展，以社会主义核心价值观为引领，发展社会主义先进文化，弘扬革命文化，传承中华优秀传统文化，满足人民日益增长的精神文化需求，巩固全党全国各族人民团结奋斗的共同思想基础，不断提升国家文化软实力和中华文化影响力。

（一）建设具有强大凝聚力和引领力的社会主义意识形态

意识形态工作是为国家立心、为民族立魂的工作。牢牢掌握党对意识形态工作领导权，全面落实意识形态工作责任制，巩固壮大奋进新时代的主流思想舆论。健全用党的创新理论武装全党、教育人民、指导实践工作体系。加强全媒体传播体系建设，塑造主流舆论新格局。健全网络综合治理体系，推动形成良好网络生态。

（二）广泛践行社会主义核心价值观

社会主义核心价值观是凝聚人心、汇聚民力的强大力量。弘扬以伟大建党精神为源头的中国共产党人精神谱系，用好红色资源，深入开展社会主义核心价值观宣传教育，深化爱国主义、集体主义、社会主义教育，着力培养担当民族复兴大任的时代新人。推动理想信念教育常态化制度化，持续抓好党史、新中国史、改革开放史、社会主义发展史宣传教育，引导人民知史爱党、知史爱国，不断坚定中国特色社会主义共同理想。用社会主义核心价值观铸魂育人，完善思想政治工作体系，推进大中小学思想政治教育一体化建设。坚持依法治国和以德治国相结合，把社会主义核心价值观融入法治建设、融入社会发展、融入日常生活。

（三）提高全社会文明程度

实施公民道德建设工程，弘扬中华传统美德，加强家庭家教家风建设，加强和改进未成年人思想道德建设，推动明大德、守公德、严私德，提高人民道德水准和文明素养。统筹推动文明培育、文明实践、文明创建，推进城乡精神文明建设融合发展，在全社会弘扬劳动精神、奋斗精神、奉献精神、创造精神、勤俭节约精神，培育时代新风新貌。加强国家科普能力建设，深化全民阅读活动。完善志愿服务制度和工作体系。弘扬诚信文化，健全诚信建设长效机制。发挥党和国家功勋荣誉表彰的精神引领、典型示范作用，推动全社会见贤思齐、崇尚英雄、争做先锋。

（四）繁荣发展文化事业和文化产业

坚持以人民为中心的创作导向，推出更多增强人民精神力量的优秀作品，培育造就大批德艺双馨的文学艺术家和规模宏大的文化文艺人才队伍。坚持把社会效益放在首位、社会效益和经济效益相统一，深化文化体制改革，完善文化经济政策。实施国家文化数字化战略，健全现代公共文化服务体系，创新实施文化惠民工程。健全现代文化产业体系和市场体系，实施重大文化产业项目带动战略。加大文物和文化遗产保护力度，加强城乡建设中历史文化保护传承，建好用好国家文化公园。坚持以文塑旅、以旅彰文，推进文化和旅游深度融合发展。广泛开展全民健身活动，加强青少年体育工作，促进群众体育和竞技体育全面发展，加快建设体育强国。

（五）增强中华文明传播力影响力

坚守中华文化立场，提炼展示中华文明的精神标识和文化精髓，加快构建中国话语和中国叙事体系，讲好中国故事、传播好中国声音，展现可信、可爱、可敬的中国形象。加强国际传播能力建设，全面提升国际传播效能，形成同我国综合国力和国际地位相匹配的国际话语权。深化文明交流互鉴，推动中华文化更好走向世界。

（资料来源：http://www.gov.cn/xinwen/2022-10/25/content_5721685.htm.）

第二节　深入学习领会习近平文化思想

在全国宣传思想文化工作会议上，党中央正式提出并系统阐述了习近平文化思想。这是一个重大决策，在党的理论创新进程中具有重大意义，在党的宣传思想文化事业发展史上具有里程碑意义。

习近平文化思想，是新时代党领导文化建设实践经验的理论总结，是对马克思主义文化理论的丰富和发展，是习近平新时代中国特色社会主义思想的文化篇。

习近平文化思想的形成，标志着我们党对中国特色社会主义文化建设规律的认识达到了新高度，表明我们党的历史自信、文化自信达到了新高度。

习近平文化思想内涵丰富、思想深邃、博大精深，为我们在新时代新征程继续推动文化繁荣、建设文化强国、建设中华民族现代文明提供了强大思想武器和科学行动指南。

深入学习领会习近平文化思想，是全党尤其是全国宣传思想文化战线的一项重要政治任务。

一、深入学习领会关于坚持党的文化领导权的重要论述

坚持党的文化领导权是事关党和国家前途命运的大事。坚持党的文化领导权，是习近平总书记深刻总结党的历史经验、洞察时代发展大势提出来的，充分体现了对新时代文化地位作用的深刻认识，体现了对党的意识形态工作的科学把握。习近平总书记指出，意识形态关乎旗帜、关乎道路、关乎国家政治安全。"经济建设是党的中心工作，意识形态工作是党的一项极端重要的工作。面对改革发展稳定复杂局面和社会思想意识多元多样、媒体格局深刻变化，在集中精力进行经济建设的同时，一刻也不能放松和削弱意识形态工作，必须把意识形态工作的领导权、管理权、话语权牢牢掌握在手中，任何时候都不能旁落，否则就要犯无可挽回的历史性错误。"党管宣传、党管意识形态、党管媒体是坚持党的领导的重要方面，要"坚持政治家办报、办刊、办台、办新闻网站"。他强调："所有宣传思想部门和单位，所有宣传思想战线上的党员、干部，都要旗帜鲜明坚持党性原则。""坚持党性，核心就是坚持正确政治方向，站稳政治立场，坚定宣传党的理论和路线方针政策，坚定宣传中央重大工作部署，坚定宣传中央关于形

势的重大分析判断，坚决同党中央保持高度一致，坚决维护党中央权威。""做到爱党、护党、为党。"他要求，要全面落实意识形态工作责任制，"各级党委要负起政治责任和领导责任，把宣传思想工作摆在全局工作的重要位置，加强对宣传思想领域重大问题的分析研判和重大战略性任务的统筹指导""宣传思想战线的同志要履行好自己的神圣职责和光荣使命，以战斗的姿态、战士的担当，积极投身宣传思想领域斗争一线""要牢牢掌握意识形态工作领导权""建设具有强大凝聚力和引领力的社会主义意识形态"。习近平总书记的这些重要论述，深刻阐明了加强党对宣传思想文化工作领导的极端重要性，明确了做好宣传思想文化工作必须坚持的政治保证。

二、深入学习领会关于推动物质文明和精神文明协调发展的重要论述

推动物质文明和精神文明协调发展是坚持和发展中国特色社会主义的本质特征。立足中国特色社会主义事业发展全局，正确把握物质文明和精神文明的辩证关系，体现了对社会主义精神文明建设重要性和中国国情的深刻认识和全面把握。习近平总书记指出，实现中华民族伟大复兴的中国梦，物质财富要极大丰富，精神财富也要极大丰富。中国式现代化是物质文明和精神文明相协调的现代化。物质富足、精神富有是社会主义现代化的根本要求。物质贫困不是社会主义，精神贫乏也不是社会主义。他强调："人无精神则不立，国无精神则不强。精神是一个民族赖以长久生存的灵魂，唯有精神上达到一定的高度，这个民族才能在历史的洪流中屹立不倒、奋勇向前。""我们要继续锲而不舍、一以贯之抓好社会主义精神文明建设，为全国各族人民不断前进提供坚强的思想保证、强大的精神力量、丰润的道德滋养。"他指出，我们不断厚植现代化的物质基础，不断夯实人民幸福生活的物质条件，同时大力发展社会主义先进文化，加强理想信念教育，传承中华文明，促进物的全面丰富和人的全面发展。他要求，"加强思想道德建设，深入实施公民道德建设工程，加强和改进思想政治工作，推进新时代文明实践中心建设，不断提升人民思想觉悟、道德水准、文明素养和全社会文明程度""深入开展群众性精神文明创建活动""深化文明城市、文明村镇、文明单位、文明家庭、文明校园创建工作，推进诚信建设和志愿服务制度化，提高全社会道德水平""深入挖掘、继承、创新优秀传统乡土文化，弘扬新风正气，推进移风易俗，培育文明乡风、良好家风、淳朴民风，焕发乡村文明新气象"。习近平总书记的这些重要论述，站在经济建设和上层建筑关系的哲学高度，深刻阐释了社会运动规律，深刻阐明了精神文明的重要作用，具有极为重要的本体论和认识论意义，为新时代坚持和发展中国特色社会主义、推进中国式现代化提供了科学指引。

三、深入学习领会关于"两个结合"的根本要求的重要论述

"两个结合"的根本要求拓展了中国特色社会主义文化发展道路。创造性提出并阐述

"两个结合"，揭示了开辟和发展中国特色社会主义的必由之路，也揭示了党推动理论创新和文化繁荣的必由之路。习近平总书记指出，新的征程上，我们必须"坚持把马克思主义基本原理同中国具体实际相结合、同中华优秀传统文化相结合""中国共产党人深刻认识到，只有把马克思主义基本原理同中国具体实际相结合、同中华优秀传统文化相结合，坚持运用辩证唯物主义和历史唯物主义，才能正确回答时代和实践提出的重大问题，才能始终保持马克思主义的蓬勃生机和旺盛活力"。他指出，在五千多年中华文明深厚基础上开辟和发展中国特色社会主义，把马克思主义基本原理同中国具体实际、同中华优秀传统文化相结合是必由之路。"如果没有中华五千年文明，哪里有什么中国特色？如果不是中国特色，哪有我们今天这么成功的中国特色社会主义道路？"只有立足波澜壮阔的中华五千多年文明史，才能真正理解中国道路的历史必然、文化内涵与独特优势。他强调，历史正反两方面的经验表明，"两个结合"是我们取得成功的最大法宝。第一，"结合"的前提是彼此契合。马克思主义和中华优秀传统文化来源不同，但彼此存在高度的契合性。相互契合才能有机结合。正是在这个意义上，我们才说中国共产党既是马克思主义的坚定信仰者和践行者，又是中华优秀传统文化的忠实继承者和弘扬者。第二，"结合"的结果是互相成就。"结合"不是"拼盘"，不是简单的"物理反应"，而是深刻的"化学反应"，造就了一个有机统一的新的文化生命体。"第二个结合"让马克思主义成为中国的，中华优秀传统文化成为现代的，让经由"结合"而形成的新文化成为中国式现代化的文化形态。第三，"结合"筑牢了道路根基。我们的社会主义为什么不一样？为什么能够生机勃勃、充满活力？关键就在于中国特色。中国特色的关键就在于"两个结合"。中国式现代化赋予中华文明以现代力量，中华文明赋予中国式现代化以深厚底蕴。第四，"结合"打开了创新空间。"结合"本身就是创新，同时又开启了广阔的理论和实践创新空间。"第二个结合"让我们掌握了思想和文化主动，并有力地作用于道路、理论和制度。"第二个结合"是又一次的思想解放，让我们能够在更广阔的文化空间中，充分运用中华优秀传统文化的宝贵资源，探索面向未来的理论和制度创新。第五，"结合"巩固了文化主体性。任何文化要立得住、行得远，要有引领力、凝聚力、塑造力、辐射力，就必须有自己的主体性。文化自信就来自我们的文化主体性。这一主体性是中国共产党带领中国人民在中国大地上建立起来的；是在创造性转化、创新性发展中华优秀传统文化，继承革命文化，发展社会主义先进文化的基础上，借鉴吸收人类一切优秀文明成果的基础上建立起来的；是通过把马克思主义基本原理同中国具体实际、同中华优秀传统文化相结合建立起来的。创立习近平新时代中国特色社会主义思想就是这一文化主体性的最有力体现。习近平总书记的这些重要论述，充分表明我们党对中国道路、中国理论、中国制度的认识进一步升华，拓展了中国特色社会主义道路的文化根基。

四、深入学习领会关于新的文化使命的重要论述

新的文化使命彰显了我们党促进中华文化繁荣、创造人类文明新形态的历史担当。

在强国建设、民族复兴伟业深入推进的关键时刻，高瞻远瞩提出新的文化使命，具有强大感召力和引领力。习近平总书记指出，"做好新形势下宣传思想工作，必须自觉承担起举旗帜、聚民心、育新人、兴文化、展形象的使命任务""巩固马克思主义在意识形态领域的指导地位、巩固全党全国各族人民团结奋斗的共同思想基础""在新的起点上继续推动文化繁荣、建设文化强国、建设中华民族现代文明，是我们在新时代新的文化使命"。他强调，要坚持中国特色社会主义文化发展道路，发展社会主义先进文化，弘扬革命文化，传承中华优秀传统文化，激发全民族文化创新创造活力，增强实现中华民族伟大复兴的精神力量。他指出："中国特色社会主义文化，源自中华民族五千多年文明历史所孕育的中华优秀传统文化，熔铸于党领导人民在革命、建设、改革中创造的革命文化和社会主义先进文化，植根于中国特色社会主义伟大实践。发展中国特色社会主义文化，就是以马克思主义为指导，坚守中华文化立场，立足当代中国现实，结合当今时代条件，发展面向现代化、面向世界、面向未来的，民族的科学的大众的社会主义文化，推动社会主义精神文明和物质文明协调发展。要坚持为人民服务、为社会主义服务，坚持百花齐放、百家争鸣，坚持创造性转化、创新性发展，不断铸就中华文化新辉煌。"他强调："对历史最好的继承就是创造新的历史，对人类文明最大的礼敬就是创造人类文明新形态。"他要求，新时代的文化工作者必须以守正创新的正气和锐气，赓续历史文脉、谱写当代华章。习近平总书记的这些重要论述，强调了新的文化使命是新时代新征程党的使命任务对文化发展的必然要求，落脚点是铸就社会主义文化新辉煌、建设中华民族现代文明。

五、深入学习领会关于坚定文化自信的重要论述

坚定文化自信，是事关国运兴衰、事关文化安全、事关民族精神独立性的大问题。习近平总书记指出："一个国家、一个民族的强盛，总是以文化兴盛为支撑的，中华民族伟大复兴需要以中华文化发展繁荣为条件。""我们说要坚定中国特色社会主义道路自信、理论自信、制度自信，说到底是要坚定文化自信。""文化自信，是更基础、更广泛、更深厚的自信，是更基本、更深沉、更持久的力量。"他强调："中华文明历经数千年而绵延不绝、迭遭忧患而经久不衰，这是人类文明的奇迹，也是我们自信的底气。坚定文化自信，就是坚持走自己的路。坚定文化自信的首要任务，就是立足中华民族伟大历史实践和当代实践，用中国道理总结好中国经验，把中国经验提升为中国理论，既不盲从各种教条，也不照搬外国理论，实现精神上的独立自主。要把文化自信融入全民族的精神气质与文化品格中，养成昂扬向上的风貌和理性平和的心态。"习近平总书记的这些重要论述，深刻阐明了文化自信的特殊重要性，彰显了我们党高度的文化自觉和文化担当，把我们党对文化地位和作用的认识提升到一个新高度。

六、深入学习领会关于培育和践行社会主义核心价值观的重要论述

　　培育和践行社会主义核心价值观是凝魂聚气、强基固本的基础工程。坚持以德树人、以文化人，是习近平总书记始终念兹在兹、谆谆教诲的一件大事。习近平总书记指出："人类社会发展的历史表明，对一个民族、一个国家来说，最持久、最深层的力量是全社会共同认可的核心价值观。核心价值观，承载着一个民族、一个国家的精神追求，体现着一个社会评判是非曲直的价值标准。""核心价值观是一个国家的重要稳定器，能否构建具有强大感召力的核心价值观，关系社会和谐稳定，关系国家长治久安。""如果没有共同的核心价值观，一个民族、一个国家就会魂无定所、行无依归。"他指出："我们提出要倡导富强、民主、文明、和谐，倡导自由、平等、公正、法治，倡导爱国、敬业、诚信、友善，积极培育和践行社会主义核心价值观。富强、民主、文明、和谐是国家层面的价值要求，自由、平等、公正、法治是社会层面的价值要求，爱国、敬业、诚信、友善是公民层面的价值要求。这个概括，实际上回答了我们要建设什么样的国家、建设什么样的社会、培育什么样的公民的重大问题。"他强调："核心价值观的养成绝非一日之功，要坚持由易到难、由近及远，努力把核心价值观的要求变成日常的行为准则，进而形成自觉奉行的信念理念。""要注意把社会主义核心价值观日常化、具体化、形象化、生活化，使每个人都能感知它、领悟它，内化为精神追求，外化为实际行动，做到明大德、守公德、严私德。"他要求，弘扬以伟大建党精神为源头的中国共产党人精神谱系，用好红色资源。"要以培养担当民族复兴大任的时代新人为着眼点，强化教育引导、实践养成、制度保障，发挥社会主义核心价值观对国民教育、精神文明创建、精神文化产品创作生产传播的引领作用，把社会主义核心价值观融入社会发展各方面，转化为人们的情感认同和行为习惯。坚持全民行动、干部带头，从家庭做起，从娃娃抓起。深入挖掘中华优秀传统文化蕴含的思想观念、人文精神、道德规范，结合时代要求继承创新，让中华文化展现出永久魅力和时代风采。"习近平总书记的这些重要论述，深刻阐明了中国特色社会主义文化建设的一项根本任务，明确了推进社会主义核心价值观建设的重点和着力点。

七、深入学习领会关于掌握信息化条件下舆论主导权、广泛凝聚社会共识的重要论述

　　掌握信息化条件下舆论主导权、广泛凝聚社会共识是巩固壮大主流思想文化的必然要求。习近平总书记站在时代和科技前沿，对如何做好信息化条件下宣传思想文化工作进行了深邃思考。习近平总书记指出，当今世界，一场新的全方位综合国力竞争正在全球展开。能不能适应和引领互联网发展，成为决定大国兴衰的一个关键。世界各大国均把信息化作为国家战略重点和优先发展方向，围绕网络空间发展主导权、制网权的争夺

日趋激烈，世界权力图谱因信息化而被重新绘制，互联网成为影响世界的重要力量。当今世界，谁掌握了互联网，谁就把握住了时代主动权；谁轻视互联网，谁就会被时代所抛弃。一定程度上可以说，得网络者得天下。他深刻指出："没有网络安全就没有国家安全，没有信息化就没有现代化，网络安全和信息化事关党的长期执政，事关国家长治久安，事关经济社会发展和人民群众福祉，过不了互联网这一关，就过不了长期执政这一关，要把网信工作摆在党和国家事业全局中来谋划，切实加强党的集中统一领导。"网络空间是亿万民众共同的精神家园。网络空间天朗气清、生态良好，符合人民利益。网络空间乌烟瘴气、生态恶化，不符合人民利益。互联网已经成为舆论斗争的主战场。在互联网这个战场上，我们能否顶得住、打得赢，直接关系我国意识形态安全和政权安全。他特别提出："管好用好互联网，是新形势下掌控新闻舆论阵地的关键，重点要解决好谁来管、怎么管的问题。"我们必须科学认识网络传播规律，准确把握网上舆情生成演化机制，不断推进工作理念、方法手段、载体渠道、制度机制创新，提高用网治网水平，使互联网这个最大变量变成事业发展的最大增量。"我们要本着对社会负责、对人民负责的态度，依法加强网络空间治理，加强网络内容建设，做强网上正面宣传，培育积极健康、向上向善的网络文化，用社会主义核心价值观和人类优秀文明成果滋养人心、滋养社会，做到正能量充沛、主旋律高昂，为广大网民特别是青少年营造一个风清气正的网络空间。""随着5G、大数据、云计算、物联网、人工智能等技术不断发展，移动媒体将进入加速发展新阶段。要坚持移动优先策略，建设好自己的移动传播平台，管好用好商业化、社会化的互联网平台，让主流媒体借助移动传播，牢牢占据舆论引导、思想引领、文化传承、服务人民的传播制高点。"习近平总书记的这些重要论述，是我们党对信息化时代新闻传播规律的深刻总结，明确了做好党的新闻舆论工作的原则要求和方法路径。

八、深入学习领会关于以人民为中心的工作导向的重要论述

以人民为中心的工作导向体现了我们党领导和推动文化建设的鲜明立场。新时代以来宣传思想文化改革发展历程，贯穿着以人民为中心的鲜明主线，充分展现了习近平总书记深厚的人民情怀。习近平总书记指出，"人民性是马克思主义的本质属性""人民立场是中国共产党的根本政治立场""中国共产党的根本宗旨是全心全意为人民服务"。宣传思想文化工作必须坚持以人民为中心的工作导向。他强调："文艺要反映好人民心声，就要坚持为人民服务、为社会主义服务这个根本方向。""以人民为中心，就是要把满足人民精神文化需求作为文艺和文艺工作的出发点和落脚点，把人民作为文艺表现的主体，把人民作为文艺审美的鉴赏家和评判者，把为人民服务作为文艺工作者的天职。"他强调，哲学社会科学研究要"坚持以马克思主义为指导，核心要解决好为什么人的问题。为什么人的问题是哲学社会科学研究的根本性、原则性问题。我国哲学社会科学为谁著书、为谁立说，是为少数人服务还是为绝大多数人服务，是必须搞清楚的问题"。

他指出："我们的党是全心全意为人民服务的党，我们的国家是人民当家作主的国家，党和国家一切工作的出发点和落脚点是实现好、维护好、发展好最广大人民根本利益。我国哲学社会科学要有所作为，就必须坚持以人民为中心的研究导向。脱离了人民，哲学社会科学就不会有吸引力、感染力、影响力、生命力。我国广大哲学社会科学工作者要坚持人民是历史创造者的观点，树立为人民做学问的理想，尊重人民主体地位，聚焦人民实践创造，自觉把个人学术追求同国家和民族发展紧紧联系在一起，努力多出经得起实践、人民、历史检验的研究成果。"习近平总书记的这些重要论述，深刻回答了文化为什么人的问题，彰显了党的性质宗旨和初心使命。

九、深入学习领会关于保护历史文化遗产的重要论述

保护历史文化遗产是推动文化传承发展的重要基础。历史文化遗产承载着中华民族的基因和血脉。习近平总书记对文化遗产保护高度重视，展现了强烈的文明担当、深沉的文化情怀。习近平总书记指出，中华文明探源工程等重大工程的研究成果，实证了我国百万年的人类史、一万年的文化史、五千多年的文明史。历史文化遗产"不仅属于我们这一代人，也属于子孙万代"。"革命文物承载党和人民英勇奋斗的光荣历史，记载中国革命的伟大历程和感人事迹，是党和国家的宝贵财富，是弘扬革命传统和革命文化、加强社会主义精神文明建设、激发爱国热情、振奋民族精神的生动教材。"中华文化是我们提高国家文化软实力最深厚的源泉，是我们提高国家文化软实力的重要途径。要使中华民族最基本的文化基因与当代文化相适应、与现代社会相协调，以人们喜闻乐见、具有广泛参与性的方式推广开来，把跨越时空、超越国度、富有永恒魅力、具有当代价值的文化精神弘扬起来，把继承传统优秀文化又弘扬时代精神、立足本国又面向世界的当代中国文化创新成果传播出去。要系统梳理传统文化资源，让收藏在禁宫里的文物、陈列在广阔大地上的遗产、书写在古籍里的文字都活起来。"要敬畏历史、敬畏文化、敬畏生态，全面保护好历史文化遗产，统筹好旅游发展、特色经营、古城保护，筑牢文物安全底线，守护好前人留给我们的宝贵财富。"他指出："不忘历史才能开辟未来，善于继承才能善于创新。优秀传统文化是一个国家、一个民族传承和发展的根本，如果丢掉了，就割断了精神命脉。我们要善于把弘扬优秀传统文化和发展现实文化有机统一起来，紧密结合起来，在继承中发展，在发展中继承。传统文化在其形成和发展过程中，不可避免会受到当时人们的认识水平、时代条件、社会制度的局限性的制约和影响，因而也不可避免会存在陈旧过时或已成为糟粕性的东西。这就要求人们在学习、研究、应用传统文化时坚持古为今用、推陈出新，结合新的实践和时代要求进行正确取舍，而不能一股脑儿都拿到今天来照套照用。"他强调，要坚持古为今用、以古鉴今，坚持有鉴别的对待、有扬弃的继承，而不能搞厚古薄今、以古非今，努力实现传统文化的创造性转化、创新性发展，使之与现实文化相融相通，共同服务以文化人的时代任务，"为更好建设中华民族现代文明提供借鉴"。他要求："各级党委和政府要增强对

历史文物的敬畏之心，树立保护文物也是政绩的科学理念，统筹好文物保护与经济社会发展，全面贯彻'保护为主、抢救第一、合理利用、加强管理'的工作方针，切实加大文物保护力度，推进文物合理适度利用，使文物保护成果更多惠及人民群众。各级文物部门要不辱使命，守土尽责，提高素质能力和依法管理水平，广泛动员社会力量参与，努力走出一条符合国情的文物保护利用之路，为实现'两个一百年'奋斗目标、实现中华民族伟大复兴的中国梦作出更大贡献。"习近平总书记的这些重要论述，体现了马克思主义历史观，宣示了我们党对待民族历史文化的基本态度。

十、深入学习领会关于构建中国话语和中国叙事体系的重要论述

构建中国话语和中国叙事体系体现了我们党提高国家文化软实力、占据国际道义制高点的战略谋划。习近平总书记提出增强我国国际话语权的重要任务并摆上突出位置，体现了宽广的世界眼光和高超的战略思维。习近平总书记指出，要"增强中华文明传播力影响力。坚守中华文化立场，提炼展示中华文明的精神标识和文化精髓，加快构建中国话语和中国叙事体系，讲好中国故事、传播好中国声音，展现可信、可爱、可敬的中国形象""要讲清楚中国是什么样的文明和什么样的国家，讲清楚中国人的宇宙观、天下观、社会观、道德观，展现中华文明的悠久历史和人文底蕴，促使世界读懂中国、读懂中国人民、读懂中国共产党、读懂中华民族"。他认为，讲故事，是国际传播的最佳方式。要讲好中国特色社会主义的故事，讲好中国梦的故事，讲好中国人的故事，讲好中华优秀文化的故事，讲好中国和平发展的故事。讲故事就是讲事实、讲形象、讲情感、讲道理，讲事实才能说服人，讲形象才能打动人，讲情感才能感染人，讲道理才能影响人。他要求，要组织各种精彩、精炼的故事载体，把中国道路、中国理论、中国制度、中国精神、中国力量寓于其中，使人想听爱听，听有所思，听有所得。要创新对外话语表达方式，研究国外不同受众的习惯和特点，采用融通中外的概念、范畴、表述，把我们想讲的和国外受众想听的结合起来，把"陈情"和"说理"结合起来，把"自己讲"和"别人讲"结合起来，使故事更多为国际社会和海外受众所认同。要加强国际传播能力建设，全面提升国际传播效能，形成同我国综合国力和国际地位相匹配的国际话语权。深化文明交流互鉴，推动中华文化更好走向世界。要完善人文交流机制，创新人文交流方式，发挥各地区各部门各方面作用，综合运用大众传播、群体传播、人际传播等多种方式展示中华文化魅力。习近平总书记的这些重要论述，既是思想理念又是工作方法，指明了提升国家文化软实力的关键点和着力点。

十一、深入学习领会关于促进文明交流互鉴的重要论述

促进文明交流互鉴彰显了中国共产党人开放包容的胸襟格局。习近平总书记提出弘扬全人类共同价值、落实全球文明倡议等重要理念、重大主张，着眼的就是开放包容，为推动人类文明进步、应对全球共同挑战提供了战略指引。习近平总书记指出："文明

没有高下、优劣之分，只有特色、地域之别。""每一种文明都扎根于自己的生存土壤，凝聚着一个国家、一个民族的非凡智慧和精神追求，都有自己存在的价值。""历史告诉我们，只有交流互鉴，一种文明才能充满生命力。""文明因交流而多彩，文明因互鉴而丰富。文明交流互鉴，是推动人类文明进步和世界和平发展的重要动力。"推动文明交流互鉴，可以丰富人类文明的色彩，让各国人民享受更富内涵的精神生活、开创更有选择的未来。他强调："我们应该推动不同文明相互尊重、和谐共处，让文明交流互鉴成为增进各国人民友谊的桥梁、推动人类社会进步的动力、维护世界和平的纽带。我们应该从不同文明中寻求智慧、汲取营养，为人们提供精神支撑和心灵慰藉，携手解决人类共同面临的各种挑战。"坚持美人之美、美美与共。担负起凝聚共识的责任，坚守和弘扬全人类共同价值。本着对人类前途命运高度负责的态度，做全人类共同价值的倡导者，以宽广胸怀理解不同文明对价值内涵的认识，尊重不同国家人民对价值实现路径的探索，把全人类共同价值具体地、现实地体现到实现本国人民利益的实践中去。他特别指出："在各国前途命运紧密相连的今天，不同文明包容共存、交流互鉴，在推动人类社会现代化进程、繁荣世界文明百花园中具有不可替代的作用。"为此，习近平总书记提出了全球文明倡议："共同倡导尊重世界文明多样性""共同倡导弘扬全人类共同价值""共同倡导重视文明传承和创新""共同倡导加强国际人文交流合作"。习近平总书记的这些重要论述，深刻揭示了人类文明发展的基本规律，体现了我们大党大国的天下情怀和责任担当。

习近平文化思想是一个不断展开的、开放式的思想体系，必将随着实践深入不断丰富发展。我们必须及时跟进，不断深入学习领会和贯彻落实①。

第三节　习近平对旅游工作作出的重要指示

一、着力完善现代旅游业体系加快建设旅游强国　推动旅游业高质量发展行稳致远

中共中央总书记、国家主席、中央军委主席习近平近日对旅游工作作出重要指示指出，改革开放特别是党的十八大以来，我国旅游发展步入快车道，形成全球最大国内旅游市场，成为国际旅游最大客源国和主要目的地，旅游业从小到大、由弱渐强，日益成为新兴的战略性支柱产业和具有显著时代特征的民生产业、幸福产业，成功走出了一条独具特色的中国旅游发展之路。

习近平强调，新时代新征程，旅游发展面临新机遇新挑战。要以新时代中国特色社

---

① 资料来源：曲青山.深入学习领会习近平文化思想［N］.学习时报，2023-10-23（1）.

会主义思想为指导，完整准确全面贯彻新发展理念，坚持守正创新、提质增效、融合发展，统筹政府与市场、供给与需求、保护与开发、国内与国际、发展与安全，着力完善现代旅游业体系，加快建设旅游强国，让旅游业更好服务美好生活、促进经济发展、构筑精神家园、展示中国形象、增进文明互鉴。各地区各部门要切实增强工作责任感使命感，分工协作、狠抓落实，推动旅游业高质量发展行稳致远。

全国旅游发展大会于 2024 年 5 月 17 日在京召开。中共中央政治局委员、中宣部部长李书磊在会上传达习近平重要指示并讲话，表示要深入学习贯彻习近平总书记重要指示和关于旅游发展的一系列重要论述，坚持以文塑旅、以旅彰文，走独具特色的中国旅游发展之路。要推动旅游业高质量发展、加快建设旅游强国，强化系统谋划和科学布局，保护文化遗产和生态资源，提升供给水平和服务质量，深化国际旅游交流合作，不断开创旅游发展新局面[①]。

二、加快建设旅游强国　总书记提出新要求

全国旅游发展大会是党中央首次以旅游发展为主题召开的重要会议，会上传达了习近平总书记对旅游工作作出的重要指示。

"新时代新征程，旅游发展面临新机遇新挑战。"在重要指示中，总书记既充分肯定改革开放特别是党的十八大以来旅游工作取得的显著成绩，又对加快建设旅游强国、推动旅游业高质量发展作出全面部署、提出明确要求。

（一）肯定一条道路

习近平总书记指出，改革开放特别是党的十八大以来，我国旅游发展步入快车道。

快车道，意味着发展速度快：2012 年到 2021 年，国内旅游收入年均增长约 10.6%；2012 年到 2019 年，国内出游人数实现翻番。我国已形成全球最大国内旅游市场，也是国际旅游最大客源国和主要目的地。

快车道，也意味着发展方式别具一格：在中国，旅游是人民群众提升获得感、幸福感的重要方式，是传承弘扬中华文化的重要载体，是践行"绿水青山就是金山银山"理念的重要领域，还是乡村振兴的重要抓手……

对此，习近平总书记曾作出深刻阐释：

在黑龙江漠河北极村，指出"坚持林下经济和旅游业两业并举，让北国边塞风光、冰雪资源为乡亲们带来源源不断的收入"；

在山西云冈石窟，强调"让旅游成为人们感悟中华文化、增强文化自信的过程"；

在河南新县的民宿店，赞许"依托丰富的红色文化资源和绿色生态资源发展乡村旅游，搞活了农村经济，是振兴乡村的好做法"……

---

① 资料来源：《人民日报》2024 年 5 月 18 日第 01 版。

从小到大、由弱渐强，特色突出、前景广阔。在重要指示中，总书记指出旅游业"日益成为新兴的战略性支柱产业和具有显著时代特征的民生产业、幸福产业""成功走出了一条独具特色的中国旅游发展之路"。

（二）坚持三个原则

习近平总书记对旅游发展有着深刻认识和丰富实践。在《之江新语》中，他就写过一篇《重视打造旅游精品》的文章，指出：随着经济发展和人民群众生活水平不断提高，以观光为主的旅游已不能满足人们的需求。"求新、求奇、求知、求乐"的旅游愿望，要求我们不断推出更多更好的旅游产品。

如何把握新机遇、迎接新挑战？此次，习近平总书记鲜明提出了旅游发展要坚持的三个原则：

（1）守正创新。守正，守的是"基本盘"。绿水青山、历史文化、优质服务……这些都是旅游发展的基础，必须始终守护。创新，则是旅游发展的驱动力。只有开动脑筋，大胆求变，才能实现传统旅游业态、产品和服务的全面升级。

（2）提质增效。鼓励创新，也要防止"一哄而上"。旅游创新的目的应始终围绕提高质量、提高效率。如何将有限的旅游资源合理开发，创造更多旅游精品、名品？如何进一步发挥旅游的带动作用，让更多人受益？关心旅游"发展了什么"，更要注重"有什么效果"。

（3）融合发展。2020年9月，习近平总书记在教育文化卫生体育领域专家代表座谈会上强调，要坚持以文塑旅、以旅彰文，推动文化和旅游融合发展。更多领域正与旅游相加相融、协同发展。科技、教育、交通、体育、工业……越多融合，越有助于延伸产业链、创造新价值、催生新业态。

（三）统筹五对关系

三个原则之外，总书记还强调统筹五对关系，体现了对旅游发展过程中若干重大关系的深刻把握。

统筹政府与市场。在旅游发展过程中，既充分发挥市场在旅游资源配置中的决定性作用，又发挥好政府在优化旅游规划布局、公共服务、营商环境等方面的重要作用。

统筹供给与需求。从"有没有"到"好不好"，人民的旅游需求呈现多样化、个性化、品质化趋势，这就要求旅游业继续推进供给侧结构性改革。

统筹保护与开发。开发是发展的客观要求，保护是开发的重要前提。只有科学合理的开发，才能促进旅游的快速发展。只有积极有效的保护，才能保证旅游的健康发展。

统筹国内与国际。做强做优做大国内旅游市场之外，提升中国旅游竞争力和影响力要求坚定不移扩大开放，发展好入出境旅游。

统筹发展与安全。安全是发展的前提，发展是安全的保障。要将安全作为检验行业

可持续发展的重要标尺，守住安全生产底线、生态安全底线、意识形态安全底线。

（四）明确五项任务

有党中央高度重视，有人民群众积极支持，有老祖宗和大自然留给我们的丰厚资源，我们完全有条件、有能力建设旅游强国。

在重要指示中，总书记还提出旅游业的五项使命任务：服务美好生活、促进经济发展、构筑精神家园、展示中国形象、增进文明互鉴。

从个体层面看，旅游是人民生活水平提高的一个重要指标。发展旅游，就是要让人们在领略自然之美中感悟文化之美、陶冶心灵之美，让生活更加美好。

从社会层面看，发展旅游业是推动高质量发展的重要着力点，旅游也是文化的重要载体。这就要求我们既关注旅游的经济作用，也关注其增强人民精神力量的作用。

从国家层面看，旅游是不同国家、不同文化交流互鉴的重要渠道。只有进一步发展旅游，才能更好展示新时代的中国形象，在"双向奔赴"中交流文化、增进友谊。

这五项使命任务，是总书记对于旅游业作用的深刻总结，也是总书记对旅游业未来的殷切期许[1]。

---

① 资料来源：https://news.cnr.cn/native/gd/sz/20240518/t20240518_526709689.shtml.

旅游消费者行为概论

　　旅游消费者行为学是随着旅游活动不断发展，旅游者参与程度不断深入而形成的一门新兴学科，是对旅游消费者行为的理论概括和总结。本章阐述旅游消费者行为的概念与特征，系统梳理对旅游消费者行为的研究进展，总结旅游消费者行为研究的基础理论，分析研究旅游消费者行为的意义。

 【学习目标】

　　1. 知识目标：了解旅游消费者行为的概念与特征；熟悉旅游消费者行为的研究进展和意义；掌握旅游消费者行为的基础理论。
　　2. 能力目标：能够运用旅游消费者行为的基础理论知识来分析旅游消费者行为的特征、购买过程和发展趋势。

【导入案例】

"中国游"持续走热　吸引力如何持续

　　从北京地铁、成都街头到杭州湖边，2024年以来，国内一些旅游城市内，来参观游览、品尝美食、与熊猫合影、体验广场舞的外国友人日益增多。
　　社交媒体上，China Travel（中国游）标签也成为众多博主的"流量密码"，不少人分享旅游体验，成为中国旅游的"最强嘴替"。

"中国游"持续走热

"沿着河边走，我发现这里超级干净，有很多人在公园里运动，满满的松弛感……"在城墙上远眺钟楼，在城墙脚下沿护城河散步，来自英国的克里斯一家五口在西安玩了一周，把旅游经历拍成视频与海外观众分享，收获大量关注点赞。

国家移民管理局近日发布数据显示，2024年上半年，全国各口岸入境外国人1463.5万人次，同比增长152.7%；其中，通过免签入境854.2万人次，占比52%；预计2024年下半年外国人来华热度将持续升温。

携程数据显示，2024年上半年，国内入境游订单同比增长超1.6倍。"与2019年相比，入境中国前二十大客源国几乎没有变化，但国际航班恢复率较高或者享受免签政策的国家，订单增速更高，排位上升比较明显。"携程研究院行业分析师王亚磊说。

携程日前发布的《2024暑期旅游市场预测报告》显示，暑期入境旅游订单同比增长1倍，上海、北京、广州、成都等是入境游热门城市。

记者采访发现，外国游客对旅游目的地的选择有不同偏好：北上广等国际化程度较高的一线城市，往往是外国人游中国的"新手村"；成都、张家界、新疆、重庆等地则成为"二刷""三刷"中国的进阶选项。

中国旅游研究院入境游客满意度专项调查显示，超过六成受访者将"体验中国文化"作为来华旅行的主要目的。

美国人布莱恩·林登在中国生活了20年，他在云南经营的酒店与美国多所学校合作开展研学活动。"旅游不仅是游山玩水，也是不同国家的人们交流交往、增进了解的重要渠道。"布莱恩·林登说，美国学生来到中国后，往往会被中华文化深深吸引，并对中国人的热情好客印象深刻。

意大利旅行商恩里科·拉德里扎尼从事旅游行业已有40余年，他告诉记者，意大利游客喜欢花时间参观古遗址与博物馆，体验中国的民俗风情，"我们收获的不仅仅是照片，还有朋友"。

广州广之旅国际旅行社股份有限公司入境游业务负责人方方介绍，一些来自欧美的学生团对华为、比亚迪等中国企业，以及无人汽车、无人机等行业很感兴趣，想要深入了解中国经济发展情况。

"中国游"走热的背后

外国人"中国游"高涨的热情背后，离不开中国免签"朋友圈"的一次次扩容——

2023年12月1日起，对法国、德国、意大利、荷兰、西班牙、马来西亚6个国家持普通护照人员试行单方面免签政策；

2024年3月14日起，将免签政策实施范围扩大至瑞士、爱尔兰、匈牙利、奥地利、比利时、卢森堡持普通护照人员；

2024年7月1日起，对新西兰、澳大利亚、波兰3个国家持普通护照人员试行免签政策……

此外，位于 18 个省（区、市）的 38 个对外开放口岸目前对 54 个国家人员实施 72 小时或 144 小时过境免签政策。

2024 年 7 月 4 日下午，波兰籍旅客斯维塔瓦从杭州过境转机前往新西兰。他说，得知有免签政策就开始计划来中国旅游了，"办手续花时间又花钱，免签政策让我们不再受各种手续之累，好极了！现在只要一张机票，就能来体验不同的自然、文化和生活"。

提升支付便利性，优化景区预约购票程序，提供多语种文旅服务……2024 年以来，各地各部门先后出台多项举措，推动外国游客入境游便利化。

德国游客肯高飞感受到了这种变化。2023 年来中国时，他找朋友帮忙才能进行电子支付。这次到广州后发现，用银行卡绑定手机支付软件，就能顺利订火车票、在地铁刷码进站。"太方便了！"他在自己拍摄的旅行视频中兴奋地说。

还有城市拿出吸引游客驻足游览的"独门秘籍"。

2024 年 6 月底起，广州向国际中转旅客提供免费一日游服务项目，包括免费旅游巴士、英文导游、景点参观、点心午餐等。

"我们希望通过这样的活动，让国际中转旅客在有限时间内增加对广州的了解，也让旅客们实地感受广州人的热情好客。"广州市文化广电旅游局副局长刘晓明说。

英国温迪吴旅游公司英语领队孙涛说，近年来，公司在安排入境游行程时特别注意让游客多方面领略中国的风土人情和社会发展，比如今年推出的"坐高铁游中国"就是希望外国游客能领略"中国速度"和沿路风景。

如何持续提升吸引力？

近年来，中国移动支付发展迅速。如何在中国"无障碍"消费，却成为许多习惯使用现金、信用卡的外国游客的一大难题。

文化和旅游部国际交流与合作局副局长石泽毅表示，目前，许多饭店都已经重新升级改造了 POS 机，多地的机场、景点、购物场所也都布设了外卡 POS 机，方便外国游客支付。

还有自由行游客和旅行社工作人员反映，景区门票预约对外国游客不太友好。"必须在出行前 7 天预订，我们事先不知道这一点，所以只能在外面绕着走走。"一名未能预约门票的外国游客在景区外告诉记者。

对此，文化和旅游部资源开发司副司长吴科锋表示，大部分景区目前都保留了人工售票窗口，为入境游客提供线下购票服务；重点旅游景区线上预约程序提供英文界面、将外国护照等纳入认可使用的身份证件范围等举措正逐步推进。

随着外国游客日渐增多，部分酒店、景区外语人才尤其是小语种人才不足。对此，一些旅行社正在加大外语导游招募、培训力度；不少景区进一步完善多语种标识及导览设施，不断提高工作人员外语服务水平。

也有业内人士建议，进一步丰富旅游产品和服务供给，提升游客的旅游体验。

西北大学旅游管理系教授梁学成认为，入境游已进入"分众化"时代，未来，更具个性化、差异化的旅游线路和营销思路将更受欢迎。

奥地利旅行商沃尔特劳德·伊丽莎白建议，可以把丝绸之路的历史融入旅游产品中，增强与欧洲游客的贴近性。"慢旅游"、自行车旅游等方式也备受欧洲游客青睐，可开发更多相关资源。

"没有什么比旅游更能让各国人民直观感受一个可信、可爱、可敬的中国形象。"文化和旅游部产业发展司副司长傅瀚霄表示，将通过发展沉浸式文旅体验、旅游演艺、冰雪旅游、夜间文旅、避寒避暑、城市漫步等旅游新业态，用优质的旅游产品和服务供给，让外国游客在旅游过程中饱览中国的锦绣山河和灿烂文明。

资料来源：http://www.news.cn/20240712/79ed52534c154aae8f1244414b455ca9/c.html.

案例分析：

（1）从国外旅游者消费偏好来分析，中国旅游研究院入境游客满意度专项调查显示，超过六成受访者将"体验中国文化"作为来华旅行的主要目的。

（2）从旅游者消费行为来分析，各地要通过发展沉浸式文旅体验、旅游演艺、冰雪旅游、夜间文旅、避寒避暑、城市漫步等旅游新业态，用优质的旅游产品和服务供给，让外国游客在旅游过程中饱览中国的锦绣山河和灿烂文明。

（3）从旅游者消费的服务来分析，适应外国旅游者消费便利性，各地要为入境游客提供线下购票服务；重点旅游景区线上预约程序提供英文界面、将外国护照等纳入认可使用的身份证件范围；旅行社要增加外语导游招募、培训力度；景区进一步完善多语种标识及导览设施，不断提高工作人员外语服务水平。

综上所述，各地推出的许多旅游创新措施，是基于对国外旅游消费者行为的深入研究，包括旅游消费者的心理、旅游消费者的动机、旅游消费者的购买决策、旅游消费者的体验、旅游消费者的文化和旅游营销等。这些研究也是旅游消费者行为学这一门学科研究的主要内容，因此，掌握旅游消费者行为学具有非常重要的理论与实践意义。

第一节　旅游消费者行为的概念和特征

一、旅游消费者行为的概念

对于旅游消费者行为的定义，学术界没有完全统一的界定，不同的学者从不同的视角来解释其内涵。罗明义（2001）提出旅游消费者行为就是在认识、购买、消费和评估旅游产品的整个过程中，消费者所表现出的行为和所反映的心理过程。杜炜（2009）认为，旅游消费者行为是个体在收集有关旅游产品的信息进行决策、购买、分享、评估、处理旅游产品时的行为表现和与之相关的活动。郭文茹（2010）等认为，旅游者消费行为指的是旅游者在旅游消费活动的过程中所表现出来的各种行为。沈涵（2005）认为，旅游消费者行为主要表现在对旅游地和旅游产品的信息接收、感知、选择和决策这一过程。张卫（1993），认为旅游消费者行为是旅游者搜集旅游产品相关信息进行出游决策和购买、消费、评估以及处理旅游产品时的表现。于芳（2014）认为，旅游消费者行为就是旅游消费者在旅游活动的前、中、后的心理过程和行为规律。李志飞（2024）认为，旅游者为满足自身的旅游而选择旅游产品，并通过与旅游产品互动体验完成购买和消费活动的决策和实践过程。

一般认为，消费者的行为由消费者的行为和消费者的购买决策过程两部分组成。这两部分相互渗透、互相影响，从而形成完整的消费者行为过程。从旅游学的范畴来研究，旅游消费者行为由旅游者购买决策过程和旅游者购买决策的实践过程两部分构成。

综上所述，本研究认为旅游消费者行为是指旅游者在购买旅游产品过程中的信息收集与决策、产品购买与消费、产品消费事后评价的行为表现以及相关活动。它主要包括旅游消费者行为的心理活动、决策行为、消费行为、体验后评估行为等各项消费行为的动态过程。研究内容主要涉及旅游者需求、旅游者动机、旅游者类型、旅游者感知、旅游者个性态度和文化、亚文化对旅游者影响与决策过程等。分析和掌握旅游消费者行为及影响因素是进行有效旅游市场营销活动的前提和基础。

【知识链接】

旅游行为、旅游者行为、旅游者消费行为的概念：

许多国内旅游研究及相关旅游媒体报道中经常出现"旅游行为""旅游者行为""旅游者消费行为"，通过文献研究梳理发现，这些名词的内涵、研究内容既有交叉，又有区别。

1. 旅游行为。田里（1998）认为旅游行为是旅游动机的具体实施，是旅游者的最基本标志。广义的旅游行为指旅游者以旅游为目的的空间移动、游乐活动及与之相关的生活行为，狭义的旅游行为主要是指旅游者在旅游区内具体的游乐活动。

2. 旅游者行为。保继刚、楚义芳（1999）从旅游地理学的角度，指出旅游者行为研究内容主要包括三个方面，即旅游者的旅游动机及活动行为层次、旅游者决策、旅游者空间行为。还有学者认为旅游者行为是指以旅游目的地环境印象为基础的旅游主体的内在生理和心理变化的外在反映，包括旅游者空间行为、时间行为、动机、偏好、决策行为及对旅游目的地形象认知、满意度。

3. 旅游者消费行为。旅游消费行为学是研究旅游活动过程中旅游者消费心理和行为产生、发展和变化的科学。具体而言，旅游消费是旅游活动与消费活动的交叉重合行为。宁士敏（2003）从经济学角度定义为：旅游主体在有时间保证和资金保证的情况下，从自身享受和发展需要出发，凭借旅游媒体创造的服务条件，在

旅游过程中对物质形态和非物质形态存在的旅游客体的购买和享用的支出（投入）总和。

二、旅游消费者行为的特征

旅游消费者行为是一种经济行为，更为重要的是，它还是一种追求深度体验的感性消费行为。许多旅游消费者旅游的最终目标不是旅游产品本身，而是获得亲身体验和精神愉悦的畅爽情感享受。因此，从本质上来分析，旅游者消费行为以获取精神享受为指向，是游客满足个性化精神文化需要的一种感性消费行为。它具有以下特征。

（一）明确的目的性

明确的目标是引发旅游消费者行为的基础。旅游消费者围绕自己的消费目标，伴随着某种内外部因素的影响产生旅游消费动机，从而触发旅游消费行为。同时，随着旅游消费者行为的过程逐步实现，旅游者的消费目标会不断由模糊到清晰，由笼统到具体。另外，旅游消费者行为本身就包括旅游者对旅游产品和服务进行购买的决策和消费行为，其必然是具体清晰的目的性行为，尤其是在旅游消费决策过程中，也按照旅游者消费目标来进行规划，这体现了实现旅游活动的目的性。从结果上看，旅游消费行为是人满足自身精神享受与发展的需要的行为，具有很强的目的性。

（二）连续的过程性

旅游者实施旅游消费行为的过程，首先是旅游消费者受到内、外部因素刺激直接产生旅游消费需求，形成旅游购买动机，其次，旅游过程结束后来评估旅游消费，接着通过反馈来影响其他旅游者的消费决策，最终形成一个连续的、完整的循环过程。另外，这种特性保证了旅游消费者行为过程最大限度地可持续发展。

（三）需求的个性化

随着人们的生活水平提高，追求个性化与多样化的消费需求成为人们最主要的消费目标。而旅游消费行为是消费者主观需求和外部环境诸多因素影响的外在表现。随着个性化与多样化消费行为日益增加，旅游消费行为的旅游者决策独立化、个性化需求特点表现得越来越突出，并因个人意愿而表现出不同特征。

（四）购买与消费的同步性

旅游资源具有显著的地域性、不可移动性等特点，而以旅游资源为载体开发的旅游产品，与其他产品相比，同样表现出明显的不可转移的地理特征。从旅游服务的特点来看，它一方面表现出空间不可移动性，这需要游客亲自前往旅游地才能消费旅游产品。

另一方面表现出时间上不能储存，由于旅游服务具有现场体验性、现时消费的特点，这也需要游客的购买与消费同时进行。因此，旅游消费行为所经历的过程，也伴随着旅游消费者的购买与消费行为。

第二节 旅游消费者行为研究进展

旅游消费者行为是旅游学界日益突出的、新兴的、活跃的领域，不同学科的学者从不同视角来研究旅游消费者行为，梳理总结国内外文献，发现研究主要集中于旅游动机、旅游态度、旅游消费行为和旅游市场细分四个方面。

一、旅游动机的研究

旅游动机是影响旅游者对旅游目的地选择的最关键的因素，旅游企业获得市场竞争力的最佳途径是全面掌握旅游者的旅游动机。旅游动机一般是指维持和推动旅游者进行活动的内部原因和实质动力（黄波，2006），旅游者出游的动机是旅游活动产生的原动力，它反映了旅游需求的层次，在很大程度上影响着旅游者在外出旅游过程中的各种行为（杨万福等，2002）。由于旅游形式、内容的多样性，研究者从不同的视角来研究旅游动机。从旅游动机的形成及影响因素来看，刘纯（2000）、孙喜林（2000）、赵新民（2000）、杨雁（2002）等都认为，需要是动机的原因、源泉和基础，旅游动机来源于旅游需要。保继刚等（1993）认为，旅游动机是人们在满足了最低生理要求之后提出来的。关于旅游动机的形成，谢彦君（2005）认为，它是内心自我价值判断与环境参数进行相互渗透、彼此作用并最终调和的结果；娄世娣（2002）认为，须具备经济、时间、社会和个人等方面的主、客观条件；邱扶东（1996）、娄世娣（2002）、付邦道（2003）等探讨了年龄、职业、受教育程度、性别等对旅游动机的影响。从特定旅游者旅游动机研究来看，展会旅游的旅游动机是打折和其他促销活动、到自己渴望去的地方、对产品做购买前的了解、为将来可能的消费收集信息、购买产品或服务（Rittichainuwat 和 Mair，2012）。乡村旅游者表现出感受自然文化、体验真实乡村、求知、享受阳光海滩等动机（Rid，Ezeuduji 和 Haider，2014）。志愿者旅游的动机主要包括深度体验当地文化、奉献爱心帮助别人、与家人一起分享经历并教育孩子、宗教信仰、逃离日常生活（Lo 和 Lee，2011）。背包客的旅游动机主要包括社会互动、自我实现、目的地体验、逃避和放松（Chen，Bao 和 Huang，2013）。中国公民出境旅游消费的主要目的是购物，主要消费场所是免税店和百货店（樊纲治、王珏，2021）。

二、旅游态度的研究

旅游态度是旅游消费者在了解、接触、享受旅游产品和服务的过程中，对旅游本身、旅游产品和服务以及旅游企业较为稳定的看法和评价，也是影响旅游者消费行为的重要因素（吴清津，2006）。根据影响旅游态度的因素来看，在宏观上，居民的旅游态度受当前的经济、环境意识、文化等多种因素影响（谌永生等，2005）；在微观上，目的地社区居民的旅游支持度受到居民对旅游业的关注度、社区满意度、生态中心价值观、资源基础的使用、旅游发展成本和获益感知、居民社区依恋与地方感等因素的影响（Gursoy，Jurowski 和 Uysal，2002；Ko 和 Stewart，2002；许振晓，2009）。根据不同类型居民对旅游态度来看，自然旅游地社区居民的旅游获益感知直接影响居民的旅游支持度，也受目的地居民的旅游发展期望直接影响，并间接影响居民的旅游态度（程绍文等，2010）。旅游居民对旅游发展态度与其自身汉语能力程度、文化程度呈现显著相关性（薛玉梅，2014）。根据旅游态度分类来看，尹郑刚（2001）认为，当代人对旅游的态度可分为对旅游业发展的态度、参与旅游的态度、旅游消费的态度和对旅游消费的价值判断四个方面。于文文（2009）指出旅游地居民对事件旅游的感知和态度分为热爱者、憎恨者和矛盾支持者三种不同的类型。

三、旅游消费行为的研究

旅游者消费行为模式详细描述旅游者消费行为过程，也是对旅游者消费行为的规律总结。国外学者提出具有代表性的旅游消费行为模式主要包括以下几种模式[①]：瓦哈比（S.Wahab）等人的旅游者购买决策过程模型、斯莫尔（G.A.Schmöll）旅游者决策过程模型、梅奥（E.Mayo）和贾维斯（L.Jarvis）的旅游决策影响因素模型、玛蒂森（A.Mathieson）和沃尔（G.Wall）的旅游者决策过程模型、莫霆荷（L.Moutinho）的度假旅游者行为模型和米德尔顿（V.T.C.Middeton）"刺激—反应"模型。国内学者刘纯（1987）根据消费心理学的理论设计了一个旅游消费者购买行为的综合模式。王伟（2009）根据乡村旅游者的消费特性，对原有的"刺激—反应"购买者行为模型进行了修正，构建了突出乡村旅游游客行为特色的模型。另外，许多学者从空间角度来研究旅游消费者行为的空间模式，其中陈健昌、保继刚（1988）、肖洪根（1998）等从大、中、小三个尺度来描述旅游者的行为规律。杨新军等（2000）提出以城市为空间节点的区域旅游空间结构。吴必虎（1994）通过研究得出上海居民出游半径为 2000 千米以内的流动规律。谢彦君、谷明（1998）提出了个体旅游者和群体旅游者的度假决策模型。冯淑华（2002）、蒙睿（2004）分别以古村落和古镇为研究对象，讨论了客源市场的行为特点和模式。邹春萌（2006）等通过考察研究提出旅游者空间行为具有双向流动、空间等级层次和距离衰减的基本规律。还有学者研究旅游消费行为的影响因素，程冰、朱锦晟（2013）研究了来华俄罗斯旅游者消费行为的影响因素；安芳芳、杨裕钦（2011）研究了高端旅游者消费行为的影响因素；王雪映（2011）分析了互联网技术对旅游者消费行

---

① 吴清津.旅游消费者行为学［M］.北京：旅游教育出版社，2006：27-33.

为的影响；王亚峰（2013）则研究了信息技术对旅游者消费行为的影响。谭颖（2012）分析研究了文化因素、时间和距离因素、信息因素、旅游供给因素、社会因素和收入因素等对长沙自驾车旅游者的消费行为产生的影响。张喜（2012）以消费需求理论为研究的理论基础，并根据相关数据的可得性，通过构建相关模型，定量分析研究了旅游消费习惯、农村居民收入水平、旅游产品价格和城镇居民旅游消费水平等因素影响我国农村居民旅游消费的强度。彭建等（2024）认为，国家公园当地居民对旅游影响的感知对其自然保护态度有显著的直接影响，正面旅游影响感知会强化其自然保护态度，在旅游影响感知、地方依恋和自然保护态度之间的结构关系上，参与旅游的居民和未参与旅游的居民之间存在显著的群体差异。

四、旅游市场细分的研究

旅游市场细分是指根据旅游者的需求、偏好、购买行为和购买习惯等方面的差异性，把一个整体旅游市场划分为若干个消费者群的市场分类过程，所划分出来的每一个消费者群就是一个细分市场。旅游市场细分有助于选定目标市场，有针对性地开发产品和开展促销，从而提高旅游企业的市场竞争力。田里（2006）根据市场营销的原理和旅游者的需求差异性，将旅游市场细分为地理细分（包括地区、城市或乡村、国家、地形、气候和距离等细分因素）、人口统计特征细分（包括年龄、性别、家庭大小、职业、收入、教育、生活阶段、种族和国籍等因素）和心理细分（包括生活方式、性格、社会阶层和价值观念等因素）。从旅游市场的地理细分来看，对俄罗斯旅游者在三亚旅游消费行为的研究表明，俄罗斯消费者旅游中所关注的因素依次为购物、当地民俗文化和人文景观（苏馨，2015）。杭沪苏旅游目的地在韩国旅游者心目中形象存在明显差异，其中上海最占优势的是旅游基础设施、购物设施、娱乐和夜生活、服务质量；杭州以自然景观取胜，同时和苏州在历史和文化景观上相仿（周寒琼，2014）。韩国游客到九华山旅游的动机有佛教朝拜、亲近自然、休息放松、文化体验以及便利与购物，和九华山旅游资源的属性特征相对应，佛教朝拜和亲近自然是韩国游客来九华山的最主要动机（刘力、吴慧，2010）。从旅游市场的人口特征细分来看，老年人外出旅游的动机有丰富生活、实现梦想、怀旧、健康和交友五个方面，其中丰富生活和健康是老年人最主要的两个旅游动机（刘力，2016）。而欣赏风景、缓解压力、购物等是现代女性的主要动机（胡小玲、张俐俐，2010），但文化因素、个人因素、家庭因素及心理因素是影响女性旅游行为的主要因素（许秋红、单纬东，2001）。大学生区别其他群体最为显著的旅游动机是学习型旅游，以及娱乐、求知、实践、缓压的旅游动机，但与"80后"大学生研究结论相比，文化动机依旧是"90后"大学生旅游的主要动机（郑清宗、赖正均，2008）。从旅游市场的心理细分来看，生态旅游者旅游动机一般是为逃避日常枯燥的生活，挑战自我，在休息活动时，前往大自然，追求自然美，而普通大众旅游者多为寻找归属感及感受成就、地位（陈楠、乔光辉，2010）。高尔夫旅游者的出游动机是体育健

身与休闲、目的地与球场、商务与社交，其中"狂热型支持者"对高尔夫旅游在认知、情感和行为意向上都表现出更加积极的支持态度（陈嘉伦，2014）。吴晋峰等（2024）研究发现：中国城市居民旅游活动人群分异呈"二五规律"和"五八规律"，即旅游活跃度排名前 20% 的城市居民完成了全部旅游活动的 50%，排名前 50% 的城市居民完成了全部旅游活动的 80%。该研究结论有助于针对性地开展旅游市场细分、需求预测和市场营销。

第三节　旅游消费者行为的基础理论

一、旅游消费效用理论

（一）内涵与特征

效用是指人们消费物质或劳务产品时所获得的满足程度。它表现的主要特征是人们所获得的满足程度越高，则说明效用越大；满足程度越低，则说明效用越小。我们可以将效用应用于旅游消费行为中，来解释旅游者消费的"投入"和"产出"的含义，即"投入"是指旅游消费需要支出一定的货币、时间和精力，而旅游消费的"产出"指通过旅游消费，使旅游者体力和智力得到恢复和发展，精神达到愉悦和满足。因此，旅游消费效用是指旅游者在旅游经济活动中通过消费旅游产品所获得的心理感受和主观评价，也是旅游消费"投入"和"产出"的比例关系。

（二）评价

评价旅游者消费效用，一般分为两个层次：一是根据旅游需求方面来评价，对旅游者的旅游消费满足程度的评价；二是根据旅游供给方面来评价，对旅游目的地国家或地区向旅游者提供各类旅游产品消费的评价，以此来评价如何实现旅游消费的最大满足。

1. 旅游者消费效用的评价

评价旅游者消费获得最大满足的最佳指标是旅游消费效用。旅游者消费获得最大满足是基于旅游者在支出一定时间和费用的前提下，通过对旅游的产品、项目和服务等消费后所获得的精神上的愉悦和舒畅的物质体验，从而达到旅游者的心理感受与主观愿望的最大满足。主要采用边际效用和无差异曲线来评价旅游消费者的最大满足。

2. 旅游目的地旅游消费效用的评价

旅游目的地通过向旅游者提供旅游产品后所获得旅游收入的效用，这种评价基于旅游供给来衡量。在某一时间段，旅游目的地的旅游者消费越多，旅游目的地收入越多。因此，借助度量旅游目的地旅游者的消费支出就能很好地衡量旅游目的地的旅游消费效用。一般来讲，衡量旅游者消费支出的指标主要包括旅游消费总额、人均旅游消费额、旅游消费率和旅游消费。

【知识链接】

评价旅游者消费支出的指标

旅游消费总额是指一定时期内旅游者在旅游目的地国家或地区进行旅游活动过程中所支出的货币总额，从旅游目的地的角度来看也就是其旅游收入。它从价值形态上反映了旅游者对旅游目的地的旅游产品消费的总量。由于旅游业是一个综合性产业，涉及交通、住宿、餐饮、娱乐、购物、游览等多方面的行业和企业，因此对旅游消费总额的计算采用抽样调查和常规统计相结合，即通过抽样调查得到人均旅游消费额，再与常规统计的旅游者人数相乘而得。

人均旅游消费额是指一定时期内旅游者在旅游目的地国家或地区的旅游过程中平均每一个旅游者支出的货币金额，反映了旅游者在某一旅游目的地的旅游消费水平，并为旅游经营者开拓旅游市场和开发旅游产品提供了重要的依据。人均旅游消费额一般通过抽样调查而得到，但是在知道旅游消费总额的情况下，也可以根据旅游消费总额和旅游者人数来计算。

旅游消费率是指一定时期内，某一个旅游客源地国家或地区旅游者的消费支出同该国家或地区个人消费支出总额的比例，从价值角度反映了一个国家或地区在一定时期内旅游者对旅游消费的强度和水平。掌握旅游客源国家的旅游消费率，对于旅游目的地国家或地区开拓旅游客源市场具有十分重要的意义。

资料来源：石斌. 旅游经济学 [M]. 北京：清华大学出版社，2013：175.

二、旅游态度理论

态度由认知、情感和意向三个要素构成，它是环境刺激和个人行为反应之间的重要中介因素。在消费者行为学中，态度是消费者对某一事物或观念所持有的正面或负面的认知、情感和行为意向。而旅游态度，是态度概念的一种具体化。由于旅游消费的特殊性，旅游态度可以认为是旅游消费者在了解、接触、享受旅游产品和服务的过程中，对旅游本身、旅游产品和服务以及旅游企业较为稳定的看法和评价，它具有对象性、习得性、内隐性、协调性、持续性和稳定性的特征（吴清津，2006）。不同旅游消费者对同一旅游消费的态度可能有所不同，因此，旅游态度是影响旅游消费行为、旅游偏好的主要因素之一。

（一）旅游态度与旅游消费行为

旅游消费者不仅决定着其对旅游产品、旅游服务和旅游企业的态度，而且旅游态度影响着旅游消费者做出旅游决策和购买行为。由此可知，旅游态度对旅游消费行为会产生重要影响。旅游消费者的态度首先影响旅游系统各个要素的评价，其次影响旅游消费者的消费行为倾向，最后影响旅游者消费购买行为。另外，旅游消费者的态度也会影响其对旅游信息的搜集与评判。旅游者首先要从社会环境中接收知识和各种旅游信息，在此基础上形成对旅游的态度，进而形成某种行动的偏爱和意图。此时，诸多社会因素又对这种偏爱或意图施加影响，二者互相作用的结果决定了具体的旅游行为是否能够发生。

（二）旅游态度与旅游偏好

旅游偏好是指人们趋向于某一旅游对象、旅游企业、旅游产品和服务的一种心理倾向，它是建立在旅游者极端肯定态度之上的一种针对态度对象的行为倾向。通常情况下，旅游态度对象的性质越鲜明越突出，旅游者越能满足自我的旅游需要，从而产生极端肯定的态度，进而导致旅游偏好的形成。旅游者掌握的对象信息越多越复杂，对象的吸引力越强，越容易形成偏好（陈春，2008）。

一般认为，态度和行为具有一致性，即肯定的态度促成旅游行为的发生，否定的态度抑制行为的发生，但态度和行为有时是不一致的。时蓉华（1998）认为，原因有二：一是同一对象有多种属性和特征，当个体对某种属性肯定而否定另一种属性时，导致态度与行为不一致，如人们可能对某个旅游景点持肯定态度，但对去该目的地的交通条件持否定态度，就可能取消到该地的旅游行为；二是个体行为除受态度影响外，还受个体经验、当时情景等因素的影响，从而导致态度与行为的不一致。

三、旅游消费行为理论

消费者行为学（Consumer Behavior）是研究消费者在获取、使用、消费和处置产品和服务过程中所发生的心理活动特征和行为规律的科学（吴清津，2006）。随着旅游活动在全世界范围内迅猛发展，许多研究人员对旅游消费者行为产生了极大的兴趣，尤其是旅游者怎样消费旅游产品更受研究者的关注，他们对传统的消费者购买决策过程模式的适应性产生怀疑。20世纪末，大量的研究人员采用交叉与多种方法相结合的研究方法来探讨旅游者消费的全过程，催生了旅游消费者行为学这门新兴学科。这为旅游产品开发、旅游服务提升和旅游市场营销提供了指导（韦志慧，2010）。不同学者从多维视角来研究旅游消费行为，其中有以下几个最具有代表性的旅游消费行为模型[1]：

---

① 吴清津. 旅游消费者行为学［M］. 北京：旅游教育出版社，2006.

（一）旅游者决策过程模型

1982年，玛蒂森（A.Mathieson）和沃尔（G.Wall），在总结前人研究的基础上，将旅游决策的动态过程与影响旅游消费行为的静态因素结合起来，提出了一个新的旅游者决策模型（如图1.1所示）。玛蒂森和沃尔认为，旅游者的决策过程包括五个主要阶段：①旅游者产生出游的愿望；②旅游者收集信息，评估对目的地的印象；③旅游者比较各种可选择的旅游方案，做出旅游决策；④旅游者准备出游，并形成旅游体验；⑤对旅游的结果和满意程度进行评估。

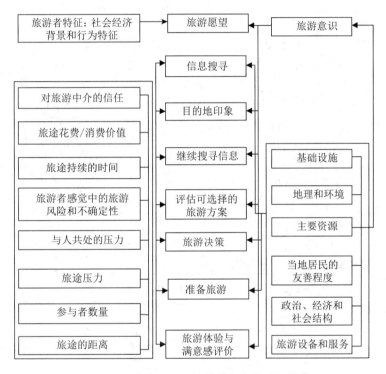

图 1.1　玛蒂森和沃尔的旅游者决策过程模型

图1.1所列出的各项因素及它们之间的相互关系都会对旅游决策的五个阶段产生影响。这些因素包括：①旅游者特征，包括旅游者的社会经济状况和行为特征；②旅游意识，潜在的旅游者意识到自己有机会旅游，知道通过哪些方法可以满足自己的需要，才会激发起旅游的愿望，并设法完成旅游心愿；③旅途的特征，旅途是否遥远、需逗留多长时间、旅游者能否承受旅途的开销、是否存在风险等问题会在很大程度上决定旅游者是否将旅游愿望付诸实践；④目的地旅游资源和特征，包括目的地旅游吸引物的种类、目的地提供的服务范畴及服务质量、环境条件、当地居民的特点、当地政府的政策等。

（二）度假旅游者行为模型

1987 年，莫霆荷（L.Moutinho）在全面回顾旅游者决策过程文献的基础上，对葡萄牙度假旅游者进行了一项调查，将复杂的旅游者度假行为简化为一个概括性模型（如图1.2 所示）。该模型分为三个部分。

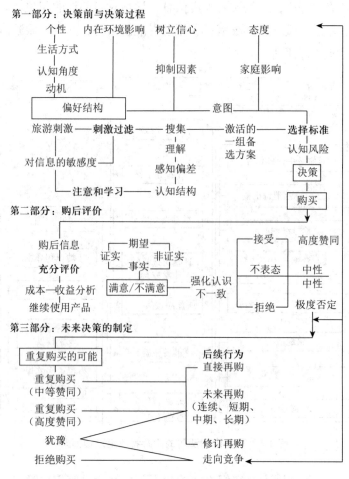

图 1.2　度假旅游者行为模型

1. 决策前与决策过程

该部分主要涵盖旅游者受到旅游刺激到做出购买决策的全过程旅游活动。旅游消费者在这一过程中会经历三个阶段：形成偏好、决策和购买。旅游消费者的决策及购买行为在很大程度上取决于他们的偏好，而旅游消费者对特定旅游产品和目的地的偏好结构又受到许多因素的影响。这些因素包括个性、生活方式、动机等个人因素，以及文化规范和价值观、参照群体、社会地位等内在环境因素。旅游消费者的偏好能否转化为购买意向，还会受到旅游者对旅游产品的信心和限制性因素的影响。

对偏好结构的心理分析可分为刺激过滤、注意和学习、选择标准等三个子领域：①刺激过滤是指旅游消费者对来自旅游营销方面的刺激进行过滤，对有用信息进行组织，并搜寻更多的补充信息以澄清对一些模糊不清的刺激的认识；②注意和学习是指旅游消费者通过对外界输入的信息与记忆中的信息进行比较，更新个人的认知结构；③选择标准是指旅游消费者在评估备选方案时，所考虑的一些非常重要的旅游产品属性。

2. 购后评价

旅游消费者非常重视购后评价，因为购后评价可以丰富旅游经历，检验先前做出的购买决策正确与否，为调整未来的购买意向提供反馈信息。如果旅游者的期望与实际旅游体验一致，他们就会感到比较满意；否则，就感到不满。旅游消费者还会对旅游产品的性能/价格比进行评估，比较自己的付出与收益。消费者对满意与否的判断，经过认知不协调机制的强化后，将出现三种不同结局：接受、不表态、拒绝。这些态度会进而影响消费者未来决策的制定。

3. 未来决策的制定

模型的最后一部分分析旅游者重复购买旅游产品和服务的可能性以及旅游者的后续行为。度假旅游者结束度假后的行为存在四种情况：①直接重复购买；②将来重复购买，这种重购行为可能在接下来的短期内发生，也可能在中期或较长的一段时期后才发生；③经过修正的重复购买行为，旅游消费者可能会转向购买新产品或寻求更高质量的旅游产品；④因犹豫或拒绝再次购买相同产品而转向购买竞争对手的旅游产品。

总体而言，莫霆荷的模型比较全面细致地描述了度假旅游消费行为的整个过程，并开创性地把旅游消费者的购后评价和未来决策纳入分析体系，为深化学术界和旅游业界对度假消费行为的认识做出了贡献。但是，这个模型比较复杂，而且尚未能很好地反映旅游消费行为的动态性。比如说，第一部分与第三部分的内容并非相互分离的。当消费者做出后续行为时，他们就进入了新一轮的决策过程。购后评价和重购意向会直接影响旅游消费者的态度和感知。

（三）"刺激—反应"模型

1988年，米德尔顿（V.T.C.Middleton）在前人研究的基础上，提出了一个更能反映旅游者消费决策的动态性模型（如图1.3所示）。该模型由刺激输入、沟通渠道、购买者特征和决策过程、购买和消费后的感觉四部分组成，其中，该模型的核心是"购买者特征和决策过程"。米德尔顿不但考虑到了在旅游产品的购买决策中朋友和同事等参照群体的重要性，而且也认为，旅游动机促使旅游者将旅游需要付诸实践，是连接旅游需要与购买决策的桥梁，另外，他指出旅游者消费效用是影响其购买行为最为关键的因素。因此，他在模型中构建出了一条旅游者购后感觉到决策过程的反馈路线，这样能更好地将购后评价与旅游消费决策过程循环紧密地联系起来。

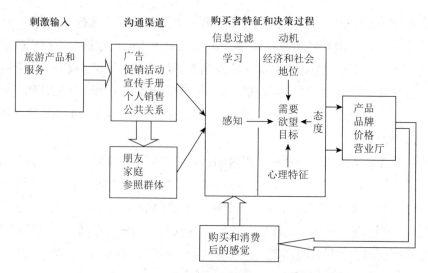

图 1.3　旅游消费行为的"刺激—反应"模型

四、推—拉理论

"推—拉"理论（Push-Pull Theory）最早源于英国学者 E.G.Ravenstein 对人口流动的理论研究，他提出了人口迁移的七条规律，并认为人口移动是由迁入地和迁出地两种不同方向上的力互相作用形成，体现了"推—拉"理论的早期思想。Dann（1977）最早将这一理论应用于旅游研究中，认为旅游"推力"即指旅游者由于内心不平衡或紧张而引起的旅游需求，具有内在性和非选择性，只要能使旅游者内心不平衡或紧张感得以缓解的所有刺激都可以作为旅游行为的指向对象，而旅游"拉力"与目的地吸引物特征相关，具有外向性和选择性，可以影响人们选择旅游目的地的类型与方向（张宏梅等，2005）。由于旅游活动是一种以游客为中心，由旅游客源地和目的地为节点构成的 OD 模式（Origin-Destination），在旅游经济学中，"推—拉"理论正好与旅游供求理论相结合，旅游"推力"因素侧重指旅游客源地（需求）对游客产生的助推力，这种助推力主要源于社会制度、行为习惯、日历、传统、社交、时尚、交通、气候等。而"拉力"因素主要指旅游目的地旅游吸引物（供给）对旅游者产生的吸引力，这种吸引力主要源于户外运动项目、旅游事件、旅游资源、气候条件等。周成和冯学钢（2015）以推—拉理论构建了旅游业季节性影响因素体系（如表 1.1 所示）。

表 1.1 旅游业季节性影响因素指标体系

主类	亚类	影响因素	主类	亚类	影响因素
旅游客源地推力	旅游者个体因素	个人闲暇时间支配	旅游目的地拉力	旅游景区或企业	季节性成本与收益机制
		可自由支配收入变化			淡季设施和人力供给限制
		自我职业知识结构			淡季旅游市场营销
		旅游者个人出游偏好			淡季旅游吸引物特色
		家庭结构和生命周期			旅游季节性管理模式
	客源地宏观因素	政府节假日制度		目的地宏观政策	旅游季节性综合性
		气候或生态环境逃离			目的地季节气候环境
		偶发性不良社会事件			偶发性旅游事件
		组团价格季节波动			目的地民俗日历
		宏观出游方式转变			旅游政策与税收

第四节　研究旅游消费者行为的意义

　　旅游消费不但具有扩大内需的功能，而且对经济发展也产生显著的拉动效应、波及效应和倍增效应。同时，旅游消费形成的决定因素，旅游消费者消费行为的心理过程及其变化规律，是学术界和旅游行业共同关注的焦点。因此，研究旅游消费者行为具有以下重要的意义。

一、有助于旅游企业提高市场竞争力

　　研究旅游消费者行为有助于旅游企业准确地预测旅游者未来的购买行为，准确地锁定旅游产品的购买目标群，准确地判断及时介入消费者的购买过程，有效地诱导旅游者消费企业的旅游产品与服务。这可以更好地开发适销对路的旅游产品、项目和服务，极大地避免旅游企业的投资与经营风险，增加企业市场竞争力，提高企业管理和经营的绩效。许多旅游企业越来越意识到，仅借助于降价促销的营销手段难以吸引游客和培养其忠诚度，唯有提高旅游产品的质量、提供优质的服务、开发独具特色与个性化的旅游项目，才能真正形成旅游者的最佳旅游效应，培植其忠诚度，并使旅游者变成回头客。另外，卓越的旅游企业善于对旅游者的消费行为进行研究，掌握打动游客的关键因素，提高游客对服务质量的满意度，从而保持企业在旅游市场中的可持续竞争力。

二、有利于提高旅游目的地的游客管理水平

详细分析旅游者消费行为中的特点，可以为目的地的旅游企业及管理部门开发旅游资源提供更为明确的消费对象，为旅游产品的开发设计出更为特定的目标市场，提高旅游资源和旅游产品开发规划的针对性与管理绩效。通过跟踪分析旅游消费者行为特征，旅游目的地旅游企业的相关管理部门可以准确地掌握旅游者旅游活动路线，每个区域的游客密度，这有助于控制区域的接待容量，以避免游客产生拥挤感、因游客休息处座位的设计不当令人觉得隐私被侵犯等问题，保证旅游体验的质量。旅游企业还可引导旅游者的消费活动，使其与旅游景观的结构、功能及其内在价值相协调。

三、有利于提高旅游企业的服务质量

旅游业以旅游者的存在和消费为主要前提，没有旅游者和消费，旅游业就不能存在。根据现实意义来观察，一个旅游企业赢得旅游者和旅游者消费的多少，是衡量该企业是否兴旺发达的重要因素。随着旅游由观光型向体验型转变，以及游客个性化、多样化的消费需求日益突出，面对旅游消费行为新的发展趋势，如何赢得更多旅游者，最大限度地满足旅游者消费需求，对旅游者消费行为的特征和规律的研究显得更为重要。这可以为服务设施的配置、服务态度的改进、游客的体验程度和游客容量的控制，提供科学的指导和帮助，从而切实有效地提高旅游企业的服务质量。

四、有利于中国旅游产业的转型发展

中国旅游产业转型发展的关键是推动旅游新科技创新的应用和旅游企业转型升级。移动互联网、大数据、云计算等高科技在旅游业广泛应用，尤其是智慧旅游的大量建设与应用，对为游客提供直接、面对面的线下旅游产品服务的传统企业产生极大冲击。这种冲击主要表现在旅游产品设计、旅游营销手段、旅游投融资渠道和旅游服务方式等方面，这也从根本上改变了旅游企业的经营模式和消费者出行旅游的模式。智慧旅游建设一方面将逐步改变企业的经营模式。由于在线营销系统大大节约了企业的经营成本，企业的传统经营模式将被引导至全新的智慧旅游系统平台之上，由线下服务转为线上线下相结合、相辅相成的经营模式。另一方面智慧旅游平台也是企业充分展示形象和提供产品的平台，科技与文化的结合可以促进企业加快对旅游资源的深度开发，打造新型的旅游文化产品与旅游创意产品，进一步放大旅游资源的综合效益（金卫东，2012）。智慧旅游不但给旅游消费者提供了自由度最大化的旅游体验，还通过汇总旅游消费者的网络订单、对消费者进行行为追踪、满意度调查及数据统计与分析等方式，实现旅游企业产品与服务的不断推陈出新与量身定做（李振坤等，2014），从而推动中国旅游产业加速转型升级，实现中国旅游业的健康可持续发展。

【知识链接】

智慧旅游的内涵与构成

智慧旅游是基于新一代信息技术（也称"信息通信技术"，ICT），为满足游客个性化需求，提供高品质、高满意度的服务，从而实现旅游资源及社会资源的共享与有效利用的系统化、集约化的管理变革。

从内涵来看，智慧旅游的本质是指包括信息通信技术在内的智能技术在旅游业中的应用。智慧旅游是智慧地球及智慧城市的一部分，它的四大核心技术是物联网、移动通信、云计算以及人工智能技术。通过感知化、物联化、智能化的方式，可以将旅游过程中的物理基础设施、信息基础设施、社会基础设施和商业基础设施连接起来，成为新一代的智慧化基础设施，使旅游业涉及的不同部门和系统之间实现信息共享和协同作业，更合理地利用资源，做出最好的旅游活动和管理决策，及时预测和应对突发事件与灾害。由于智慧旅游面向旅游者、企业、政府和居民，因此，其应用给不同的利益主体提供了不同的价值。这些价值供给体现在智慧旅游的信息应用层面（如图1.4所示）。对游客而言，其可以获取旅游全域/全流程的信息服务，实现出游前的信息查询、合理线路设计、旅游预订、智能导览、门票及优

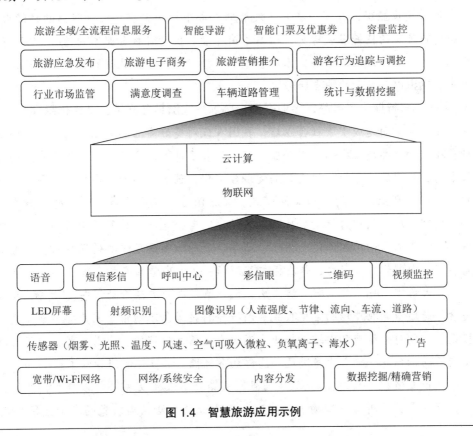

图1.4 智慧旅游应用示例

惠券获取、紧急救援、投保理赔等价值。对企业而言，其可以获取旅游电子商务、营销、满意度调查、行为追踪、数据统计及挖掘等价值。对政府而言，可以获取行业市场监管、旅游信息与其他公共服务信息共享与协同运作、旅游目的地营销等价值，实现指挥决策、实时反应、协调运作，政府可以更合理地利用资源，做出最优的城市发展和管理决策，及时预测和应对突发事件和灾害，形成产业发展与社会管理的新模式。对居民而言，可以享受交通、游憩、休闲等多种系统信息共享的价值。

资料来源：张凌云，黎巎，刘敏.智慧旅游的基本概念与理论体系［J］.旅游学刊，2012，27（5）：66-73.

【延伸阅读】

数字技术推动我国文旅消费的新趋势

习近平总书记强调："文化产业和旅游产业密不可分，要坚持以文塑旅、以旅彰文，推动文化和旅游融合发展，让人们在领略自然之美中感悟文化之美、陶冶心灵之美。"当前，世界经济动能不足、外部环境严峻复杂，加上国内长期积累的深层次矛盾逐步显现，我国经济复苏发展的任务艰巨而繁重。文旅市场的持续火热，文旅消费呈现的良好发展势头，增添了消费者、投资者和企业家的信心，有望形成良性循环的乘数效应，推动内需和整体经济持续向好。在这样的背景下，我国文旅消费表现出以下崭新的特点和趋势。

（一）多行业、多产品、多业态混合叠加方式满足多样性、个性化需求

在全国全面建成小康社会以后，我国人民对美好生活的向往也在提升，消费的种类在增加，品质在提高，内涵在丰富，代表了诗和远方的文化旅游逐步成为普通民众的生活内容。年轻一代更加偏爱融合文化、艺术、健身、娱乐、高科技为一体的"文旅＋新业态"的主题文娱模式。文旅消费结构向个性化、多样化升级。比如，民宿旅游休闲把自然景观观赏与餐饮、露营、宠物养殖等活动融合起来，实现从单一的度假，向田园休闲、亲子、研学、康养等多向度旅游的深度转型，增加了对不同旅游群体的吸引力，是提振文旅消费、扩大内需的有效手段。

在大都市，吃、住、行、游、购、娱一条龙成为文旅活动常态。"游玩＋购物＋美食"是城市购物广场的常见模式。新一轮科技革命不断催生新产品、新业态、新模式，人们对文旅产品供给也提出更高要求。将文化消费、旅游消费、亲子活动和交友活动融合在一起，才能满足人民群众多样性、个性化的消费需求。

从产业链视角来看，"文旅＋百业"或者"百业＋文旅"可以延长产业链，带动景区人气，广开企业财源，并提高人民群众的生活品质。党的二十大报告指出：

"高质量发展是全面建设社会主义现代化国家的首要任务。"高质量发展必然伴随着人民群众高品位的文化生活和高品质的消费需求。高品位的文化生活和高品质的消费需求，从需求侧推动高质量发展。如此一来，就会形成文旅需求和高质量发展之间的良性互动和循环，从而有力促进我国经济复苏发展。

（二）体验式、沉浸式消费更受欢迎

"文旅＋自然景观"是文旅消费的永恒主题。这来自人类最朴素、最基本的需求——返璞归真。《道德经》说："常德不离，复归于婴儿。"忙碌于喧嚣职场的人士，终有一天，或能领悟《道德经》中"名与身孰亲？身与货孰多？"所蕴含的深邃道理。沉浸在自然的怀抱，是人类与生俱来的内在需求。踏春、赏花，近距离接触牛、羊、麋鹿，都可以成为沉浸式体验。

人们旅游的主要目的是追求娱悦身心的体验，感知和遇见从未见过的、新奇的人和事。起初的体验式旅游，类似桂林山水游，上海弄堂游这样的旅游项目，还只是在观光旅游的基础上添加环境要素和系列服务。科技进步为增强体验感提供了可能，西安上演的中国首部大型实景历史舞剧《长恨歌》将景区自然资源与高科技舞美灯光相结合，将历史故事与实景演出相结合，展现了大唐盛世的恢宏气象和千古绝唱的凄美爱情。万星闪烁的梦幻天空、滚滚而下的森林雾瀑、熊熊燃烧的湖面火海，将人间与仙界、传统与时尚有机交融，营造一种身临其境的文化氛围。随着虚拟现实、增强现实、全息成像、可穿戴设备、智能终端等技术和设施的发展，体验式、沉浸式旅游正在向纵深发展。

沉浸式演艺、沉浸式展览、沉浸式夜游、沉浸式街区等深度沉浸项目不断被开发出来，推向市场。2023年文化和旅游部发布了20个沉浸式旅游新业态示范案例，包括：又见平遥、重庆·1949、知音号、遇见大庸、寻梦牡丹亭、天酿、不眠之夜7个沉浸式演艺案例；西安大唐不夜城、夜游锦江、北京国际光影艺术季"万物共生"、奇妙·夜德天、梦境光雾山5个沉浸式夜游案例；扬州中国大运河博物馆、北京世园公园植物历险记探索体验展、上海天文馆（上海科技馆分馆）、新四军江南指挥部纪念馆4个沉浸式展览展示案例；长安十二时辰、花山世界·花山谜窟主题园区、沈阳中街步行街、teamLab无界美术馆4个沉浸式街区案例。

现代的旅行者，尤其是"Z世代"，已经不再满足于一个观光者、一个台下的看客，而是要成为旅游故事的撰写者，甚至是主角。观众要真实地参与到故事之中，他们的喜怒哀乐和行为表现要成为剧情的一部分，并从中获得真实的体验和认同。现代科技的加持，使旅行者的视觉、听觉、味觉、触觉和嗅觉被全方位调动起来，获得更加丰富和多样化的感受和认知。高度沉浸式的虚拟现实技术，为野外探险、荒野生存等历险经历提供了前所未有的真实体验。增强现实技术，将数字世界、元宇宙嫁接现实场景，旅行者可以超越现实，体验魔幻、危险、刺激的现场。混合现实技术，比如南京夫子庙夜游，将光影、图像、书法等投影到真实的环境

中，生成历史与现实交互的体验，让游客穿越时光亲临朱自清笔下的"桨声灯影里的秦淮河"。

（三）文旅消费数字化趋势日益明显

数字技术和智慧旅游在主题公园、旅游演艺和博物馆等项目中得到广泛运用，助推文旅业务强劲增长。中国社会科学院旅游研究中心发布的《中国国民旅游状况调查（2023）》显示，我国居民出游目的地选择从获取旅游信息的渠道而言，以线上渠道为主，总体上呈现出多样化趋势。其中，短视频平台位居第一，占比69.3%；网络社群平台位居第二，占比59.7%；亲朋好友推荐位于第三，占比51.1%；景区（目的地）官方网站、在线旅游服务商排名第四、第五，占比分别为47.6%和34.6%；只有25.3%的调查对象通过广播电视等媒体获取旅游信息。

新冠疫情推动各地旅游产业数字化转型。2020—2022年，南京市投入文化发展专项资金6200万元，促进文化、旅游与数字科技融合。南京建设全国首个数字文化城市整体解决方案——南京文都数字云平台，采集南京城市文化资源数据3亿条目，联动南京1000多个线下文学地标。南京的34家原创版权机构联合打造"天权区块链版权内容存证和交易系统平台"，存证数字内容近30万件。南京大报恩寺建设了全真互联元宇宙博物馆，秦淮非遗馆里的"明潮那些事儿"建成浸入式数字体验馆，牛首山"数智牛首"平台上线，共同助推南京文旅事业发展。

数字技术激发了年轻人的文旅消费热情。中国国家话剧院的原创话剧《苏堤春晓》在北京演出，同步在上海、成都、南京、深圳、杭州、乌镇推出数字化"第二现场"，数字化技术打破空间阻隔，这六个城镇的观众得以同步高清观看。随着我国5G和智能手机的广泛应用，移动支付普及率迅速提高，数字产业化和产业数字化长足进步，高出其他国家一倍甚至两倍。中国人的吃、穿、住、行一部手机就能搞定。针对一些国外游客面临的数字鸿沟甚至水土不服问题，有些地方重新启用POS机，以提升境外游客的支付便利度。

（四）文旅IP逐步成为文旅消费产品的核心竞争力

目前以旅游著称的城市都在精心打造城市文旅IP。比如，2024年3月至5月扬州市举办了"烟花三月下扬州"文旅消费推广季活动。扬州市政府推出的七大主题聚集了人气，提升了文旅消费品质，增强了消费体验，提振了消费市场。

故宫IP以其优越的文化底蕴，展现出历史与现代之约、文化与科技之美。故宫淘宝、故宫出版社、故宫文创、故宫食品、故宫文具联袂出彩，"皇家IP"走进百姓人家。以故宫淘宝为例。故宫淘宝是故宫文创事业部与尚潮公司的联合IP，将故宫博物院180多万件文物的文化与现代时尚元素相结合，为人们带来全新的文化体验。经过15年的发展，故宫淘宝形成了自己的文化品牌。"影视IP+旅游""文学IP+旅游"等是现实中经常采用的组合模式，比如《非诚勿扰2》+海南、戏剧节+乌镇。随着民宿旅游和乡村旅游的兴起，"地方文化IP+旅游"也成为重要的叠加模式。在我国五千多年文明的版图上，很多村落都有属于自己的传说、史实、非遗文化、民风民俗、民间 LOGO 等。这些独具魅力的地方文化经过巧妙地挖掘、组合和表达，并加以商品化，就能闪烁其文旅光芒，实现其内在价值。

各地的主题乐园竞相采用引人入胜的 IP 主题，场景布置尽可能还原真实故事情景，配以演职人员的精彩表演，让游客获得真实刺激的体验。上海迪士尼乐园的 IP 元素在餐厅、酒店、停车场等周边得到广泛应用，开发的迪士尼衍生产品琳琅满目。迪士尼公园的门票收入只占总收入 2~3 成，超过一半收入来自 IP 衍生产品。北京环球影城也采用类似的盈利模式。因此，IP 主题推动的景区商品销售有力地提升了整体营收水平。

打造文旅 IP 能够提升文旅消费产品的核心竞争力，具有广阔的发展前景。当前，短视频逐步成为一种备受追捧的营销方式。利用短视频平台扩散数字化的文旅 IP，是极具潜力的传播方式。准确识别地方文化的内涵底蕴，经过数字化方式呈现给线上线下的观众，能够促进文旅融合，树立文旅 IP 形象，并增加产品附加值。其中，敦煌 IP 的打造堪称典范。敦煌博物馆的新媒体运营团队通过微信、微博、抖音、知乎、B 站等多渠道展开营销。《敦煌藏画》"敦煌动画剧""云游敦煌"App 纷纷上线，联合烘托敦煌 IP。可见，深入挖掘中华文化积淀，融入 IP 形象塑造，推动旅游、演艺、美食、影视、服装等多产业、多业态的协同发展，推动文化与旅游深度融合。这不仅是提升文旅消费的有效途径，也是扩大内需的切实可行之路。

（五）由网红城市变为"长红"城市：文化赋能

近几年在短视频和其他新媒体助推下，"网红城市"层出不穷，带给游客更新潮的旅游体验，在各地掀起了"现象级"消费。旅游城市不能仅仅停留在一时的网红阶段，那样只会昙花一现，只有依靠科技和文化赋能，持续建构城市文化形象，逐步形成城市文化品牌，才能由"网红"城市变为"长红"城市。

城市不仅是各种建筑物的集中和堆砌，还是各种功能和含义的有序组合；它不仅是人类聚集生存的方式，也是文明聚集、交流、互鉴的方式。城市文化不仅是城市形象和实力的表征，还是城市品质和底蕴的体现。淄博、哈尔滨两座城市的人民热情好客、诚实义气，当地的风俗习惯和饮食文化富有地方特色，是这两座城市火爆出圈的文化因素。在新媒体时代，微信、微博、抖音、小红书等新媒体为城市文化迅速传播提供了可能。数字经济背景下，城市文化形象的传播不再仅依靠地方政府和官方媒体。有些游客被热门视频吸引而前往打卡地，并继续转发相关短视频，在蹭热度的同时也会创造新的视频，促成了城市文化元素的日益丰富和多元。

"网络蝴蝶效应"，或许可以解释网红城市的生成过程。"一只南美洲亚马孙河流域热带雨林中的蝴蝶扇动了一下翅膀，可能引发美国得克萨斯州的一场龙卷风。"年轻旅游群体在抖音、小红书或其他社交媒体上的旅游自拍或经历分享就是一只扇动翅膀的蝴蝶，借助互联网激起信息传播的涟漪，这样的信息涟漪可能被很快地扩散和放大，并在咫尺之隔的邻里或是万里迢迢的高校校园引发共鸣和效仿，最终落地于文旅产业并产生巨大的价值增长。建设城市文化品牌，首先，需要根据这座城市的历史文化积淀，收集整理反映城市文化全貌的文化资源，从中概括出城市文化内核和精神特质，提炼和升华为城市文化品牌。城市文化品牌要有特异性和标志性，西安、成都、长沙等"网红"城市中的先行者都有着独特风格和魅力。其次，城市文化品牌建设需要多方支撑：历史长河中积累起来的优秀文化底蕴支撑；人口聚集中逐步形成的功能支撑；世界文明交流互鉴中的外来文化支撑；经济发展带来的资金支撑。最后，城市文化品牌建设要实现对城市功能的反哺。品牌是一种无形资产，具有一定的市场影响力和内在经济价值。城市文化品牌通过吸引游客，引进高端人才和长期投资，助力文旅产业形成持久竞争力。

2017 年以来，成都市制定了打造"三城三都"城市文化品牌的战略构想和建设世界文化名城的美好愿景。所谓"三城三都"是指世界文创名城、世界旅游名城、世界赛事名城、国际美食之都、国际音乐之都和国际会展之都。通过全方位城市文化建设，逐步提高城市文化沟通能力和文化传播能力。成都是四川省的省会，是"天府之国"的中心城市，拥有独特而丰富的旅游资源，2000 年青城山和都江堰共同作为一项世界文化遗产被列入《世界遗产名录》。2007 年青城山—都江堰旅游景区被批准为首批国家 5A 级旅游景区。除此之外，成都还是首批"中国最佳旅游城市"之一。因此，成都确定建设世界旅游名城的目标，是顺理成章的事情。川菜以其独特的个性、鲜明的特色享誉全国。作为川菜的发源地，成都在 2010 年被联合国教科文组织命名为"国际美食之都"，也是亚洲第一个获此荣誉的城市，成都因势利导建设"国际美食之都"。音乐是一种最能引起不同区域游客产生共鸣和共情的媒介，也是城市文化品牌建设的重要手段。赵雷创作的民谣《成都》，唱出了成都的悠闲自得、人情味儿和生活气息，在真情流露之间拨动了远方驿动的心。不少游客因为听了歌曲《成都》而来到"玉林路"，走进"小酒馆"。也有一些人因为一首歌，爱上一座城。"音乐＋短视频"助力成都变成网红城市，并产生持久的文化竞争力。

建设城市文化品牌，提升城市公共服务能力，离不开地方政府和相关部门的支持。贵州"村超"出圈后，当地政府及时加大了对营商环境的治理力度，确保旅游安全和物价稳定，维护市场秩序并提供有温度的服务。"哈尔滨"旅游的火爆，得益于政府设立的"文旅体验官"制度。旅游目的地政府需要通过对宾馆、酒店的定价和服务质量提出规范，对出租车乱收费问题及时治理，对游客的吃、住、行、游、购、娱等活动的便利性、通达性进行全面规划和服务，进而全面提升游客的旅行体验。我们不难发现，城市文明程度与现代服务业水平的持续提高，是建构现代城市旅游竞争力的重要前提。

新媒体时代，城市文化品牌打造依赖于个体传播和海量复制，从而生成集合式城市元素组合。微观传播建立在个人的兴趣和自主性基础上，体现人们休闲猎奇的特点。因此，这样形成的群体风潮具有自组织的特点，从初期的主题上看，甚至是无主题的。游客们不经意间的拍摄、点赞、转发，组合成巨大信息洪流以后，就可能成为城市走红的强大力量。因此，游客个体的自发传播，就具有了宏观的经济效应。城市文化品牌建设这个顶层设计，必须考虑它的微观基础，并依赖微观个体的"自发配合"。因此，建立政府、平台和游客多元主体的合作模式是十分必要的。可以采取设立比赛、发放消费券、购物打折等多种形式，激励游客参与城市文化品牌建设，形成基于个体自主行为的持续的源动力。

资料来源：孙宁华.数字技术推动我国文旅消费的新趋势［J］.人民论坛，2024（11）：68-71.

【复习与思考】

一、名词解释
旅游消费者行为　旅游消费效用　旅游态度

二、简答题
1.简述旅游消费者行为的特征。

2.简述旅游消费者行为研究的主要内容。

3.简述旅游消费者行为的基础理论。

4.简述研究旅游消费者行为的意义。

三、论述题
1.试述旅游态度与旅游消费行为之间的关系。

2.试述旅游消费效用理论的评价与应用。

四、实务题
结合案例分析推—拉理论的实际运用过程与内容。

【推荐阅读】

1.白凯.旅游消费者行为学［M］.北京：高等教育出版社，2020.

2.崔庠，黄安民.居民家庭旅游消费行为初探［J］.人文地理，1995（2）：37-42.

3.杜炜.旅游学新视野：旅游消费行为学［M］.天津：南开大学出版社，2009.

4.李享.旅游出行方式研究：消费行为视角［M］.北京：旅游教育出版社，2011.

5.李志飞.旅游消费者行为［M］.3版.武汉：华中科技大学出版社，2024.

6.刘雷，史小强.新冠肺炎疫情背景下体育旅游消费行为影响机制——基于S-O-R

框架的 MOA-TAM 整合模型的实证分析［J］.旅游学刊，2021，36（8）：52-70.

7.孙九霞，陈钢华.旅游消费者行为学［M］.大连：东北财经大学出版社，2015.

8.王莹，徐东亚.新假日制度对旅游消费行为的影响研究——基于在杭休闲旅游者的调查［J］.旅游学刊，2009（7）：48-52.

9.吴津清.旅游消费者行为学［M］.北京：旅游教育出版社，2006.

10.杨瑞，白凯.大学生旅游消费行为影响的实证分析——以西安市大学生为例［J］.人文地理，2008（5）：104-107.

11.杨万福，宋保平，胡志斌.西安城镇居民旅游消费行为调查分析［J］.经济地理，2002（S1）：258-261.

12.姚云浩，栾维新.基于 TAM-IDT 模型的游艇旅游消费行为意向影响因素［J］.旅游学刊，2019，34（2）：60-71.

13.余凤龙，黄震方，侯兵.价值观与旅游消费行为关系研究进展与启示［J］.旅游学刊，2017（2）：117-126.

14.余凤龙，黄震方，侯兵.苏南地区农村居民旅游消费行为的影响路径研究［J］.旅游学刊，2018，33（8）：68-82.

第二章

旅游消费者动机

　　人的有意识行为，总是由一定的动机引起的。旅游作为一种有意识的消费行为，消费者在不同动机的驱动下，其消费活动亦有所不同。为了更加深入地了解旅游消费者的行为，应对旅游消费者的动机进行把握。其实，旅游消费者动机是人们旅游的内部驱动力，是旅游消费行为的内在直接原因，体现了旅游的客观环境对旅游消费者需要的刺激作用。本章在对旅游消费者动机的概念和相关理论阐述的基础上，分析了旅游消费者动机的影响因素，并对旅游消费者动机激发条件进行了分析。

 【学习目标】

　　1. 知识目标：通过本章的学习，了解并掌握旅游消费者需要和动机的定义、特点，并在此基础上把握旅游消费者需求与动机的关系。在掌握了消费者动机相关理论的基础上，重点把握旅游消费者动机的影响因素。

　　2. 能力目标：通过对旅游消费者动机激发条件的学习，能分析旅游消费者动机的影响因素，并掌握激发旅游消费者动机的方式和方法，在此基础上，为旅游消费者制定旅游攻略和营销策略。

【导入案例】

　　李先生夫妇在一家旅行社报名参加云南六日游。行程第三天下午，地接社导游安排的一家土特产购物店购物，购物店在行程单中是没有的，李先生看见旅行团的其他游客都在疯狂购买，自己也忍不住在这家购物店购买了8000元的药材。离开云南的前一天

晚上，旅行社安排全团旅游者入住酒店，入住后，李先生和妻子去了酒店外一家购物中心。在这家购物中心，妻子看中一款玉镯，在导购人员的一再推销下，他们购买了这个玉镯，并支付2万元，对此旅行社并不知情。返程回家第二天，李先生请朋友鉴定，所购买的药材和玉镯根本不值那个价钱。他们非常愤怒，找到旅行社，要求退款退货。但旅行社拒绝了李先生的退货要求，声称所有的东西都是李先生自愿购买的，与旅行社没有关系。之后李先生进行了投诉。试分析李先生的购买药材和玉石的动机是什么？请问李先生可以要求旅行社退货吗？

第一节　旅游消费者动机概述

一、旅游消费者需要

（一）旅游消费者需要定义

旅游消费者需要是在一定的生活条件下，对旅游的渴求和欲望。在市场经济发达的今天，旅游消费与其他消费一样，其需要的满足程度取决于消费者本人的经济基础，同时也受到市场供给的影响。因此，在旅游消费者需要满足的同时，市场交易行为得以实现。

消费需要按其种类，可分为物质生活需要和文化生活需要。所谓物质生活需要，是指人们的吃、穿、住、用、行等方面的生活需要。所谓文化生活需要，是指人们对教育、学习，以及科学、艺术、新闻、出版、体育、旅游、娱乐等方面的需要。从旅游的功能来看，旅游消费需要属于后者，即文化生活消费需要。

（二）旅游消费者需要的特点

1. 多样性

旅游消费者需要的多样性，首先体现在人们需要的差异性上。由于民族传统、宗教信仰、文化程度、收入水平、个性特征、生活方式等方面的不同，人们具有不同的价值观念和审美标准，这也导致多种多样的旅游消费需要。

每个旅游消费者都按照自身的需要进行旅游消费。就同一旅游消费者而言，消费需要也是多方面的。旅游消费不但要满足旅游期间衣、食、住、行方面的基本要求，而且希望得到社会交往、文化教育、娱乐消遣、体育休闲、艺术欣赏等高层次需要的满足。这些都体现出消费需要的多样性。

2. 发展性

旅游消费者的消费需要层次是一个由低级向高级、由简单向复杂不断发展的过程。

旅游消费需要的发展主要体现在以下两个方面。一是需要层次的发展变化。较低层次的需要向较高层次推进，如人们在旅行中对餐饮的要求已经从吃饱发展到健康，到要求特色美食；从简单需要向复杂需要发展，现在人们旅游，已经从旅行团集体出行，发展到自由行，到更加个性化的私人定制；从单纯追求数量上的满足向追求质量和数量的全面充实发展，旅游中人们不再满足于去过多少地方，而是在旅游中拥有了多少美的体验。二是消费需要随时代进步而发展变化。时代的进步往往产生许多新的旅游观念、新的社会风尚，这必然引起旅游消费需要的发展，如现在电子商务的发展，为人们旅游消费带来了诸多便利，使人们可以更方便地去往世界各地，而各种支付方式的改进和物流的全球化，使消费更加便捷和个性化。

3. 周期性

人类社会的消费是一个无止境的活动过程，就个人而言，消费需要的满足是相对的而不是绝对的，旅游消费尤甚。有些生理需要在获得满足后，在一段时间内可能不再产生。但旅游消费却不同，由于在某地旅游体验深刻，消费者不仅会延长此处停留的时间，甚至会重回某地，再次体验。当然，旅游消费的周期性还受到自然环境变化周期、季节生命周期和社会时尚变化周期的影响。但旅游周期性并不是一直在原有水平上的循环，重新出现的需要不是对原有需要的简单重复，而是在内容、形式上都有所发展和提高。

4. 伸缩性

旅游过程中的消费要满足消费者生理和心理的需要，但它又受社会环境诸多因素的影响和制约。这些因素都可能对消费者的旅游消费需要产生促进或抑制作用，这就使消费需要表现出伸缩性的特点。一般来说，当客观条件限制了旅游需要的满足时，旅游的需要可以抑制、转化、降级，亦可停留在某一水平上。旅游消费者需要的伸缩性既可能是由消费者本人的需要特征、强度及支付能力引起，也可能由旅游的供应状况、价格、广告宣传、销售方式、他人的实践经验等外部因素引起。

5. 可诱导性

客观现实的各种刺激对消费者需要的产生起到一定的作用。消费者行为学把能够引起消费者需要的外部刺激（或情境）称作"消费诱因"。旅游消费诱因按性质可以分为两类：凡是消费者趋向或接受某种旅游的诱因，称为"正诱因"；凡是消费者逃避某种生活而去旅游的诱因，称为"负诱因"。心理学研究表明，诱因对产生需要的刺激作用是有限度的。诱因的刺激强度过大或过小都会导致个体的不满或不适，从而抑制需要的产生。需要的这一特性说明消费需要可以通过引导和培养形成，也可以因外界的干扰而受到削弱或变化。因此，诱导旅游消费者需要，甚至开发和创造旅游消费需要必须适度。

二、旅游消费者动机

（一）旅游消费者动机的定义

旅游消费者动机是直接驱使消费者实行旅游消费活动的内在推动力。它是由需要和诱因两个因素引起的。需要是内部因素，包括兴趣、信念、世界观等；诱因是外部因素，包括目标、压力、责任、义务等。

（二）旅游消费者动机的类型

旅游消费者富有弹性的消费行为都是在生理动机和心理动机支配下发生的。旅游消费者的购买动机，必然会直接或间接地表现在购买活动之中，影响其消费行为。

1. 生存性购买动机

旅游消费者的生存性消费动机是出于旅游过程中为满足生存需求而必须进行消费的动机，这种动机比较强烈，而且消费的都是生存的必需品，是旅游消费不可缺少的部分，如商务旅行中的交通消费、住宿消费、餐饮消费等。在生存性购买动机的支配下，人们往往事先早已计划妥当，确定是必需的消费需要，在购买时较少犹豫。

2. 习惯性消费动机

旅游消费者习惯性消费动机是指旅游消费者经常地消费某种旅行产品或服务，渐渐产生了感情，而对这种商品或服务产生了信任和偏爱，经常不假思索地直接购买。如一些为大众所称道的酒店或订票公司就拥有这样的顾客，而且这样的顾客品牌的忠诚度很高。因此，旅游企业应注重服务，善于树立产品形象和企业形象，这些往往有助于培养、建立旅游消费者的习惯性消费动机。

3. 理智性消费动机

在旅游消费中，持有理智性消费动机的消费者自信心很强，消费时不受周围环境、气氛和言论的影响，在消费前旅游的需求很清晰，旅游的考虑很缜密，并对即将做出的旅游行为非常明确。这类消费者除了注重价格外，还充分运用以往的经验和他人的建议反复挑选、比较，在恰当的时机立即决断。

4. 冲动性购买动机

冲动性购买动机与理智性购买动机是相互对立的，是一种常见的购买动机。持有冲动性购买动机的旅游消费者，极易受周围环境、气氛和言论的影响，往往会被热闹的促销活动、商品的外观和式样、包装的新奇等吸引，不经过考虑和比较，改变原来早已安排好的购买计划或突然决定购买某些产品，决意购买这些产品，但事后经常会后悔。

5. 被迫性购买动机

持有被迫性购买动机的消费者是在不情愿的情况下，出于某种无法摆脱和回避的原因，不得不购买某种旅游商品和劳务。这种情况下购买的物品大多数是无用的，而且是被消费者诟病的，这在某些购物旅行团中并不少见。

6. 时髦性购买动机

这是以追求商品的新颖、奇特、时髦为主要目的的消费动机。消费者在购买商品时，容易受广告宣传、社会环境和潮流导向的影响，以旅游作为一种新奇、时髦和与众不同的生活方式，力图借旅游及旅游中购买商品来达到引人注目或显示身份和地位的作用。具有这种购买动机的消费者一般来说观念更新较快，容易接受新思想、新观念，生活也较为富裕，喜欢追求新的生活方式。

7. 求美性消费动机

这是以注重旅游审美体验为主要目的的旅游消费动机。消费者选择旅游目的地时特别重视旅行对心灵的熏陶和心理的享受，强调感受和体验。这样的消费者往往具有较高的文化素质和生活品位。

8. 求廉性消费动机

持有这种消费动机的消费者对价格特别敏感，在旅游时不大看重酒店的星级和饮食的品质，只要干净卫生即可，受旅游促销方式的影响很深，会选择淡季出行，购物以低于自己原生活区的价格为参照标准。我国的很多景区有 2 元店、8 元店、10 元店等廉价商店，这些商店所有商品均定价 2 元、8 元、10 元，很能吸引求廉性消费动机的旅游者，经营状况一般都不错。

9. 癖好性消费动机

癖好性消费动机是指消费者以满足个人特殊的兴趣、爱好为主要目的的旅游消费动机。具有这种动机的消费者，大多出于生活习惯或个人癖好而旅游，比如对爬山兴趣浓厚的人往往到风景秀丽的山中去探险，喜欢游泳的人喜欢到江河湖泊去体验。在癖好动机支配下，消费者选择商品往往比较理智、专业，甚至挑剔，不轻易盲从。这类消费者以获取独特的喜悦为最大的满足和享受，为此甚至可以约束正常消费或是压缩生活中必需的消费品。

10. 逆反性消费动机

逆反性消费动机是作用于个体的同类事物超过了所能接受的限度，而产生的一种有意识的相反心理倾向。旅游消费者在从事消费活动时，不断接受来自旅游同伴、导游及广告等的各种刺激的影响，倘若某种刺激持续的时间过长，刺激量过大，消费者为了面子或尊严，产生逆反心理——"看不起我，不让我买，我偏要买"。

（三）旅游消费者动机的特征

1. 旅游动机的内隐性

每位旅游消费者对于为什么旅游都有自己的说辞，比如尝试新鲜事物，感受其他地方的风土人情，休息放松身心，增加孩子的阅历，提高自己的生活品位，让生活更加丰富多彩……这些是旅游者意识到并承认的动机，被称为"显性动机"；旅游者没有意识

到或不愿承认的动机，被称为"隐性动机"。旅游消费者可能出于多种原因，而不能或不愿表达出其真正的旅游动机。包括：①觉得自己真正的动机无法获得他人的认可和接受，比如，旅游者往往不愿承认自己度假仅仅是为了参加派对，尽情寻欢作乐，或是为了抛开家庭的责任；②旅游者自己并没有意识到某种真正动机，因为它们是潜意识或无意识的；③旅游者意识到自己的旅游动机相互矛盾，无法自圆其说，比如说，旅游者在希望放松身心、消除疲劳的同时，又想通宵达旦地纵情歌舞；④旅游者发现自己的动机和他们的实际行为相背离。

旅游消费者动机的内隐性主要体现在两个方面：

一是旅游消费者不愿披露其旅游动机。如果旅游者不披露其动机，我们往往无法直接观察到旅游者的动机，而只能根据旅游者的某些外显行为做出推断。比如，我国一些出境游游客的花费比他们在国内的消费水平要高出许多，由此，企业推断他们的动机可能是出于显示身份和地位的炫耀性动机。如果企业据此设计高价旅游线路，并通过其他营销手段维持其产品的名牌形象，很可能迎合这部分消费者的需要。当然，他们也可能是在极度不熟悉目的地的情况下，出于避免或减少购买风险的考虑，才购买此高价旅游产品。对同一行为背后动机的不同解释，有着完全不同的营销意义。

二是旅游者本身没有意识到或无法表达出自己真正的动机。根据弗洛伊德的精神分析学说，人的行为与动机主要由潜意识支配。潜意识，是指个人的原始冲动和各种本能，以及由这种本能所产生的欲望。它们通常为传统习俗所不容，被压抑在意识阈限之下，是人的意识无法知觉的心理部分。如果把人的精神比作一座冰山，意识只是露出水面的冰山一角，潜意识则是深藏在水面之下的冰山主体，在人的精神生活中处于基础性地位。虽然旅游消费者不能直接感知其潜意识，但潜意识总是不停地、积极地活动，并表现为各种衍生形式。比如说，旅游消费者的冲动性购买行为和一些不理智的消费行为，这些由消费者本人都无法完全解释清楚的行为，往往是消费者潜意识的一种外在表现。

2. 旅游动机的多重性

旅游消费者在选择目的地或旅游产品和服务时，很可能受到某种动机的支配和主宰，但很少仅出于单一的旅游动机。事实上，很多旅游行为背后都隐含着多重动机。比如，一位为工作日夜忙碌疲惫的"上班族"，在工作稍稍休息时，站在办公室窗前凝视窗外的雨丝。此时，他内心可能涌动着一股外出度假的欲望，不管去哪里，只要能够逃离现在单调且繁重的工作就行。然而，除了逃离动机以外，这位员工可能还有很多其他的旅游动机，包括摆脱阴雨天气，享受阳光和自由；想运动一下，增强体质，改变亚健康的身体状况；追求一种兴趣爱好，去爬山、潜水或者享受某种风味美食；扩展一下生活空间，寻找新朋友；参观一个特别的文化古迹或博物馆，以增长见闻；放松一下，消除疲劳等。这些旅游动机共同构成他的动机体系，其中驱动力度最强的动机叫作"主导动机"，其他动机则为辅助动机。

主导动机和辅助动机共同影响着旅游者对度假方式的选择。旅游者往往试图同时满足不同的需要。但是，如果旅游度假产品只能够满足其多重动机中的一种或一部分，旅游消费者就要在多重动机中做出权衡或妥协，优先满足最为重要的主导动机，牺牲一部分辅助动机。未得到满足的需要将潜存于旅游者的意识之中，成为潜在的旅游动机。其后，在一定条件下，当这些潜在的旅游动机达到必要的强度时，就可能转变为主导动机，驱使旅游者表现出特定的旅游行为。为了更好地吸引旅游者，旅游企业在设计产品和制定营销策略时，既应充分考虑旅游消费者购买该产品的主导动机，又应兼顾非主导动机。

3. 旅游动机的学习性

动机对行为的影响包括两个方面：对行为的驱动力度与对行为方向的指引。对行为的驱动力度在很大程度上由需要的强度决定，行为方向则受个体的经验以及个体对环境、对刺激物的学习的影响。很多现代的动机理论不但涉及建立在生理需要基础上的各种动机，而且越来越多地强调和重视动机的习得性。从旅游的发展历程来看，旅游动机的学习性非常明显。旅游起源于劳作直接所需的旅行，是人类在生活和生产功利目的驱使下的必要旅行。当人类的物质生活条件得到发展，人性发展需要更为广阔的空间时，旅游活动中的审美动机、接触异域文化的动机就会越来越重要。旅游者追求更高层次的文化审美享受和精神满足，并在此活动中不断完善旅游者的文化人格。从旅游消费者个体来看，动机的习得性意味着动机会随旅游者的学习和社会化而不断改变。旅游者可以通过旅游更深入、全面地认识世界，而这些知识是在书本和杂志上没有的。这种发生在旅游中的学习又会改变旅游者原有的认知结构，促使其发出新的旅游动机。因为，在已经了解并收集一些信息后，旅游者可能想了解更多的东西，发现更多的细节，以便对收集到的信息加以组织和理解。旅游生涯阶梯模型正是反映了旅游者经验的积累，旅游动机的变化情况。此外，随着旅游者个人境况的变化，比如拥有一个孩子、遇到一个新的伙伴、收入的增长、身体状况的恶化等，在人生的不同阶段，其旅游动机会呈现出不同的倾向。

4. 旅游动机的复杂性

旅游动机的复杂性至少包括四个方面：

（1）任何一种行为背后都有多种不同的动机，类似的行为未必出自类似的动机，类似的动机也不一定导致类似的行为。例如，海外华侨和港澳台同胞到内地旅游，其动机往往不仅是游山玩水，还可能含有探亲访友、怀旧而故地重游等动机。都是游山玩水，有时是为了审美，有时则是为了锻炼身体，磨炼意志；同样是为了怀旧，有些旅游者选择上海外滩，有些旅游者选择北京什刹海。

（2）导致相同行为的各种动机有强弱之分，哪种动机处于优势地位，哪种动机处于弱势地位，并不容易分清。经验丰富的旅游者的旅游动机可能是自我发展，进一步了解新的事物。但如果他和很少旅游的父母一起度假，那么自我发展的动机与迁就父母的

意见、表达孝心的动机在强度上可能更加强烈。有时，旅游消费者甚至会具有两个或两个以上诱发力相当，但方向相反的动机。例如，为了庆祝结婚纪念日，一名女士与丈夫去度假，她想欣赏一场浪漫的芭蕾舞会，而她的丈夫想到旅游目的地观赏激动人心的足球比赛。此时，这位女士可能也说不清楚，她最主要的动机是追求浪漫，还是满足丈夫的需要，让他高兴。又如，一个学生在考虑假期是回家看望父母，还是与朋友去滑雪旅行，面对着两种旗鼓相当的动机，孰轻孰重，他也很难做出判断。再如，旅游消费者在香港购物时，对所选的商品爱不释手，但又嫌价格太高，或担心商品出现质量问题难以保修和退换。此时，一些旅游消费者可能分不清是拥有该商品的动机更强烈，还是规避购买风险更重要，便在这种犹豫的状态下放弃了购买。如果旅游消费者必须在两种旅游动机中选择其一，或在旅游购买动机与其他动机之间做出抉择，其结果往往留下遗憾。

（3）动机并不总处于显意识水平或显意识状态，对为什么采取某一行动，旅游消费者自身也不一定能给出清楚的解释。换言之，动机的内隐性往往使动机更为复杂。

（4）没有一种动机是孤立存在的。即使是人类基本的饮食动机，虽在性质上属于生理性的，但也很难完全以纯生理的因素予以解释。"饿了就要吃，吃是因为饿"似乎很圆满地解释了人要吃食物的行为。在旅游消费中，人们往往把参与某项旅游活动作为满足社交、尊重和自我完善需要的一种手段。人们通过旅游这一象征性的社会行为，可以结交新朋友，得到群体接纳、爱和友情，从而满足个体对归属和爱的需要。但是，为什么有些旅游者在旅游中只与目的地居民交往，而不与同行的团友交往？这些问题看似简单，实则不然。人类的行为十分复杂，行为背后的动机也许更复杂。

三、旅游消费者需求与动机的关系

旅游消费者动机与需要是两个密切相关但又有一定区别的概念，主要体现在以下几方面。

第一，旅游需要只有处于唤醒状态，才会驱使消费者采取行动。换言之，仅仅有旅游消费需要，还不一定能导致个体旅游消费行为。有的旅游消费需要很容易识别，可以直接引起消费动机，促使消费者朝特定目标行动，如餐饮和交通。但有的需要只是潜伏在旅游消费者心底，消费者要在一定的内部刺激或外部刺激下，才能识别出自己的需要。如果消费者没有意识到自己的某种需要，他可能不会产生紧张感，也不会有所行动。

第二，虽然旅游消费需要是旅游消费行为的原动力，但并非所有未得到满足的旅游消费需要都能促使人们产生旅游消费动机。由于受经济条件或其他客观因素制约，有的需要只能促使消费者调节身心，而不一定促使消费者有所行动。比如，一位有工作和家务双重负担的妇女想独自外出度假，但考虑到家人的反应、时间的限制、语言问题、在陌生环境中的人身安全问题等，她可能会在去与不去之间摇摆，极力压抑去旅游的愿望。这种潜在的需要或非主导的需要对消费者行为的影响力比较微弱。只有当消费者的匮乏感达到了某种迫切程度，或被外在诱因唤醒后，消费者才会设法满足这些需要。如果这位妇女对惯常环境的厌倦程度或对旅游的渴望程度大大超出自身的承受能力，外出游玩的动机也就由此而生，她将设法卸下工作和家务的重担，放松身心。

第三，在有些情况下，即使缺乏内在的旅游消费需要，单凭外在的刺激，也能引起动机并导致某种行为。比如，一般情况下，人们为消除饥饿而进食。但毫无饥饿之感的人，在某旅游地面对当地的美味佳肴，可能会抵挡不住诱惑，产生一饱口福的动机。这样的消费动机既可能源于内在的需要，也可能源于外在的刺激，或源于内在需要与外在刺激的共同作用。

第四，旅游消费者需要经唤醒后，可以促使消费者为消除匮乏感或不平衡状态而采取行动，但它不具有对具体行为的定向作用。与需要相比较，动机更明确地指向了某种特定产品和服务，它往往指向消费者认为最有利于达到目标的方法。比如，旅游消费者感到饿的时候，会为寻找食物而活动，但在既有随身携带的食物（如面包、饼干、方便面等），一般食物（如面条、馒头等），又有当地美食时，有一定经济实力又想尝试新鲜事物的旅游消费者会选择当地美食，而对某些食物忌口或担心无法适应的旅游消费者，则可能会选择一般的食物，但经济条件不好的或当地物价超过自己的承受范围的旅行消费者可能会选择自带食物。

第二节 旅游消费者的动机理论

一、托马斯的旅游动机理论

托马斯（J. Thomas）是较早研究旅游动机的学者之一。1964 年，托马斯从教育文化、休闲与娱乐、种族传统等方面，找出了四大类十八项常见的旅游动机（如图 2.1 所示）。托马斯对旅游动机的分类揭示了旅游动机的多样性和复杂性。

这些动机在一定程度上解释了一些旅游行为，如：为什么一些旅游者在观赏某部影视作品后，会产生到拍摄地一游的愿望，以了解故事发生的背景和拍摄的细节；为什么有些旅游者甘愿到荒凉的小岛上"扮演"一周的"土著"，体验淳朴原始的生活；为什么许多华侨和港澳台同胞以散客的形式回内地寻根问祖；为什么王公贵族要每年到行宫避暑或浸泡温泉；为什么越是高峻险恶的山体越能激发登山旅游者的兴趣；等等。

托马斯的研究为旅游动机做了很好的归纳总结。但是，托马斯的旅游动机理论仅仅停留在动机因素的罗列上，并没有深层次地理解动机。这一理论无法解释这些旅游动机是如何影响旅游者的决策和旅游行为的。

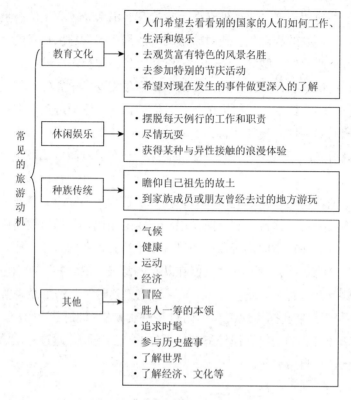

图 2.1　托马斯的常见的旅游动机

二、麦金托什对旅游动机的分类

美国著名旅游学家麦金托什（Robert Mackintosh）把旅游动机概括为四大类：

一是生理动机。旅游的生理动机是指旅游者为了追求身体健康、消除紧张和疲劳而旅游。有这类动机的旅游者大多会参加运动、娱乐、洗矿泉浴、药浴等活动。

二是文化动机。旅游的文化动机是指旅游者希望通过旅游了解与旅游地有关的音乐、艺术、民俗、舞蹈、绘画、宗教等文化，以扩大视野、丰富知识。

三是人际交往动机。人际交往动机是指旅游者希望通过旅游加强与他人的交往和联系，包括接触其他民族、探亲访友、结交新朋友以及摆脱日常事务等。

四是身份和声望动机。身份和声望动机是指旅游者希望通过旅游赢得他人的承认、注意、赏识、尊重以及获得良好的声誉。出于这类动机的旅游包括商务旅游、会议旅游等，以及实现个人兴趣爱好的旅游和求学旅游。尽管麦金托什对旅游动机的分类有助于我们了解旅游者行为的动因，但是某一具体的旅游行为往往是受多方面动机驱使的，在特定时期，某种或某些旅游动机对潜在旅游者来说可能比其他动机更为重要，麦金托什的旅游动机理论没能深入解释以上旅游动机对旅游消费行为的具体影响。

三、皮尔斯的旅游生涯阶梯模型

自马斯洛提出需要层次理论以后，许多旅游研究者采用这一理论解释旅游动机。然而，由于当时在旅游领域中没有实证研究结果来支持马斯洛的理论，因此，有不少学者质疑其基本假设及在旅游领域的作用。从 1983 年起，皮尔斯（P.L.Pearce）和他的合作者陆续发表了一系列论文，参照马斯洛需要层次理论将旅游动机依次划分为五个等级：放松的需要、刺激的需要、人际关系的需要、自尊和自我发展的需要以及自我实现的需要（如图 2.2 所示）。

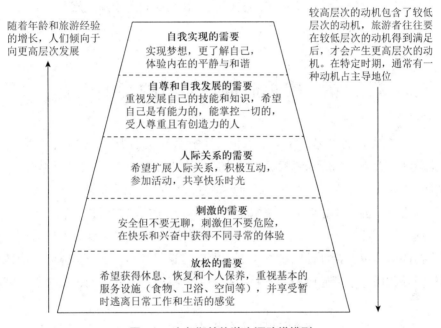

图 2.2　皮尔斯的旅游生涯阶梯模型

皮尔斯认为，这五个层次的旅游需要就好比一架梯子，旅游动机不同的旅游者处在旅游生涯阶梯的不同层次上。较高层次的动机包含了较低层次的动机，旅游者通常要在较低层次的动机得到满足后，才会产生更高层次的动机。旅游经验越丰富的旅游者，越倾向于往高层次需要方向发展。旅游者关心的问题从满足生理和安全方面的需要，向梯子的高层次移动，扩展至与他人建立更和谐的人际关系、寻求爱与归属、自尊与自我实现。

与马斯洛需要层次理论不同的是，皮尔斯等人认为，旅游者的旅游动机并非总是往上发展的，有些人的旅游动机按顺序在阶梯上往上爬，有些人则因为健康、经济状况或意外因素而停留在某一阶梯上；旅游者的行为不一定仅出于某一层次的旅游动机。旅游动机是动态的、多层次的，旅游生涯阶梯上的一系列动机都有可能主导旅游者的行为。放松、安全、人际关系等阶段的旅游需求共同形成了总的旅游动机。但是，在特定的时期，通常由某种动机占主导地位。此外，动机可能随着时间和环境的变化而变化。皮尔

斯等人强调旅游生涯阶梯理论的核心理念，是人们的旅游动机会随着旅游经验的丰富而变化。我们通常可以根据人们参加某项活动所积累的经验和知识，以及他们为参加这项活动所投入的资金和时间，来判定他们对该项活动的专注级别和擅长程度，确定他们只是有一般的兴趣，还是全身心地投入其中。我们也可以用类似的办法描述旅游者的"专业化"程度。从这个角度来说，每位旅游者都有自己的旅游生涯，随着他们旅游经验的积累或人生阶段的变化，旅游动机模式也在变化。经验丰富的旅游者更重视自我发展，他们深入了解当地人的生活，体验异域文化。经验较少的旅游者则更重视安全、发展人际关系、自我实现、获得他人的承认及体验浪漫等。有意思的是，许多旅游"新手"更希望通过旅游实现自我价值，而经验丰富的旅游者则更倾向于通过旅游发展自我、完善自我。

第三节　旅游消费者动机的影响因素

1977 年，美国学者丹恩（G.Dann）提出了旅游动机的推—拉理论，该理论很好地解释了旅游消费者动机的影响因素。他认为旅游行为受两个方面的基本因素影响：推动因素和拉动（诱导）因素。

旅游动机推动因素，是使潜在旅游者产生旅游愿望的内在因素。这类因素与旅游者生理或心理的不平衡有关，因而凡是能够缓解内部不平衡或紧张状态的所有刺激都可能成为行为指向的对象。在推动因素影响下，外出的旅游者不一定有具体明确的选择。比如，期望与家人增进亲情的旅游者，并不在乎去上海还是去九寨沟，关键是一家人能共度美好时光。

拉动因素，是影响旅游者到哪里旅游的因素。拉动因素与旅游目的地的属性及旅游吸引物的特色息息相关。旅游者根据对目标属性的认识产生拉动性的旅游动机，因此，在拉动因素影响下外出的旅游者往往有明确的目的地。比如，一对新婚夫妇可能会到海南岛的天涯海角见证爱情，而不会选择其他旅游目的地。

推拉理论框架得到克朗普顿（John.L.Crompton）、埃索尔侯拉（Iso-Ahola）、游伊瑟（M.Uysal）等旅游研究者的认同，并在这些学者的推动下得到进一步的完善。克朗普顿将逃离平庸的生活环境、探索与自我提升、放松身心、建立声望、复原、增进亲情、促进人际互动等七类动机归属于社会心理因素或推动因素；新奇的事物和旅游的教育功能是刺激人们旅游的两大拉动因素。克朗普顿指出，推动动机往往比较隐蔽，如果旅游的动因涉及深层次的个人原因或隐私，人们通常不愿向他人透露旅游的真实原因。比如说，一对濒临离婚边缘的夫妻希望借重游旧地挽救他们的婚姻，但他们可能告诉调查人员，他们希望放松身心。

埃索尔侯拉等人认为旅游者的旅游动机是由两股力量合成的：一是逃离个人日常生

活环境的欲望，二是通过旅游寻求心理补偿的愿望。这一学术观点被称为"旅游动机的逃离—寻求二分法"（如图 2.3 所示），即人们之所以旅游，是为了逃离他们生活环境中的个人或人际问题，获得补偿性的个人或人际关系回报，以弥补现实生活的不足。埃索尔侯拉等人对"逃离"和"寻求"两个维度的划分与丹恩对旅游动机的推拉因素分类相似。但是，丹恩把"拉动"因素理解为目的地吸引物的拉力，而埃索尔侯拉等人把"拉动"因素理解为旅游者对社会心理需要的追求。其中，旅游者寻求的个人方面的回报主要有自主决策权、能力感、挑战、获得知识或技巧、探险、放松等，在人际关系方面的回报则主要来自社会人际交往。旅行活动是满足旅游者需求的手段，而不是最终目的。每个旅游者通常会避免过分刺激（耗尽精神与体力）或过少刺激（无聊），选择可获得其寻求的回报的旅行和休闲活动。

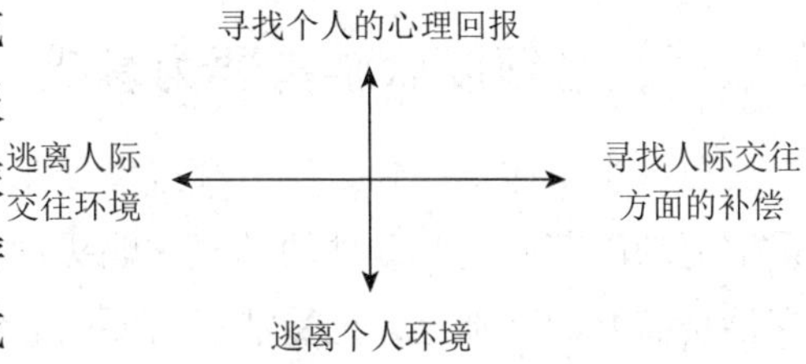

图 2.3　旅游动机的逃离—寻求二分法

在上述学者的研究贡献之外，我国的旅游研究者运用推拉理论框架对不同地区、不同文化背景的旅游者旅游消费的影响因素进行了研究，如张宏梅、陆林就旅游动机研究中常用的"推动"和"拉动"因素进行了分析（如表 2.1 所示）。

表 2.1　旅游动机研究中常用的"推动"和"拉动"因素

推动因素	拉动因素
1. 参观文化历史吸引物	1. 旅游商品、服务费用
2. 观赏美丽的风景，享受天气	2. 独特的生活方式
3. 看见不同的新东西	3. 有趣的夜生活
4. 增长知识	4. 各种美食
5. 体验不同的生活方式	5. 交通便利
6. 参观朋友没去过或想去的地方	6. 友好的居民
7. 实现旅游梦想	7. 住宿、运动等设施、信息
8. 游览人们常去的地方	8. 服务质量
9. 游览会给家人朋友留下深刻印象的地方	9. 历史文化吸引物
10. 遇见新的人	10. 美丽的风景、阳光、天气
11. 回家后能分享旅游经历	11. 安全
12. 探亲访友	12. 国际大都市
13. 和家人、朋友一起	13. 安静、卫生、舒适
14. 建立友谊、发展关系	14. 熟悉
15. 合群、归属感	15. 了解自然的好地方
16. 逃脱日常生活	
17. 得到锻炼、参加运动	
18. 身体、心理放松休息	
19. 缓解工作压力	
20. 处于平静的气氛中	
21. 寻求刺激和兴奋、有趣	
22. 大胆、冒险感	
23. 挑战体能	
24. 亲近、了解自然	

第四节　旅游消费者动机的激发

　　旅游消费者动机是一种基于高层次需要而由各种刺激引起的心理冲动。旅游消费者购买动机的激发要具备以下三个条件。

一、必须以旅游需要为基础

　　只有当个体感受到某种生存或发展条件的需要，并达到足够强度时，才有可能产生采取行动以获取这些条件的动机。购买动机实际上是需要的具体化。购买动机不仅建立在消费需要的基础上，也受消费需要的制约和支配。

　　动机，是一种目标导向的行为倾向，它往往指向消费者认为最有利于达到目标的方法。这是动机与需要的区别之一。消费者所追求的目标可分为一般目标和产品特异性目标。如果一个人说他想去旅游，他表述的是一个一般目标。如果此人说他想参加某旅行社组织的日本观光游，他的目标就变成了产品特异性目标。企业的营销活动就是为了影响消费者满足需要的行动方向，令消费者相信自己选择的产品特异性目标是最好的，所以需要将游客的一般目标转化为产品特异性目标，设法让他选择。

　　满足同一需要的方式或途径很多，消费者为什么选择某一方式而不选择另外的方式？这就涉及消费动机指向的问题。游客有某种消费的需要，但该需要转化为消费动机还应考虑多方面因素的影响，包括消费者个人的文化修养、价值观念、以往的消费经验、生理能力以及在所处的自然和社会环境中实现目标的可能性等。例如，为了充饥，一位饥肠辘辘的游客来到湖南可能想购买一份毛家红烧肉；如果这位游客有一定的年纪，医生建议他少吃高脂肪食品，他可能会放弃这一想法，转而购买其他低脂肪食物；如果他肠胃不好，他可能不会选择过于辛辣的食物，于是选择清淡的粤菜，即使粤菜不是当地特色；如果他从来没有吃过毛家红烧肉，他可能想都没有想过要购买毛家红烧肉，而选择其他的某种食物；如果他与朋友共同进餐，朋友是穆斯林，不能吃红烧肉，他可能会选择清真食物。

　　此外，旅游消费者的自我实现的需要也会影响消费动机。这部分消费者会选择与自我形象感知相符的产品和服务。一位自认为富有且有情调的男性游客，可能会选择高档的西餐厅进餐，并同时品尝美酒和欣赏音乐演奏。一群自认为既年轻又洒脱的学生游客，可能会在大排档饱餐一顿，然后到当地的夜市游玩。消费者之所以选定特定的产品和服务，不仅是因为这些产品和服务能满足消费者的特定需要，还因为这些产品和服务能象征性地反映消费者的个人形象。

二、相应的刺激条件

当个体受到某种刺激时，其内在需求会被激活，使内心产生某种不安情绪，形成紧张状态。这种不安情绪和紧张状态会演化为一种动力，由此形成动机。

依照传统驱力理论，人的行为旨在消除因匮乏而产生的紧张，但人类某些追求刺激的冒险行为，如登山、探险、观看恐怖电影等，恰恰是为了唤起紧张而不是消除紧张，这类现象是驱力理论无法解释的。为此，一些学者提出了唤醒理论，认为个体在身心两方面，各自存在自动保持适度兴奋的内在倾向：缺则寻求增高，过则寻求降低。

所谓唤醒或激活，是指个体的激活水平或活动水平，即个体是处于怎样一种唤醒或活动反应状态。人的兴奋或唤醒程度可以很高，也可以很低，从熟睡时的活动几近停止到勃然大怒时的极度兴奋，中间还有很多兴奋程度不等的活动状态。旅游消费动机的形成过程告诉我们，在营销活动中，多方位地满足消费者的需要和强化商品或服务的刺激，对于促使消费者产生购买动机是非常重要的。旅游的刺激物，如广告、朋友圈的推荐、某部流行的电视或电影等都将刺激旅游的动机，其新奇性、变动性、模糊性、不连贯性、不确定性等均可以引起人们的兴奋感。根据唤醒理论，个体寻求保持一种适度的兴奋水平，既不过高也不过低，因此，便总是偏好那些具有中度唤醒潜力的刺激物。一般而言，个体倾向于使兴奋水平处于小范围的起伏状态，追求那些具有中度不确定性、新奇性和复杂性的刺激物。

在消费者购买动机的形成过程中，外部刺激更为重要。因为在通常情况下，消费者的需要处于潜伏或抑制状态，需要外部刺激加以激活。外部刺激越强，需要转化为动机的可能性就越大；否则，需要维持原来的状态。

三、可实现的手段或条件

人的需要是多方面的，甚至是无止境的，但是由于客观条件的限制，人的需要不可能同时全部得到满足，对于消费活动来说，只有那些强烈的、占主导地位的消费需要才能引发购买动机，促成现实的购买活动。需要产生以后，还必须有能满足需要的对象和条件，才能产生购买动机。

从旅游消费者需要的产生过程看，这种消费需要并不总是处于唤醒状态，只有当消费者的匮乏感达到了某种迫切程度，需要才会被激发，并促使消费者有所行动。例如，消费者虽然有出去走走，接触一下新鲜事物的需要，但受生活水平和经济条件的限制，这种需要便只是潜伏在消费者心底，没有被唤醒，甚至没有被充分意识到。此时，这种潜在的需要或非主导的需要对消费者行为的影响自然就比较微弱。一旦生活水平提高和经济条件允许，旅游需要便会被唤醒，为消除生活的乏味感和增加生活的色彩感而采取旅行的行为，但它并不具有对具体行为的定向作用。例如，旅行消费者产生了旅游消费的需求，但对具体由哪种旅游方式、哪个旅游目的地来满足其需要并没有确定，同时受

很多外界因素的影响。

【知识链接】

文旅行业作为刺激消费，拉动经济增长的重要引擎，消费者的消费动向决定了文旅产业的新的发展方向。文旅市场的需求侧和供给侧都发生重大变化，新产品、新业态、新增长和原有的产品增长轨迹发生了变化，市场和产业动能也都在变化，文旅新势力崛起，现分细分类别十二种如下：

（一）旅游＋演出

旅游演艺成为文化和旅游融合发展的中坚力量之一。在以旅游演艺为主的旅游产品的影响下，文化和旅游融合发展已经到了新的发展阶段，而旅游演艺则成为文旅融合的重要组成部分。

大型音乐会、演唱会密集，呈现跨城观演新趋势。旅游演艺和剧场沉浸演出成假日消费新热点，日均演出场次和观众人次亦实现增长。小剧场、演艺新空间崛起，"演出＋文创""演出＋咖啡""演出＋酒吧"等跨界特征明显。旅游演出除了大型沉浸式实景演艺、光影秀，也有一些好的剧场演出、快闪演出、音乐节庆等演出，此外，小型微型演艺（如不倒翁、打铁花、单口互动）也成为很多旅游目的地的热点。

（二）旅游＋夜间经济

夜间经济是由多样化消费模式构成的业态。"旅游＋夜间经济"的八个夜包括夜游、夜宿、夜食、夜秀、夜娱、夜购、夜赏和夜营。夜间消费已成为景区、城市及旅游目的地消费领域的新增长点。据商务部的城市居民消费习惯调查报告，60%的居民消费发生在夜间，"95后"年轻人是夜间经济的主力人群。

（三）旅游＋摄影摄像

凤凰古城的"苗家少女"、敦煌的"异域公主"、平遥古城的"晋商少奶奶"、泉州的"蟳埔簪花姑娘"、西双版纳的"傣族风情"、哈尔滨的"沙俄公主"……特色服饰配上相应的妆造，在地域气息浓郁的景点"变身"打卡，这种沉浸式的旅游方式体验感满满，尤其受到年轻游客的青睐。"旅拍"已经成为旅游业中一个单独的市场，并且这个市场规模正在逐渐扩大。

旅拍机构形式主要有三种类型：专业旅拍机构、本地代拍机构和自由摄影师。随着互联网的迅速发展，如今，多数旅拍商家开始通过微信订阅号、朋友圈定投的方式，引流到公众号加粉从而实现转化和获取客户资源。

（四）旅游＋科技

科技赋能文化旅游高质量发展，以数智技术作为核心生产要素，从新场景拓展、新业态打造、新产品研发、新技术应用等方面，促进文旅深度融合。

AR/VR、全息投影、数字虚拟人等多种新技术不断成熟，逐步在文旅场景落地应用，文旅融合发展区也要深化技术渗透，推进文旅数智化发展，为其高质量落地及提升发展提供强大动力，成为"双循环"背景下提升我国经济发展效能的重要引擎。

（五）旅游＋影视综

"文旅＋影视综"成为赋能目的地文化品牌、提振旅游消费的重要力量。近年来，影视剧热播带火景区的案例比比皆是，总有一些地方，先是出现在影视作品的镜头下，后来成为人们向往的"诗和远方"。

2015年，综艺《十二道锋味》第二季节目，带火了湖州南浔古镇；

2019年开播的《陈情令》带动"十一"贵州打卡热；

2020年夏天《隐秘的角落》走红带火了广东湛江；

2020年热播的《长安十二时辰》带火了西安文化旅游；

2022年《向往的生活》第二季的栖息地桐庐，在节目播出后旅游热度增长119%；

2023年热播影视剧《狂飙》收官后，"打卡《狂飙》广东江门取景地"上榜微博旅游热搜前三；

2023年《去有风的地方》也让一直是热门旅行目的地的云南更加火爆，相关话题席卷社交平台。

旅游地要参与到影视综的生产全流程，从策划拍摄阶段的提前策划、场景设计、实地拍摄到宣发与播放阶段的精准植入、悬念营销、预售宣传到播映后旅游线路包装和衍生业态入市。影视基地的拍摄地的转化、网红打卡点的旅拍服务、剧本化旅游沉浸设计等成为影视综旅游化的重要工作内容。

（六）旅游＋创意产业

创意经济也称创意产业、创新经济、创意工业、创造性产业等。指那些从个人的创造力、技能和天分中获取发展动力的企业，以及那些通过对知识产权的开发可创造潜在财富和就业机会的活动。它通常包括广告、建筑艺术、艺术和古董市场、手工艺品等等。

创意为文旅发展提供了创新的源泉，也为文旅产品增加了无数的可能性。文旅融合概念提出之后，"文创"产品成为融合最有力的抓手。也因为"文创"的包装带来的价值升级，让"文创"成为很火的概念。文创雪糕、文创口红、文创文具……这些打上文化标签的商品，是真的"文创"吗？跟风抄袭的文创缺乏文化性；费心设计的文创缺乏营利性和持续性；文创没有创意……这些都成为文创设计的痛点。

（七）旅游＋游戏

通过游戏等新型载体形式来传播传统文化和进行旅游跨界营销，是推动中华优秀传统文化实现创造性转化和创新性发展的全新思路，也给旅游界带来了更多产业升级和发展新路。游戏 IP 由于具备强大的文化属性、经济效益及用户影响力，其布局已不仅仅局限在游戏领域，也将自身的文化内容渗透到了文化领域，出现了游戏＋影视、游戏＋动漫、游戏＋景区、电竞酒店、游戏＋剧本杀等众多新型业态，其融合发展脉络日渐清晰。

将游戏的乐趣带入文旅产业，将传统文化的博大精深展现给游戏玩家，这就是游戏和文旅结合的魅力所在，同时也带来了更多的商业机会。消费升级的中国民众开始从传统观光游转向体验游。"游戏＋旅游"的运作模式，打破景区传统观光游，将自然风光与传统文化植入游戏，制定游戏特色化旅游线路，打造沉浸式场景的网红打卡地，对中国的年轻消费群体具有极大吸引力。

（八）旅游＋文博

中共中央、国务院不断发布加强文物保护利用、促进博物馆改革发展的政策文件。

2023 年的《政府工作报告》指出："弘扬中华优秀传统文化，加强文物和文化遗产保护传承。"

2023 年 2 月，文化和旅游部印发《关于推动非物质文化遗产与旅游深度融合发展的通知》。

2023 年 5 月，国家文物局、文化和旅游部、国家发展改革委发出《关于开展中国文物主题游径建设工作的通知》。其中规定，对于由各级文化和旅游、文物部门管理使用的不可移动文物，要主动谋划纳入文物主题游径，逐步做到"应开尽开"。

2023 年 7 月，文化和旅游部办公厅、国家文物局办公室发布《关于开展文化文物单位文化创意产品开发试点成效评估的通知》。

2023 年 9 月，《关于释放旅游消费潜力推动旅游业高质量发展的若干措施》提到开展中国文物主题游径建设和"读万卷书行万里路"文化主题旅游推广活动。

穿越历史、体验历史、参与历史，被称为旅行穿越化。文旅融合下，博物馆与文博成为旅游的"新宠"。推动文化遗产数字化采集和展示，在"云端"构筑起文化交流新高地。

（九）旅游＋教育

研学对于亲子群体和学生群体都有很大的吸引力。研学旅行热的背后，是市场对研学需求的集中释放，更是文旅融合大背景下的必然结果。从 2018 年国家旅游局和文化部合并为文化和旅游部之后，文旅融合这个命题就得到了加倍的关注。作为文旅融合的典范，研学旅行几乎是无缝隙地把文旅融合到了极致，文化自信从孩子开始，在行走中感知中华文化。研学旅行于无声处的浸润，让文化自信犹如这个春天的秧苗一样在孩子们心灵深处潜滋暗长。

研学旅游的核心是祖国的未来，让他们了解风景名胜、工业创新和历史文明，是最值得的投资。关注祖国的未来，就可以把握企业的未来。

（十）文旅 + 运动

当前，文体旅融合呈现出前所未有的活跃态势，已成为影响未来文旅产业和区域发展的重要因素。各大体育活动、体育赛事也为全域旅游的景观环境建设与公共服务设施建设助力，在这个过程中，也让文体旅融合有了更坚实的发展保障。

推进文体旅深度融合是促进新业态新消费的重要探索与实践。针对文旅发展中的"+体育"发展项目，如龙舟赛、冰雪运动、马拉松、水上运动等，通过体育赛事活动吸引社会力量参与，以运动为主线吸引游客，拉动地方交通、旅游、餐饮、住宿等相关行业发展。"为一项运动赴一座城"，文体旅产业正在成为提升人民群众生活质量的幸福产业，也成为旅游消费的新趋势之一。同时，沉浸式文旅为其注入新的生机。

（十一）文旅 + 康养疗愈

伴随"卷"文化的盛行，大家的生活工作学习节奏越来越紧张，处于高压状态的人们，期望在休息的时间，身心能得到完全的放松。于是，拥有缓解压力、焦虑的服务和产品应运而生，疗愈经济成为针对现代生活中日益增加的心理压力和焦虑感，帮助人们寻求心灵上的慰藉和身体上的放松的一种解决方案。

疗愈旅游强调的是情感体验，而不仅仅是物理概念上的移动。文旅市场中，疗愈旅游作为一种新兴趋势，正在重塑年轻人的旅行体验。从大学生群体中兴起的特种兵式旅游，到年轻人对寺庙游的偏爱，到村 BA 村超，再到开封王婆说媒火爆等活动，这些现象背后的核心是"疗愈价值"。由此，如何在文旅项目中创造疗愈价值，变得至关重要。以疗愈为主导的旅游模式正在成为新热点。

（十二）文旅 +IP

近年来"Z世代"当道，迎来了消费升级与消费者主体的转变。在日新月异的新消费浪潮下，品牌也逐渐打破圈层文化，呈现出新视觉、新活力。众多品牌热衷于借助跨界营销，寻求强强联合的品牌协同效应，以实现"1+1 ＞ 2"的营销效果，将"万物皆可联名"发挥到了极致。

文旅 + 动漫 IP、城市 IP、乡村 IP、品牌 IP 等，既可以联合促销，也可以联合举办活动和节庆。要注意的是文化、创意始终是 IP 的灵魂所在，面对庞大的消费市场，如何让联名品牌相得益彰，实现双赢，是值得每个品牌都深思的问题。

资料来源：绿维文旅公众号。

【复习与思考】

一、名词解释

旅游消费者需要　旅游消费者动机

二、简答题

1. 简述旅游消费者动机的类型。

2. 简述旅游消费者需要和动机之间的关系。

三、论述题

浅述如何激发旅游消费者动机?

【推荐阅读】

1. 迈克尔·所罗门.消费者行为——决定购买的内在动机［M］.卢泰宏,杨晓燕,译.北京:中国人民大学出版社,2015.

2. 张丽莉.消费心理学［M］.北京:清华大学出版社,2010.

3. 陆剑清.营销心理学［M］.北京:清华大学出版社,2016.

4. 罗琼.消费行为与服务心理学［M］.北京:中国劳动社会保障出版社,2015.

旅游消费者感知

　　人的行为始于心理活动，而认知活动是心理活动的基础。感知是人们认知活动的开始，也是我们了解旅游消费行为的重要线索和起点之一。旅游者的消费行为在很大程度上并不依据客观事实，而是依据自己所感知到的事实，或者依据对旅游目的地形象的认知，做出相应的旅游决策行为。因此，旅游消费者对目的地的感知也被认为是真正影响游客消费行为的关键因素。旅游消费者的感知过程，是通过感觉、知觉等心理机能共同实现的，分析旅游消费者感知，可以帮助旅游景区经营管理者更好、更深入地了解旅游者的消费行为，才能制定针对性、可行性、科学性的旅游市场营销策略，从心理层面影响旅游消费者的旅游决策行为。本章内容在介绍旅游消费者的感觉和知觉的基础上，阐述了旅游消费者对目的地的感知，并基于旅游消费者的感知特点，介绍了相应的旅游市场营销策略。

【学习目标】

　　1. 知识目标：了解旅游消费者的感觉与知觉的概念、特性、类别等基本内涵；从旅游消费者对旅游目的地形象、旅游要素、旅游条件三个层面，深入了解旅游消费者对旅游目的地的感知。

　　2. 能力目标：结合旅游消费者的感觉与知觉特性和旅游消费者对旅游目的地的感知，掌握提升旅游消费者感知的常用市场营销策略。

【导入案例】

　　漫步在丽江古城，脚下是古老的石板路，路两旁是古色古香的建筑，岁月在它们身

上留下了斑驳的痕迹，却也增添了无尽的韵味。纳西族风格的房屋错落有致，飞檐斗拱间透露出独特的民族风情。街边的店铺琳琅满目，摆满了各种各样的手工艺品，精致的木雕、绚丽的扎染、独具特色的银饰，每一件都让人爱不释手。

夏日的丽江，是花的海洋。五彩斑斓的花朵在墙角、在窗台、在庭院肆意绽放，红的似火，粉的如霞，白的像雪，它们与古老的建筑相互映衬，构成了一幅幅绝美的画卷。微风拂过，花香四溢，让人心旷神怡。丽江的水，更是灵动而迷人。清澈见底的溪流穿城而过，潺潺的流水声仿佛是大自然奏响的美妙乐章。我坐在溪边的石凳上，看着水中的鱼儿欢快地游弋，感受着那份宁静与祥和。远处的石桥横跨在水面上，桥影倒映在水中，如梦如幻。夜幕降临，丽江古城变得热闹非凡。灯火辉煌的街道上，人们三五成群，或品尝美食，或欣赏夜景。酒吧里传来悠扬的歌声，让整个古城充满了浪漫的气息。我找了一家小店，品尝了当地特色的腊排骨火锅，那浓郁的香味至今仍萦绕在我的心头。

这次丽江之旅，让我深深地陶醉在它的美景之中。这里的一草一木、一砖一瓦都充满了故事，让人流连忘返。丽江，这个夏天我与你相遇，是我人生中一段最美好的回忆。我期待着再次与你重逢，继续探寻你的美丽与神秘。

资料来源：云南丽江的夏天旅游游记 https://baijiahao.baidu.com/s?id=1806632593097357982&wfr=spider&for=pc.

案例分析：

古老的石板路、古色古香的建筑、纳西族风格的房屋、精致的木雕、绚丽的扎染、独具特色的银饰、清澈见底的溪流、悠扬的歌声……旅游过程中，我们通过自己的视、听、嗅、触等感觉来感知旅游目的地的一切，这些感觉是我们建立美好旅游体验的基础，也是我们感知目的地旅游形象的基础。研究表明，旅游活动中的感知过程是旅游消费者行为中的重要一环，游客的感觉、知觉水平将直接影响旅游活动的效果和游客满意度。

第一节　旅游消费者的感觉和知觉

一、旅游消费者的感觉

（一）旅游消费者感觉的含义

感觉，作为一个心理名词，是客观刺激作用于感觉器官所产生的对事物个别属性的反映。个体的感觉也被认为是其他一切心理现象的基础及其产生的源头与萌芽，其他心理现象是在感觉的基础上发展、壮大和成熟起来的。因此，感觉是其他心理现象大厦的

"地基"，没有感觉也就没有其他一切心理现象。我们每个人每天都有不同的感觉，早上明媚的阳光、窗外的莺声燕语、涓涓流淌的河水声、集市热闹纷杂的叫卖声……这些外部刺激作用于我们的感觉器官产生的就是感觉。

直观上说，感觉是个体通过感觉器官（眼、耳、鼻等），对光、声、色、味等外部刺激产生的直接反应。从心理学家的角度来看，感觉也即人脑对直接作用于外在感觉器官的刺激的反应，反映了产生这一刺激的客观事物的个别属性，是一种表示身体内外经验的神经冲动过程。比如，当我们在购买苹果的时候，可以通过视觉反映它的颜色，观察苹果是否新鲜；通过味觉可以反映它的酸涩味，得知苹果是否好吃；通过嗅觉可以反映它的清香味，了解这些苹果是否变味；同时，通过触觉可以反映它表皮是否完整、有无破损。

当然，感觉除了可以反映客观事物的个别属性，也可以反映我们身体各部分的运动和状态。例如，当我们站在高处时，身体会不由自主地向安全的地方后靠；当我们感冒生病时，会感觉到头晕目眩、四肢乏力、口干舌燥等不适。

对旅游消费者的感觉虽无统一定义，但是可以想象，旅游消费者感觉具有其他个体感觉的共性特征，只不过其感觉主体是旅游或旅行中的主体。因此，可以认为，旅游消费者的感觉是指，在旅游消费过程中，旅游者的各个身体感受器官在旅游活动刺激下所产生的、表示身体内外经验的神经冲动过程。旅游消费者的感觉具有一般感觉的共性，其不同之处在于其外部刺激源更加多样、复杂，因此，旅游消费者的感觉也更为多变，是一个动态的过程。

【知识链接】

感觉剥夺实验

感觉剥夺实验（Sensory Deprivation Experiment，SDE）是一种夺去有机体的感觉能力而进行研究的方法。对人来说，感觉剥夺是暂时让被试的某些或全部感觉能力处于无能为力的状态，把人放在一个没有任何外部刺激的环境中，从而探索其生理、心理变化的方法。

1954年，心理学家贝克斯顿（W.H.Bexton）、赫伦（W.Heron）和斯科特（T.H.Seott），在加拿大蒙特利尔海博（Hebb）实验室进行了首例以人为对象的感觉剥夺试验。被试者是自愿报名的大学生。实验者营造了一个极端的感觉剥夺状态：测试学生被关在一个带有隔音装置的小房间里，并戴上半透明的保护镜以尽量减少视觉刺激。给被试者戴上纸板做的套袖和棉手套，限制他们的触觉；头枕在用U形泡沫橡胶做的枕头上，同时用空气调节器的单调嗡嗡声限制他们的听觉。除了进餐和排泄以外，被测学生被要求躺在床上。

实验前，多数被试者认为可以利用这个机会好好休息，或者考虑论文、课程计划。但实验结果表明，最初的 8 小时被试学生还能勉强撑住，之后，学生开始"自娱自乐"，有吹口哨的，有自言自语的，被试者开始烦躁不安。这部分被试者在实验结束后，无法集中精神，做事频繁出错。实验持续数日，近 50% 的被试者出现了视幻觉，还有被试者出现了听幻觉或触幻觉。视幻觉大多在感觉剥夺的第三天出现，如光的闪烁，没有形状，常常出现于视野的边缘，又如看到大队老鼠行进的情景。听幻觉包括狗的狂吠声、警钟声、打字声、警笛声、滴水声等。触幻觉的例子有，感到冰冷的钢块压在前额和面颊，有的感到有人从身体下面把床垫抽走。实验进行到第 4 天时，被测学生出现了双手发抖、不能笔直走路、应答速度迟缓以及对疼痛敏感等症状。实验结束后，实验者追踪调查，发现被测学生需要 3 天以上的时间才能恢复到原来的正常状态。

通过这个实验，可以看出，人的身心要想保持在正常的状态下进行工作，就需要不断从外界获得新的刺激。旅游作为一种独特的生活方式，已经成为我们日常生活中必不可少的重要一环，其原因就在于，旅游可以让我们保持生活的新鲜感，满足我们获得新奇独特体验的需求。

资料来源：据网络资料整理而成。

（二）旅游消费者感觉的类别

从旅游消费者感觉的类别来看，根据感觉的刺激源，感觉可分为外部感觉和内部感觉。

外部感觉是指接受外部刺激，反映外界事物的属性，包括视觉、听觉、嗅觉、味觉和皮肤感觉（也称"触觉"），这类感觉的感受器通常位于身体表面或接近身体表面的地方。如，人类可以看得到 0.77~0.39 微米波长的电磁波，听到物体振动所发出的 16~20000Hz 的声波，通过嗅觉分辨不同物体，等等。

内部感觉，则是指接受体内刺激，反映身体的位置、运动和内脏器官的不同状态。这类感觉的感觉器官位于各有关组织的深处或内部器官的表面，主要包括肌肉运动感觉、平衡感觉和内脏感觉等。运动觉反映我们四肢的位置、运动以及肌肉收缩的程度，感受器是肌肉、筋腱和关节表面上的感觉神经末梢；平衡觉反映头部的位置和身体平衡状态的感觉，感受器位于内耳的半规管和前庭；机体觉反映机体内部状态和各种器官的状态，其感受器多半位于内部器官，如食道、胃肠、肺、血管等其他器官，机体觉的表现形式主要有饥、渴、气闷、恶心、窒息、便意、性、胀、痛等。

此外，根据感受器位置，感觉有视觉、听觉、嗅觉、味觉、皮肤觉（触觉、温觉、冷觉、痛觉）之分。根据刺激能量性质，感觉可分为电磁能的感觉、机械能的感觉、化学的感觉、热能的感觉。根据临床的分类，感觉又可分为特殊感觉、体表感觉、深部感觉和内脏感觉。

（三）旅游消费者感觉的特性

1. 感受性

感受性即感觉的能力。不同的人由于年龄、性别、职业、身体素质等因素的差异，对于同等强度刺激物的感觉能力是不一样的。感受性高的人能感觉到的刺激，感受性低的人不一定能感觉到。比如，在旅游过程中，导游讲解会让一部分游客大笑开怀，但有一部分人却觉得平淡无奇，无法感受导游讲解带来的幽默与风趣。同时，一个人感受性的高低并不是一成不变的。同一个人在不同条件下，对同一刺激物的感受是有高低的。比如，在家听音乐与在现场听演唱会，同样的歌手唱同一首歌给我们带来的感觉是完全不一样的，听演唱会能让我们极大地融入现场的热闹气氛中，获得更多的畅爽体验。

确定感觉的刺激强度和范围，主要涉及绝对感觉阈值和差别感受阈值两个概念。绝对感觉阈值，是能引起感觉的最小刺激量，与之相应的感觉能力称为绝对感受性，二者呈反比关系。比如，地震、火山爆发、海啸等自然灾害爆发前发出的次声波（频率小于20Hz，但是高于气候造成的气压变动的声波），就低于人类的听觉最低阈值而无法被人类察觉。差别感受阈值，则是能觉察的刺激物的最小差异量，与之相应的感受能力称为"差别感受性"，它与差别阈限成反比。比如，在高级餐厅和游乐园中，由于外界声音的干扰程度不同，服务人员的声音分贝强度也大不相同。

2. 适应性

适应性是指个体感觉会随环境和条件变化而变化的特点。例如，刚进浴池感到水热，一段时间就不再感觉那样热了，这是肤觉适应；刚入暗室，看不清东西，等一会儿就会恢复视力，这是暗适应；突然从暗室走出来，光亮刺眼，难以看清事物，过一会儿才能恢复视力正常，这是光适应；古语"入芝兰之室，久而不闻其香，入鲍鱼之肆，久而不闻其臭"，则是嗅觉适应。

这种现象在旅游中也普遍存在。比如，刚到大草原的游客，会感叹"风吹草低见牛羊"的美好；初见大漠戈壁的行人，会联想"大漠孤烟直，长河落日圆"的壮丽；尝试乡村体验的游人，会沉溺于"小桥流水人家"里的闲情。这些在外来游客看来别致不同的景色，在久居当地的居民来看是再平常不过的生活。因此，旅游者在选择目的地时通常会倾向于那些与自己日常环境差别较大的景区，以获得更大的惊奇感、更多的新鲜感、更好的满足感。

3. 差异性

感觉的差异性主要表现为个体差异性和群体差异性。其中，个体差异性，是指面对同一刺激，个体所能获得的感觉差异较大，有的人会有较强的感觉，有的人则并不会有感觉。在旅游过程中，由于感觉差异性的存在，旅游景区难以满足每一位游客的旅游需求，游客在游览过程中所获得的体验和满足也就存在较大的差异，这就给景区的规划设计、游道布局等带来了极大的挑战。群体差异性，是指面对刺激时，人群所获得的感觉

具有群体性的差异。比如说，红色旅游景点通常对年长者吸引力较大，满足他们对往事回忆的畅想需求；乡村旅游、农业旅游等则能让城市旅游者获得不同于他们日常生活的另类体验，感叹乡村的美好；主题公园、游乐园是儿童以及那些追求刺激体验的首选。在旅游景区管理和规划过程中，如何考虑游客感受的差异性，为游客提供差异性的特色服务，值得旅游景区管理者和旅游服务人员深思。

4. 感觉的交互性

同一事物不仅可以作用于单一感觉器官，也可以同时作用于其他器官；不同感觉器官产生的感觉也并不是完全独立的，而是相互关联、交互作用的，一种感觉的感受性，会因其他感觉的影响而发生变化。这种变化可以在几种感觉产生时同时发生，也可以在几种感觉中先后产生影响。其规律一般是：微弱的刺激能提高对同时起作用的其他刺激的感受性，而强烈的刺激则降低这种感受性。例如，轻微的音乐声可提高视觉的感受性，强烈的噪声可以引起对光的感受性降低。

当然，感觉的相互作用也可以发生在同一种感觉之间，最明显的就是对比现象。例如，"月明星稀"，天空中的星星在明月下看起来比较稀少，而在黑夜里看起来就明显较多；灰色的方形放在黑色背景上看起来比放在白色背景上更亮些（如图3.1所示）。

图 3.1　灰色方形在不同颜色背景下的渐变图效果

二、旅游消费者的知觉

唐代著名诗人王维在《鸟鸣涧》中描绘道："人闲桂花落，夜静春山空。月出惊山鸟，时鸣春涧中。"这首诗从响声、光感、亮度对山林深处的静谧进行了烘托，鸟鹊振翅，复归于静，月光染色，静默流注，好一幅深山林涧夜景图。然而，诗人不只是简单地描述山林之景，而是在其中赋予了自己很深的禅意，在幽静而生机盎然的境界里体验到了放弃贪婪、不再追求自我的泰然心境，月光、惊鹊以及作为审美主体的人浑然融为一体，同为天幕下的自然风景。将这些自然之景、感官之觉变成诗人心中所想、寄托之思，就需要经过审美主体的知觉加工了。

（一）旅游消费者知觉的含义

关于知觉出处与解释，《后汉书·杜诗传》有云"如有奸人诈伪，无由知觉"，该处的"知觉"为知道、察觉之意；《西游记》第九十九回中道"八戒却也知觉，沙僧尽自分明，白马也能会意"，此"知觉"为领会、会意之意；在宋朱熹《中庸章句序》中有言"心之虚灵知觉，一而已矣"，此"知觉"仅为感觉之意；从现代心理学解释来看，知觉是在人的感觉器官对于光、色、声、味等基本刺激反应的基础上，对各种事物不同属性、各个不同部分及其相互关系的反映。由此可以看出，感觉反映的是事物的个别属性，而知觉则是大脑对外部刺激的一种综合反映。知觉对事物的反映比感觉要深入、完整。因此，知觉产生的过程也更加复杂，不仅受到感觉系统等生理因素的影响，个体知识、经验、兴趣、需要、动机、情绪等心理特点也会极大地影响个体的知觉。

那么什么是旅游消费者的知觉呢？直观地说，旅游消费者的知觉，就是旅游者在观光游览或者参与旅游活动的过程中，大脑对直接或间接作用于旅游者感觉器官的事物的整体反映。旅游者在旅游过程中感知到的客体、事件和行为一旦形成一种形象之后，就和其他印象一起被组织成一种对个人来说有某种意义的模式，而这些印象和形成的模式又会对旅游行为产生影响。因此，要理解旅游者的心理，首先要懂得知觉，心理学家把知觉过程看成理解旅游者各种行为的关键变量。

需要注意的是，旅游服务（产品）是一种特殊的商品，它是不是需要感知？是不是可以被感知？这些问题关系到如何向旅游者提供相关服务，满足旅游者需求，并使旅游者做出合理评价的关键所在。在已有研究成果、教材课本以及导游人员的资格考试的题目中，不可感知性被视为旅游服务的一个基本特征。这其实是对旅游服务基本特征的误解，阻碍了旅游业的发展、开发和服务质量评估。旅游服务（产品）与其他一般商品一样是需要感知的，也是可以被感知的，甚至可以说，游客旅游活动的核心就是为了获得一种特有的感觉和体验，并通过感知来享受和评价旅游服务。

（二）旅游消费者知觉的特性

1. 知觉的相对性

知觉是个体以其已有经验，对感觉所获得的讯息所做出的主观解释，知觉也常被称为知觉经验。当我们看到一个物体存在时，我们一般无法以该物体孤立地作为引起知觉的刺激，而会同时关注该物体周边的其他存在。同样的物体在不同周边存在的影响刺激下，我们所获得的对物体的知觉是不一样的。比如，形象与背景就是知觉相对性最明显的例子。形象是指视觉所见的具体刺激物，背景则是与具体刺激物相关联的其他刺激物。在一般情境之下，形象是主题，背景是衬托。图 3.2 中黑白相对两部分均有可能被视为形象或背景，如将白色部分视为形象，黑色为背景，该形象可解释为烛台或花瓶；相反，则可解释为两个人脸侧面的投影像。

图 3.2　形象与背景对比图例

知觉相对性的另一个例子是知觉对比，即两种相对性质的刺激同时出现或相继出现时，由于两者的彼此影响，两种刺激所引起的知觉上的差异特别明显的现象。如，胖子和瘦子两人相伴出现

时，会使人产生胖者益胖、瘦者益瘦的知觉；在图 3.3 中，A、B 两圆半径完全相等，但由于周围环境中其他刺激物的不同，因而产生对比作用，致使观察者在心理上形成 A 圆小于 B 圆的知觉经验。

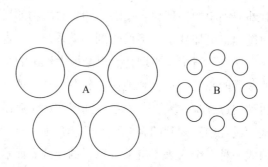

图 3.3　知觉对比图例

2. 知觉的选择性

知觉的选择性，是指知觉在一定的时间内并不感受所有的刺激，而仅仅指向能够引起注意的少数刺激，对其他事物只做模糊的反映。一般来说，对于越熟悉的事物，人们越有可能从其他事物中选择出来；对象与背景相差越大，越容易被知觉。影响知觉选择性的因素，除了刺激的变化、对比、位置、运动、大小程度、强度、反复等之外，还受到个体经验、情绪、动机、兴趣、需要等主观因素的影响。图 3.4 是著名木雕艺术家契尔（M.C.Escher）在 1938 年创作的一幅著名木刻画——《黎明与黄昏》。如果我们先从图面的左侧看起，会觉得那是一群黑鸟离巢的黎明景象；如果先从图面的右侧看起，则会觉得那是一群白鸟归林的黄昏；而从图面中间看起，就会获得觉得黑鸟和白鸟向两边展翅而飞的景象。

图 3.4　知觉选择性图例

在旅游过程中，旅游者的知觉也同样存在选择性。不同类型的游客总是会有意识、主动地选择部分旅游景区或者旅游景点作为自己的知觉对象，或者无意识地被某一旅游地的景色所吸引，这也正是我们常说的"智者乐水，仁者乐山""萝卜青菜各有所爱"。

在旅游服务过程中，大多数的旅游者都会有意无意地将负面或消极体验作为他们评判旅游目的地或旅游景区服务质量的依据，这给旅游景区的经营与服务管理带来了巨大的挑战。

3. 知觉的整体性

个体知觉的对象是由不同属性的不同部分共同构成的，人们只知觉这些事物时却能根据以往的经验组成一个整体，对事物形成一个总体的反映。这一特性就是知觉的整体性或完整性。例如，一朵盛开的牡丹花，绿叶是一部分刺激，鲜艳的牡丹花瓣也是一部分刺激，在观赏者看来，艳丽的牡丹和绿叶相配，使得他们在心理上得到的美感知觉，要远远超过红与绿两种物理属性所带来的表观感知。特别是，当人感知一个熟悉的对象时，只要它的个别属性或主要特征被感觉了，就可以根据经验整个地知觉它。如果感觉的对象是不熟悉的，则知觉会更多地依赖于感觉，并以感知对象的特点为转移，而把它知觉为具有一定结构的整体。

当然，知觉的整体性纯粹是一种心理现象。有时即使引起知觉的刺激是零散的，但所得的知觉经验仍然是整体的。这种心理现象可以由图3.5来解释。图3.5中的三个图形没有一个是完整的，都是由一些不规则的线和面堆积而成的。但是，我们却可以从中知觉它们的整体意义。细致观察，可以发现，居于各图中间第一层的形状分别为三角形（左图）、方形（中图）和圆形（右图），这些形状是没有实际边缘和轮廓的，可是在知觉经验上却都是边缘最清楚、轮廓最明确的图形。像这种本身无轮廓，而在知觉经验上却显示"无中生有"的轮廓，被称为"主观轮廓"（Subjective Contour）。这种现象早被艺术家应用在绘画与美工设计上，使不完整的知觉刺激形成完整的美感。在旅游领域，江南各个私家园林将主观轮廓充分应用于景观园林造景之中，达到了"无中生有，天然造景"的创造境界。

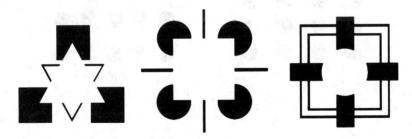

图 3.5　知觉整体性图例

4. 知觉的组织性

从知觉的整体性可以看出，在个体感觉转化为心理性的知觉经验过程中，个体的这种主观的选择处理过程并不是紊乱、随意的，而是一个有组织、合乎逻辑的系统建构过程。在心理学中，这种由感觉转化到知觉的选择处理历程被称为"知觉组织"（Perceptual Organization）。根据格式塔理论（Gestalt Theory），知觉的组织法则主要有如下四种：

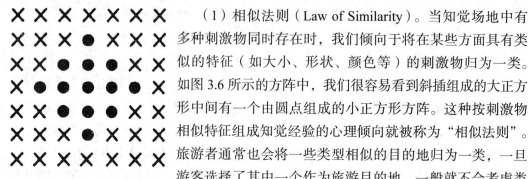

图 3.6 知觉相似原则图例

（1）相似法则（Law of Similarity）。当知觉场地中有多种刺激物同时存在时，我们倾向于将在某些方面具有类似的特征（如大小、形状、颜色等）的刺激物归为一类。如图 3.6 所示的方阵中，我们很容易看到斜插组成的大正方形中间有一个由圆点组成的小正方形方阵。这种按刺激物相似特征组成知觉经验的心理倾向就被称为"相似法则"。旅游者通常也会将一些类型相似的目的地归为一类，一旦游客选择了其中一个作为旅游目的地，一般就不会考虑类似的旅游景点了。比如说，去过乌镇旅游的游客，很少会在短期内再选择周庄作为旅游目的地，类似景点的再游意愿较低。

（2）接近法则（Law of Proximity）。当知觉场中刺激物的特征不清楚，或者在刺激物之间难以找到其辨别特征时。我们通常会根据以往经验，主观地寻找刺激物之间可能存在的关系，借以获得有意义或者符合逻辑的知觉经验。如图 3.7 所示，A 图与 B 图都是由 20 个圆点组成的方阵。从各个圆点来看，两者之间不容易找出可供分类组织的特征。但如仔细观察，可以发现：A 图中两点之间的上下距离较其左右间隔为接近，故而看起来，20 个点自动组成四个纵列；B 图中两点之间的左右间隔较其上下距离较为接近，看起来是 20 个点自动组成四行。这种按刺激物间距离关系而组成知觉经验的心理倾向称为"接近法则"。

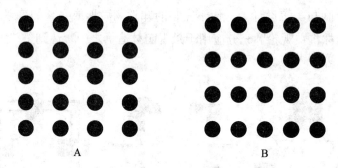

A   B

图 3.7 知觉接近原则图例

（3）闭合法则（Law of Closure）。当元素不完整或者不存在的时候，我们会根据过去以往的经验和视知觉的整体意愿驱使，习惯性地将图形作为一个整体去观看，从而形成最终我们识别出来的图形效果。例如，图 3.8 中左边这个图形，即使缺了一个个的小口，人们依然会根据自己固有的经验，将其视作圆形。右图乍看之下，图中只有一些不规则的黑色碎片和一些只有部分连接的白色线条；但仔细察看，我们会发现这是一个白色立方体和一些黑色圆盘。这两个图中的知觉刺激物本身并不是闭合的，也不连接，是我们自己主观地将这些不闭合、不连接的线给"连接在一起"了，这些根据闭合原则建立起来的图形，只有在观察者的知觉经验中才存在。

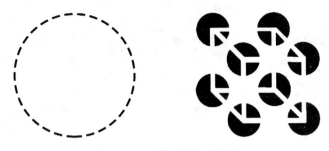

图 3.8　知觉闭合原则图例

（4）连续法则（Law of Continuity）。连续法则是指人的意识会根据一定规律做视觉上的、听觉上的或是位移的延伸。如图 3.9 所示，虽然是由多个黑色圆点和灰色圆点组成，但是在我们看来，这更像是两条交会的线段，这些零散的点被我们主观地连在一起，并以连续的线段出现在我们的知觉经验中。因此，知觉的连续法则中的"连续"，并非事实上的连续，而是指心理上的连续。知觉的连续法则在绘画艺术、建筑艺术以及服装设计上早已广泛应用。这种通过实物形象上的不连续使观察者心理上产生的连续知觉，可以形成更多的线条或色彩的变化，从而极大地增加美的表达。

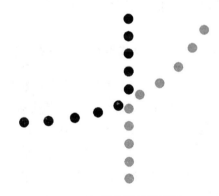

图 3.9　知觉连续原则图例

5. 知觉的理解性

人的知觉是一个积极主动的过程，我们在感知某一事物时，总是依据既往经验力图解释它究竟是什么，这就是知觉的理解性。由于人们的知识经验不同，需要不同，期望不同，对同一知觉对象的理解也不同。例如，在图 3.10 中，左图中只有一些黑色斑点，难以分辨其具体是什么，当有人说出这是一条"狗"，马上这些斑点便显示成一条"狗"的轮廓；从中间的图形中，你看到的是兔子还是一只鸭子呢？右图中，你是看到一幅湖边美景图，还是一个婴儿熟睡呢？在旅游中，旅游者会根据自己的经验对目的地的风景做出不一样的判断和评价，产生"横看成岭侧成峰，远近高低各不同"的感慨。

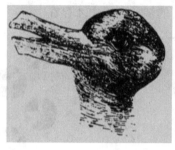

图 3.10　知觉理解性图例

第二节　旅游消费者对目的地形象的感知

旅游消费者对目的地形象、旅游要素以及对旅游条件（旅游距离、旅游安全与风险等）的感知对于旅游地开展旅游有时效性的旅游宣传活动以及制定有针对性的营销策略意义重大。因此，有必要对旅游消费者对目的地形象感知进行了解与阐述。

一、旅游消费者对目的地形象的感知

（一）旅游消费者对目的地形象感知的概念与类型

旅游目的地形象感知是一个复杂的专业概念，绝大多数学者都从主观的角度来定义旅游消费者的目的地形象感知。其中，Hunt（1975）最早提出，旅游目的地形象感知是人们对非居住地所持的印象；Crompton（1978）从认知层面丰富了 Hunt 的定义，指出旅游消费者的目的地形象感知是个体对某个目的地的信仰、观念、印象及感觉的综合。随着研究的不断深入，旅游目的地形象感知被赋予了更多的内涵，对目的地形象感知的定义，逐渐从认知层面扩展到情感层面，Fakeye 和 Crompoton（1991）指出，旅游目的地形象感知是潜在游客从大量整体印象中选择少数印象的基础上的精神构建发展。Gartner（1993）则将旅游目的地形象感知的定义从精神层面上升到了行为层面，并指出目的地形象感知主要通过认知、情感和意动三个相互关联的层次发展而来。Asli 等（2007）认为旅游目的地形象是旅游者感受、想法、情感相互作用的结果，是对旅游地宏观的评价。Nikolaos Stylos（2016）等主要从旅游地形象角度、文化历史学角度和心理学角度展开了分析。

从国内的主流学术观点来看，旅游消费者的目的地形象感知（Tourist Destination Image，TDI），是指旅游者对旅游目的地总体的、抽象的、概括的认识和评价，是对其历史印象、现实感知和未来形象的理性综合（宋章海，2000）。相比较于国外的定义，这一定义更符合我国旅游发展的实际情况。当然，旅游消费者对目的地形象的感知，并不是一成不变的，其感知过程是一个动态变化的复杂过程，受很多因素的影响，如保继刚（1996）指出，旅游者感知的旅游形象受到感知距离和目的地的人文事象等因素的影响；王家骏（1997）提出，如果旅游感知形象和旅游者的期望与偏好之间差异性越大，潜在旅游者选择的可能性越小，而同一性越大，中选概率将越大。在消极感知方面，谭红日等（2021）则发现旅游目的地形象的消极感知的主要来源具体反映在景区（点）门票、旅游服务态度、交通基础设施破旧等旅游基础设施与配套方面。

关于旅游者对目的地形象感知的类型，最经典的划分方式是 Gunn Clare 在 1972 年首次明确提出的"二分法"，游客或潜在游客形成的旅游感知形象可分为两类：一是"原生形象（Original Image）"，即潜在游客还未到旅游目的地之前所形成的旅游感知形象，这是一种受新闻、电影电视、大众刊物等信息媒介的影响而形成的形象，是内生的；二是"诱导形象（Induced Image）"，即目的地通过信息媒体直接向定位的客源市场发送目的地相关信息而形成的形象，受目的地有意识的广告、促销、宣传推动影响。此外，Kotler（1994）将其分为"发射性形象（Projected Image）"和"接受性形象（Received Image）"；Martin Selby（1996）将旅游消费者的目的地形象感知分为"原声形象（Original Image）"和"再评估形象（Re-evaluated Image）"；Michael Grosspietsch（2006）区分了旅游者的"感知形象（Perceived Image）"和目的地的"投射形象（Projected Image）"，前者是潜在旅游者和现实旅游者对旅游目的地产生的认识和印象，后者是旅游经营者意图在潜在旅游者心中树立的形象。

（二）旅游消费者对目的地形象感知的特性

1. 整体性

旅游者在对旅游地进行形象感知的过程中，会对旅游地的诸多要素进行综合反映，与此同时，旅游者会受到首因效应、晕轮效应、刻板印象等心理定式的影响，某些突出的旅游地形象要素将会给其留下深刻印象，旅游者往往对这样的要素特别钟爱，而以此作为出发点，形成对旅游地的整体印象。

2. 客观性

感知活动虽然是主观活动，但它必须是对客观存在的一种主观反映。随着旅游消费者越来越成熟，其消费决策也越来越理性，对旅游景区或目的地的直观评价愈发客观。这种客观性就决定了旅游者在形成旅游地形象时会产生一定的共性和趋同性特征，哪些景点或旅游地值得一游，哪些景点或旅游地具有较强的吸引力，旅游消费者心中自有评判，这就为旅游地的形象建设指明了方向。

3. 个体差异性

旅游消费者对旅游目的地形象感知受到个人内在素质和外部因素的影响，会造成不同的游客对同一旅游目的地"仁者见仁，智者见智"。传统的旅游资源概念认为，只要能对旅游者产生吸引力，具备一定的旅游功能和价值的自然与人文景观是旅游资源，但旅游地的形象往往是更加重要的资源，会对旅游者的决策和行为产生重大影响。

（三）旅游消费者对目的地形象感知的模型

关于旅游消费者目的地形象感知的形成模型，学术界根据外部因素对旅游目的地形象感知产生或转变的影响，提出了旅游目的地形象感知形成的静态与动态模型。其中，目的地形象感知的静态模型侧重于解释旅游者行为与目的地形象之间的关系，动态模型则更加专注于旅游目的地自身形象的构造与产生进程。

1. 静态模型

目的地形象感知的静态模型由 Baloglu 和 McCleary（1999）首先提出。通过采用问卷调查和路径分析法，这两位学者创建了一个目的地形象感知的形成模型（如图 3.11 所示）。该模型将影响目的地形象感知的因素分为个体内部因素和外部刺激因素，验证了"认知—情感形象""情感—总体形象""认知—情感—总体形象"三条路径关系的存在。在此基础上，Beerli 和 Martion（2004）对该模型做了进一步的拓展：其中，外部刺激因素中，信息源被细分为一手来源（以往的经验和游览的强度）和二手来源（主要包括诱导的、原生的以及自动的三种）；个体因素中，"旅游经历"被加入模型中。

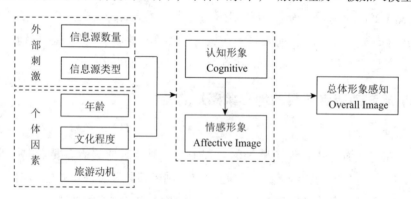

图 3.11　旅游目的地形象感知形成的静态模型

2. 动态模型

1972 年，Gunn Clare 提出了游客形成的目的地形象印象的两个层次：原生形象和诱导形象。在此基础上，Fakeye 和 Crompton（1991）加入了复合形象（Compound Image），该形象的产生融合了旅游消费者以往的知识和实地旅游后在目的地所获得的经验，并建构出了旅游消费者目的地形象感知的动态模型，解释了原生形象、诱导形象和复合形象之间的关系以及对旅游消费者选择目的地的影响。旅游消费者对目的地形象感知形成的动态模型具体如图 3.12 所示。

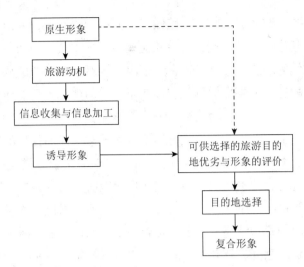

图 3.12　旅游目的地形象感知形成的动态模型

（四）旅游消费者对目的地形象感知的形成机制

旅游目的地形象感知是旅游者对旅游地进行体验和参与的动态过程及结果，旅游者对旅游目的地的形象感知会对旅游者旅游决策及旅游行为产生重要影响（钱晓慧，钟晓鹏，2015）。从这个层面上看，旅游消费者对目的地形象的感知是随着旅游需求的形成而产生的。根据旅游者的旅游决策过程，旅游消费者对目的地形象感知的形成可划分为三个阶段。

第一阶段，即潜在旅游需求形成阶段。在旅游者确定目的地之前，游客主要是通过个人生活经验对某一景点或旅游地形成一个原始印象。这一阶段，旅游者主要是通过各种直接或间接的渠道获得关于不同旅游地的初步感知，如游客平日所接触到的报纸、广播、电视新闻、网络资讯等媒体媒介以及亲朋好友所提供的关于各个旅游景区、景点的旅游经历与描述。这一阶段，旅游消费者对目的地的形象感知较为固化，是旅游者对目的地最直接、最简单的主观判断。这种感知带有大众媒体视角下的共同看法。因此，这一阶段对目的地的形象感知容易让旅游者陷入刻板印象带来的感知误区。此外，该阶段消费者对目的地的原始印象具有典型的符号象征性，消费者会以目的地旅游资源的特点为核心，对其旅游吸引物进行简单的人文提炼，并在自己的大脑中进行想象延伸和综合评价以获得具有某种象征意义的符号。例如，一个想要去购物娱乐的游客可能会首先想到香港或上海；说到小资、文艺，大部分消费者会想起丽江、厦门、大理等地方。

第二阶段，即旅游需求形成阶段。这一阶段是旅游消费者旅游需求被激发的阶段，游客会主动收集与目的地相关的信息，获取关于目的地旅游环境的总体印象，这就是所谓的感知环境。感知环境是消费者在对目的地相关信息加工后，形成的关于旅游目的地环境和形象的混合产物。旅游者对旅游目的地的形象感知越好，就越有可能选择该旅

游地；反之，没有被旅游者摄入脑中，感知环境薄弱的旅游地，即便是具有较高的旅游价值，往往也提不起旅游者的兴趣，在旅游决策中易被淘汰。因而，旅游目的地能否吸引游客，不光依靠优秀的旅游资源，还在于客源市场对这些资源的认识。相较于第一阶段，该阶段消费者的感知结果更加具体，多属于诱发印象，受目的地营销手段的影响很大，旅游消费者的感知结果存在片面性和个体差异性。

第三阶段，即实地旅游之后。当旅游消费者离开常住地前往目的地旅游，游客就进入了目的地的实地感知阶段。旅游资源的不可转移性决定了旅游是一种特殊的在场体验方式。旅游者在进入旅游景区后，会根据在目的地所获得的旅游体验，将前期对目的地形象的感知结果与最终的感知结果进行对比，通过不断对比、修正，得到关于目的地一个较为具体、全面的感知结果。旅游消费者关于目的地的复合感知形象逐渐形成，并成为决定旅游者消费满意度与重游意愿的重要因素。该阶段，旅游者对目的地形象的感知程度受到旅游方式的影响较大，与跟团游客走马观花式的游览方式不同，自由行或者"背包客"有着更加充沛的时间和空间，对目的地的游览更为细致、深入，其所能获得的体验以及对目的地的形象感知更加客观与深刻。

【知识链接】

特色旅游目的地形象对游客行为意愿的影响机制研究

随着人们生活水平的提高，以及对放松愉悦等更高层次的追求，外出旅游已经成为人们日常生活中的常态。旅游目的地形象是吸引游客最关键的因素之一（李艳红，金海龙，2005），游客对目的地的旅游形象感知将如何影响或决定游客的行为意愿备受关注（Bigne等，2001；胡抚生，2009；张红梅等，2019；王维胜等，2024）。葡萄酒旅游是一种新型的特色旅游形态，张红梅等（2016）以贺兰山东麓葡萄酒旅游为例，探索了特色旅游目的地形象对游客行为意愿的影响机制，提出从旅游目的地的情感和认知形象出发到感知质量和价值，从而影响游客满意度以及行为意愿的路径结构。实证结果表明：构成葡萄酒旅游目的地整体形象的情感形象和认知形象分别通过感知价值和感知质量对游客满意度产生显著的正向影响，其中认知形象对感知质量的影响作用要大于情感形象对感知价值的影响，游客感知质量大于感知价值对满意度的直接影响；感知质量和感知价值通过满意度对行为意愿有间接影响作用；葡萄酒旅游目的地的情感形象大于认知形象对游客行为意愿的直接影响。同时本研究也反映出葡萄酒旅游目的地形象影响路径的独特性。

资料来源：张红梅，梁昌勇，徐健，等.特色旅游目的地形象对游客行为意愿的影响机制研究——以贺兰山东麓葡萄产业旅游为例［J］.中国软科学，2016（8）：50-61.

二、旅游消费者对目的地旅游要素的感知

旅游消费者对某一目的地形象的形成，是在对旅游地各个旅游要素感知结果的基础上形成的。具体来说，消费者对目的地旅游要素的感知主要有：对旅游吸引物的感知、对可进入性系统的感知、对旅游接待服务设施的感知、对管理及服务人员的感知、对当地居民态度的感知五个方面。

（一）对旅游吸引物的感知

旅游吸引物，是旅游地开展旅游活动，进行旅游开发的重要资源载体，也是吸引旅游者前往目的地旅游的主要动机。旅游离开了吸引物就不能存在（Pigram，1983），因为目的地没有吸引物将根本性地影响目的地的整体形象与市场状况（Mill等，2002）。一般来说，消费者对旅游吸引物的感知主要集中在对旅游吸引物的品质（如数量、禀赋、特色性）以及价格等方面。消费者对旅游吸引物的感知评价越高，则旅游吸引物的市场开拓空间就越大。在对旅游吸引物品质的感知上，消费者希望自然类旅游景区是独特的、高观赏的、完整性好的景观，希望人文类旅游景区则是有文化底蕴、有文化积淀的。吸引物如果是有教育性、有信息价值和趣味性的，则可以极大地增加旅游消费者的认知体验；如果吸引物是可享受的、物有所值的、令人愉快的，则旅游消费者可以获得较高的情感体验。相反，游客对旅游吸引物及其相关活动的价值意识知之甚少，对精确价格并不敏感。这也说明，只要目的地的旅游资源及其他旅游吸引物能够给旅游者带来较好的旅游体验感知，价格并不会阻碍他们前往目的地旅游。

（二）对可进入性系统的感知

由于旅游资源和旅游服务设施的不可移动性，旅游活动在某种程度上表现为一种空间的转移和地理环境的变更。开展旅游活动或者外出旅行就需要借助一定的交通工具，实现旅游消费者在居住地与目的地之间的空间位移。交通方式与交通条件的好坏直接影响着这种空间位移的实现。这就是旅游者对目的地的可进入性系统的感知。有些有特色的古村落、乡村旅游地或者农业观光区，拥有较高的旅游资源禀赋和吸引物品质，却难以成为旅游热点，其中一个重要的原因就是这些地理区位偏远的景区，交通不便，目的地的可进入性系统还不健全，游客往往需要花费大量的时间、精力、金钱到达目的地。因此，当游客对旅游地可进入的感知较低时，目的地通常难以成为游客的首选，可进入性相对较好的类似景区对这些游客具有更大的吸引力。俗话说"要致富，先修路"，这个道理在旅游发展中亦然。

（三）对旅游接待服务设施的感知

目的地的接待设施，是指旅游目的地内的一系列能够满足旅游者各类消费需求的服

务设施，主要包括住宿、餐饮、娱乐、购物、休闲以及其他辅助性设施。这些旅游服务接待设施由于可以产生丰厚的利润，通常被旅游目的地出让给私营企业或个人投资经营。从感知内容来看，旅游消费者对旅游服务接待设施的感知主要集中在其服务质量、安全性、特色性以及价值与性价比等几个方面。其中，影响旅游消费者对服务接待设施感知最关键的因素是其服务质量以及设施的安全性。旅游接待服务设施是否能为游客提供舒适、安全的游览环境是决定其感知好坏的关键。

（四）对管理及服务人员的感知

旅游是一种特殊的在场体验方式。在旅游过程中，游客不仅希望能够欣赏到美景，还喜欢受到宾至如归的服务。当景区服务人员能够提供非凡的服务体验时，游客获得的是一种超预期的体验感受。景区服务人员所提供的服务质量是影响消费者感知高低的最重要的因素。游客会关注服务人员的仪态仪表是否得体、服务技能是否娴熟、服务态度是否诚恳、服务意识是否主动等，还会关注整体服务过程的质量，服务流程是否规范以及服务人员能否对顾客的要求做出快速合理的反应等。景区管理人员素质的高低、管理水平的高低也会影响消费者对目的地形象的感知。近年来，个别景区交通捆绑消费、强制购买保险，景区修缮导致的提醒服务不周全，旅游景区的标识系统不全面，景区停车场安全措施不到位等问题导致景区投诉频繁发生，给景区带来极大的市场负面效应，降低了景区在旅游市场中的形象与声誉。

（五）对当地居民态度的感知

在旅游发展过程中，开发商及经营者为了实现利润最大化，往往急于求成，牺牲社区居民的利益，当地居民承受发展旅游带来的"负面效应"。近年来，我国旅游的发展也是更多从旅游者及政府的角度考虑，常常忽略当地居民的利益和看法。这种情况如果长期发展下去，将会造成地方居民对旅游发展的冷漠、不支持，甚至是对抗，给旅游业的健康、可持续发展带来危机和隐患。社区居民的态度能极大地影响游客的旅游意愿，支持旅游发展的社区会给游客带来更好的安全感知，游客在旅游过程中也将获得更多的认同，游客的旅游意愿自然比较强；而在对地方旅游漠不关心，甚至是抵制旅游开发的社区，顾客容易受到地方居民的抵触与排斥，难以得到社区居民的认同，这种情况下，消费者被宰、受骗的概率也比较高，游客自然难以获得较高的旅游体验，旅游消费者的满意度和再游意愿也通常比较低。

【知识链接】

不同旅游方式的游客对旅游要素形象感知的差异分析

旅游消费者对目的地形象的感知会因个体内在素质和外部因素的影响，而表现出差异。跟团游与散客游是旅游消费者开展旅游活动的两种基本旅游方式，这两类游客对旅游景点、餐饮、住宿条件等选择的自主性不同，对旅游者目的地形象感知，特别是要素形象感知的产生自然各不相同。沈世琪（2016）以吐鲁番市为例，从旅游方式的角度出发，将游客分为组团游、自助游、半自助游三种方式，并对不同旅游方式的游客对目的地形象的感知差异进行了分析，相关结论表明：组团游游客对于旅游吸引物的形象感知要高于自助游游客，而与半自助游游客没有明显差异，半自助游游客与组团游游客也无明显差异，这结果主要受到游客旅游经历的影响；组团游游客对旅游设施的形象感知要显著高于自助游游客，半自助游游客对旅游设施的形象感知也要显著高于自助游游客，其主要原因是不同类型游客在旅游交通可选择性方面的差异。

资料来源：沈世琪. 不同旅游方式的游客对吐鲁番市形象感知的差异分析［J］. 经营管理者，2016（11）.

三、旅游消费者对旅游条件的感知

旅游消费者对目的地的感知，除了对目的地形象的感知、对目的地旅游要素的感知外，还有一个是对目的地旅游条件的感知，主要有距离和旅游风险两个方面。

（一）对旅游距离的感知

距离是旅游地理结构的基本内容，是游客旅游行为决策中，作为耗费闲暇时间和可支配收入使用的重要指标。旅游者感知距离是旅游决策的重要因素，对游客的旅游空间行为有着重要影响。旅游消费者在选择目的地时，都要考虑从居住地到旅游区的距离。消费者对旅游距离的感知，一般以空间距离的远近来衡量，也常常以使用时间长短来衡量。比如从上海到杭州，人们大多强调要坐几个小时的车，而较少说要经过几百里。

作为影响消费者旅游决策的重要因素，旅游距离对游客旅游行为的影响主要集中在两个方面。一个是"距离产生美"，即在一定距离上去感知对象，会有更好的审美体验。人们总是对远方的事物和美景充满各种向往，因为距离越远的地方，其地方特色一般越明显，能获得有别于在其常住地所获得的新鲜感，吸引力也就越强。另一个是"距离衰减定律"，即当距离超过一定的阈值时，距离不再成为吸引游客的重要因素，相反会限制和降低游客的旅游意愿。比如，在广州的游客，其旅游范围一般集中于华南、东南等长江以南地区，东北、西北这些距离较远的地区较少涉足。因此，根据旅游距离的感知原理，旅游景区管理者应充分利用各种方法，积极开展旅游宣传，根据不同地区游客的距离感知差异，开展差异化营销和宣传措施，引导人们的旅游决策。

（二）对旅游风险的感知

风险感知（Risk Perception）属于心理学范畴，Bauer（1960）最早将其引入消费领域，指个体对存在于外界的各种客观风险的心理感受和认识，并强调个体由直观判断和主观感受获得的经验对认知的影响。旅游风险感知，就是旅游者对旅游过程中可能存在的各种风险的心理感受和认识。了解游客对旅游风险的感知，对于了解和预测旅游者的购买行为有着重要意义。如 Sönmez 和 Graefe（1998）的研究证实：潜在旅游者对某地的风险感知水平越高，他们选择前往此地旅游的可能性就越低。Maser 和 Weiermair（1998）发现高风险感知会使潜在旅游者变得更加理性，具体表现为：做出旅行决定前花大量时间搜寻目的地信息。Kozak（2007）也发现，如果缺乏足够的安全感，人们会随时改变旅行计划，甚至放弃游览某地。因此，探求游客在特定情境下的风险感知特点，对症下药，尤其是在健康和安全等方面给予他们足够的保证，也是目的地建设和营销工作不可或缺的部分（李静等，2015）。

从游客的旅游风险感知类型来看，其所能感知到的风险主要如下：一是经济风险，主要指购买的旅游产品或旅游商品物非所值给游客带来的经济损失；二是期望风险，即购买的旅游产品没有达到预期所带来的风险；三是心理风险，即购买的产品与自身社会地位、形象的不符而造成损失的风险；四是身体风险，即旅游活动对旅游者带来的人体方面损害的风险；五是社会风险，即因购买决策而受到身边亲友的嘲笑、反对以及疏远的风险；六是时间风险，即消费者在购买决策过程中面临耗费大量时间搜集信息的风险。此外，对于出境游客，其面临的风险更为多样，如恐怖主义风险（"9·11"事件）、自然灾害风险（印度尼西亚大海啸）、政治动荡风险（"阿拉伯之春"）以及文化差异风险等。

旅游具有其自身的独特性，游客所能感知到的风险比一般购买行为的风险要高。第一，旅游产品具有无形的特点，在购买之前，游客是看不到、摸不到、尝不到的。因此，旅游消费者在选择产品时面临的不确定性更多，购买旅游产品后，能否到达其期望难以确定，从而容易感知到决策失误带来的风险。第二，旅游产品具有生产和消费同时性的特点，游客要想体验和消费旅游产品就必须亲身前往旅游目的地进行观光游览，在游客离开常住地前往目的地旅游的过程中，游客将面临来自各方面的风险，尤其是个人安全方面的风险感知，如女性游客在旅游过程中容易受到关于暴力和性骚扰方面的威胁，美国突发的恐怖或暴力事件，容易让前往美国的出境游客感知到人身安全的风险，等等。第三，旅游产品是一个涉及吃、住、行、游、购、娱等多方面的决策，收集信息和购买过程更加烦琐、复杂，费时费力，消费者更容易感知到实践方面的风险。

【知识链接】

雾霾对旅游者风险感知及旅游体验的影响

　　自 2013 年 1 月北京及中国中东部诸多城市出现严重雾霾以来，对中国雾霾状况的关注已经成为社会各界的热点。"雾霾是否影响中国的旅游市场，如何影响中国旅游业发展"等现实问题受到了众多旅游研究学者和旅游相关部门越来越多的关注与重视，并展开了一系列有益的研究与思考。李静等（2015）以赴京旅游者为研究对象，从旅游者感知的视角，探究了雾霾对旅游的影响。研究结果表明，一方面，国内外旅游者对北京雾霾的危害确实存在较强感知，游客在不同程度上都会担心，在旅行期间，雾霾会损害健康，破坏心情，妨碍风景观赏，削弱部分旅游景点游览价值，并使整个旅行体验质量大打折扣。另一方面，雾霾对旅游体验的负面影响会使旅游者感知到更高的风险，降低旅游满意度，影响游客对目的地的忠诚度；同时，对雾霾危害的担忧也会通过增加风险感知而使游客对旅行产生不满，丧失对旅游地的信心。受雾霾影响，北京入境游客量已出现一定的下滑。要改变这一窘境，目的地应在极力推销旅游资源的同时，注意目的地生活环境的改善，给予旅游者足够的安全和健康保证，让旅游者享受到高水准的旅游体验，进而树立积极口碑并提高重游率。

　　资料来源：李静，等.雾霾对来京旅游者风险感知及旅游体验的影响：基于结构方程模型的中外旅游者对比研究［J］.旅游学刊，2015（10）：48-59.

第三节　旅游消费者对市场营销策略的感知

　　旅游消费者行为是一个历史的动态过程。因此，任何一种市场营销策略的目标和效果不能只停留在某一个阶段或消费者的某一种行为上，而应该尽可能地贯穿旅游者的整个消费过程。旅游景区的广告营销首先会影响消费者对目的地的原始形象感知，激发他们的旅游动机和旅游欲望，在旅游消费者入场体验后，通过景区内部营销和宣传手段，增强旅游消费者的实地体验质量，提高游客满意度和再游意向。基于前述的旅游消费者感知的特点以及消费者对目的地形象感知的过程，要想增强旅游消费者对景区市场营销的感知效果，强化目的地对旅游消费者的吸引力，旅游景区就应该与时俱进，创新旅游景区市场营销手段，增强旅游目的地的市场竞争力。下文将结合案例介绍当前较为主流和实效性较高的几种市场营销手段。

一、事件营销策略

事件营销在英文里叫作 Event Marketing，国内有人把它直译为"事件营销"或者"活动营销"。所谓的事件营销，是企业通过策划、组织和利用具有名人效应、新闻价值以及社会影响的人物或事件，引起媒体、社会团体和消费者的兴趣与关注，以求提高企业或产品的知名度、美誉度，树立良好品牌形象，并最终促成产品或服务的销售目的的手段和方式。旅游目的地的事件营销是旅游目的地为提升知名度，利用或策划为社会公众关注的重要事件所进行的旅游形象宣传。成功的旅游事件营销，社会公众关注度高，在较短时间内可以使传播信息最大化，传播效果最优化，营销宣传成本较低，因而是旅游目的地形象宣传常用的方法。旅游事件营销主要有三种类型：一是利用既定事件进行营销，如体育赛事、民俗活动等；二是利用突发事件进行营销，如，5·12汶川地震时，四川省旅游部门为四川旅游树立了良好的形象；三是无中生有，策划事件进行营销。

近年来，许多目的地都将事件营销作为一种"营销利器"应用到营销传播中，成功地实现旅游地形象快速提升的目的。需要指出的是，事件营销是一把"双刃剑"。运用得当可以短平快地为旅游目的地带来巨大的关注度。1999年，湖南张家界成功策划了"穿越天门"的飞行特技表演，中央电视台全程直播，使张家界在国内外的知名度有了极大提升。2009年，澳大利亚昆士兰州旅游部门策划了一个赢得"世界最好工作"的竞聘活动，在全球范围以竞赛方式招聘大堡礁的巡护员，以优厚的待遇和优美的风光吸引公众眼球。2023年，贵州村超、村BA"一夜爆红"，自2023年以来，"村BA"推动了台江县接待游客200余万人次，创下23亿多元的旅游收入；榕江县在今年"村超"期间接待游客250余万人次，旅游收入达28亿多元；两大"村赛"自举办以来的网络浏览量高达300亿次和85亿次，成为"现象级"火爆事件。但旅游事件营销的失败案例也比比皆是，使景区的美誉度和形象大大受损。

二、情感营销策略

随着消费者的日益成熟，大众市场已经进入了情感消费时代，消费者购买商品所看重的已不是商品数量的多少、质量的好坏以及价钱的高低，而是为了一种感情上的满足，一种心理上的认同。情感营销就是把消费者个人情感差异和需求作为企业品牌营销战略的核心，通过借助情感包装、情感促销、情感广告、情感口碑、情感设计等策略来实现企业的经营目标。情感营销从消费者的情感需要出发，唤起和激起消费者的情感需求，诱导消费者心灵上的共鸣，寓情感于营销之中，让有情的营销赢得无情的竞争。旅游之所以迷人，就是因为它与人们的多种情感紧密联系：除了乡愁，还有放松的惬意、内心的宁静、面对美景的心旷神怡、对别样风土人情的诧异、对古文化的迷恋、获得知识的满足感、怀旧情绪、对艳遇的盼望甚至危险的刺激……《海角七号》中的主角阿嘉一头扎进故乡恒春的怀抱;《非诚勿扰》使观众对主角感情故事的唏嘘,与对北海道风光和人文的下意识中的陶醉融为一体、难解难分。于是,恒春火了,北海道火了。因为它们在衬托美景的同时寄托了情感。特别是近年来,各地为了吸引更多游客,纷纷打出"感情牌",从各地文旅局长竞相"跨界"展示才艺,只为诚邀游客。从"你来不来"的诚挚邀请到"进淄赶烤",再到情绪价值"集中兑现"的"尔滨"现象,这些现象级的案例无不凸显出情感营销在当前竞争日益加剧的营销宣传中的重要性与巨大价值。

三、体验营销策略

1970 年,美国未来学家阿尔文·托夫勒在《未来的冲击》中预言:"服务经济的下一步是走向体验经济,商家将靠提供体验服务取胜。"当前,体验经济已成为全球的一个时尚概念,涉及多种行业。对旅游来说,更是如此,因为旅游从本质上讲就是人们离开惯常环境到其他地方去寻求某种体验的一种活动,是一种天然的体验活动,是一种探索、一种感受、一种挑战,是一种在心理上的彻底放松。体验会涉及顾客的感官、情感、情绪等感性因素,也会包括知识、智力、思考等理性因素。体验的基本事实会清楚地反射于语言中,例如描述体验的动词喜欢、赞赏、讨厌、憎恨等,形容词可爱的、诱人的、刺激的、酷毙的等。旅游景区为何需要体验营销呢? 因为,旅游消费者的情感需求在增加,旅游需求日趋差异化、个性化、多样化,旅游消费者价值观与信念迅速转变,旅游消费者关注点也在向情感性利益转变。对于现代消费的观念转变,旅游管理者必须在品牌推广和活动设计上下足功夫,让旅游者获得更多的体验感知。特别是在数字化浪潮的推动下,旅游行业正经历着前所未有的变革,新质生产力持续赋能文旅产业发展增效,数字化技术驱动优质文旅产品发展,沉浸式演艺、沉浸式夜游、沉浸式展览展示、沉浸式文化街区……旅游体验不断碰撞出新火花、新路径、新营销。

四、口碑营销模式

口碑营销是指企业努力使用户通过亲朋好友之间的交流将自己的产品信息、品牌传播开来。相较于其他营销方式,这种以口碑传播为途径的营销方式成功率高、可信度强。从企业营销的实践层面分析,口碑营销是企业运用各种有效的手段,引发企业的顾客对其产品、服务以及企业整体形象的讨论和交流,并激励顾客向其周边人群进行介绍和推荐的市场营销方式和过程。与大众营销不同的是,口碑营销是基于社会化媒体平台的,强调关系与兴趣,是为了激发消费者分享正向口碑的,为企业品牌正向引导助力。例如,我们在很多论坛和微博上都看到过关于海底捞的众多好评,还有快书包1小时到货给用户带来的惊喜分享。这些都是用户自行分享出来的口碑碎片,当企业使用此策略时,更多是利用口碑类媒体传播品牌的感受。对旅游景区来说,良好的口碑效应有助于改善目的地的形象,在潜在旅游消费者心中产生正面的原始印象,激发潜在游客的旅游需求和游览欲望。

五、比附营销策略

比附营销是一种比较有效的营销手段，能让目标受众迅速完成对营销标的物从认识到感兴趣甚至到购买的过程。其操作思路是想方设法将自己的产品或品牌与行业内的知名品牌发生某种联系（即攀附知名品牌），并与其进行比较，但承认自己比其稍逊一等。比附营销在旅游景区发展的不同阶段，所发挥的作用是不一样的。一般来说，在景区发展初期，为了打开市场，扩大市场知名度，实行比附营销是较为便捷和有效的方法，如许多山水类景区在市场推广过程中，会打出"小桂林""小黄山"等口号，这种做法可以在最短时间内让旅游消费者了解并认同旅游景区。随着景区的日益成熟，在拥有一定市场知名度时，景区应逐步摆脱比附营销的思维定式，开始以自己的特色做独立宣传，如泰宁大金湖在初期以"小武夷"进行宣传，在自己不断壮大之后，开始转变思路，以"世界地质公园——大金湖"推向市场，让旅游消费者重新认识大金湖，摆脱消费者印象中"大金湖是小武夷山"的固有形象。

六、饥饿营销策略

饥饿营销是指商品提供者有意调低产量，以期达到调控供求关系、制造供不应求"假象"、维持商品较高售价和利润率的目的。表面上，饥饿营销的操作很简单，定个叫好叫座的惊喜价，把潜在消费者吸引过来，然后限制供货量，造成供不应求的热销假象，从而提高售价，赚取更高的利润。但"饥饿营销"的终极作用还不是调节了价格，而是对品牌产生了附加值。这种营销方式有效地利用了西方经济学中的效用理论，有意识地去强化顾客在购买过程中感受到的心理满足感，具有浓郁的个人主观性。对旅游景区来说，饥饿营销不仅可以吊足消费者的胃口，激发旅游消费者的旅游欲望，还可以在一定程度上缓解旅游景区资源与环境的保护压力。

旅游中饥饿营销常用的策略主要有以下几种：

第一，数量饥饿。数量饥饿是饥饿营销中最常见也是最重要的方式。通过限制产品数量，供给小于需求，从而让消费者产生饥饿感，激发其购买欲望。如故宫、九寨沟、鼓浪屿等景区为了保护环境资源，在景区实行了限客处理，这实际就是一种数量饥饿营销手段。

第二，价格饥饿。价格饥饿是指商家通过大幅度提高产品价格，将众多消费水平有限的非目标消费群体排除在外，因高利润率而获得更高回报。该类饥饿策略常见于高端旅游消费市场，如高端的精品民宿。

第三，渠道饥饿。渠道饥饿是指商品销售渠道有限，消费者只能通过固定销售渠道购买中意产品。当前部分旅游产品也要充分结合景区自身特点，打响自身品牌，从而达到"只此一家别无分店"的效果。

第四，时间饥饿。时间饥饿是指通过不断宣传和制造话题，延长消费者确定购买与最终获得产品的间隔时间，让消费者一直处于对产品的饥饿状态，达到预期销售目标。如成都郫都区的玫瑰谷、龙泉桃花沟等乡村旅游景点，通过不间断地制造谈论话题，给予消费者遐想空间，并以开花时节、景区优美景色为焦点，加深消费者对于乡村旅游景点旺季的期待。

第五，品牌饥饿。随着旅游业的快速发展，目的地之间的可替代性进一步增强，可识别性逐渐减弱。因此，旅游目的地和其他消费品一样，必须借助品牌进行识别和区分，以吸引旅游者。成功的旅游目的地营销在于构造一种独特且无法模仿的旅游品牌，这种品牌应该基于地方旅游资源优势，并通过现代营销设计和包装形成，它是旅游目的地形成可持续竞争优势的核心。

第六，人群筛选饥饿。利用消费者行为或人群筛选方法同样可以培养消费者饥饿感，提高品牌忠诚度。就像苹果手机已泛滥成街机，这就降低了其最主要一部分高端消费群体的忠诚度。很多奢侈品牌，因为过去销售增长太快，太多人购买，使其对核心消费者的吸引力不断下降。马尔代夫一度是国内游客首选的蜜月旅游地，然而随着大众化程度的提高，较少受到关注的南太平洋小岛反而受到了高端旅游消费者的青睐。因此，只有筛选出优质目标客户，保持他们的品牌忠诚度，培养饥饿感，维持消费者黏性，该品牌才能长期受到消费者欢迎。

七、智慧营销策略

随着国家旅游局将 2014 年定为"智慧旅游年"，智慧旅游开始进入大众的视野，受到广泛关注。所谓的智慧旅游，就是利用云计算、物联网等新技术，通过互联网 / 移动互联网，借助便携的终端上网设备，及时发布旅游资源、旅游经济、旅游活动、旅游者等方面的信息，让人们能够及时了解这些信息，安排和调整工作与旅游计划，从而达到对各类旅游信息的智能感知、方便利用的效果。智慧旅游，是在大数据时代背景下应运而生的，也是未来旅游产业的发展方向。如何在智慧旅游时代下创新旅游地的营销方式和模式成了旅游地适应时代变化的关键环节。通过智慧旅游营销，旅游景区可以通过旅游舆情监控和数据分析，挖掘旅游热点和游客兴趣点，引导旅游企业策划对应的旅游产品，制定对应的营销主题，推动旅游行业的产品创新和营销创新。智慧旅游营销还可以通过量化分析和判断营销渠道，筛选可以长期合作的营销渠道。

此外，智慧旅游营销还充分利用新媒体传播特性，吸引游客主动参与旅游的传播和营销，并通过积累游客数据和旅游产品消费数据，逐步形成自媒体营销平台，形成以微博、微信为核心平台的"微"营销模式，以及以抖音、小红书、快手为代表性的短视频营销模式。比如，乌镇为了适应新时代的发展，大力开展智慧营销：2013 年，乌镇通过"智游宝"全面对接 140 多个在线旅游分销商，其中不但包括中青旅遨游网、携程、途牛、驴妈妈等主流 OTA，还无缝对接了乌镇天猫旗舰店等直销渠道，助力乌镇智慧旅游快速发展。在短视频营销方面，江西武功山景区依托抖音等短视频平台，持续炒热

"武功山特种兵"话题。2023年5月，抖音"武功山金顶扬起五星红旗"的短视频红遍全网，被中央电视台、新华社、人民网等主流媒体关注，视频点赞1300多万次，超过7亿流量。抖音话题播放次数达70亿次，单条视频最高点赞量超1723万次，超百万曝光量视频20个；微博"遇见武功山"系列话题阅读量达1亿次；小红书文旅行业热搜词四次排名全国第1名。

 【复习与思考】

一、名词解释

旅游消费者感觉　　旅游消费者知觉　　旅游消费者感知

二、填空题

1. 旅游消费者感觉的类别：_____、_____。

2. 旅游消费者知觉的特性：_____、_____、_____、_____、_____、_____。

三、简答题

1. 简述旅游消费者对目的地形象感知的特性。

2. 简述旅游消费者对目的地要素的形象感知。

3. 简述旅游消费者对旅游条件的感知。

四、论述题

1. 列举几种基于旅游消费者感知的市场营销策略。

2. 阐述旅游消费者目的地形象感知的形成机制。

【推荐阅读】

1. 白凯. 旅游行为学［M］. 北京：科学出版社，2013：134-144.

2. 吴津清. 旅游消费者行为学［M］. 北京：旅游教育出版社，2006：98-121.

3. Asli D A, Tasci W C, Gartner W C. Destination image and its functional relationships ［J］. Journal of Travel Research，2007，45（4）：413-425.

4. Stylos N, Chris A.V, Victoria B, Andreas A. Destination images, holistic images and personal normative beliefs：Predictors of intention to revisit a destination［J］.Tourism Management，2016，（53）：40-45.

5. 谭红日，刘沛林，李伯华. 基于网络文本分析的大连市旅游目的地形象感知［J］. 经济地理，2021，41（03）：231-239.

6. 段艳玲. 体育赛事景观质量对游客目的地形象感知和行为意向的影响——基于上海马拉松的实证研究［J］. 中国体育科技，2024，60（02）：72-80.

7. 李凤娇，张书颖，刘家明，等. 京津冀和长三角城市群的旅游形象感知对比研究

［J］.经济地理，2023，43（04）：194-205.

8.江进林，陈梦.入境游客对颐和园的旅游目的地形象感知——基于语料库的研究［J］.海南大学学报（人文社会科学版），2023，41（01）：162-174.

9.王承云，戴添乐，蒋世敏，等.基于网络大数据的上海红色旅游形象感知与情感评价研究［J］.旅游科学，2022，36（02）：138-150.

10.陆利军，廖小平.基于UGC数据的南岳衡山旅游目的地形象感知研究［J］.经济地理，2019，39（12）：221-229.

11.李桂莎，张海洲，陆林，等.旅游宣传片影响下的目的地形象感知过程研究——巴厘岛案例的实验探索［J］.人文地理，2019，34（06）：146-152.

第 四 章

旅游消费者态度

 本章导读

　　态度是一种复杂的心理现象，对人的行为有着很大的影响。对旅游消费者而言，态度是指在其享受旅游产品、体验旅游服务过程中，对旅游服务、旅游产品、旅游企业和旅游目的地较为稳定和持久的心理反应与情感倾向。在很大层面上，旅游消费者的态度决定了其旅游决策行为以及在旅游前、中、后各个阶段的消费行为。积极的旅游消费者态度有助于提高旅游者的满意度，增强旅游者的再游意愿，而消极、负面的旅游消费者态度则会降低旅游者的体验质量，造成负面影响。这就需要对旅游消费者态度进行深入的了解和认知，但是旅游消费者态度是一个复杂的心理现象，一方面是旅游者对自身态度—行为的认知；另一方面是旅游消费者对目的地态度的认知。同时，旅游消费者各方面的态度也受到很多因素的影响，既有旅游消费者自身特征的影响，如年龄、性别、职业、教育程度、家庭背景、价值观等，又受到各种外部因素的影响，如旅游消费者所处的环境、社团群体等。因此，在了解旅游消费者态度的基础上，了解让旅游消费者态度改变的方法。本章还介绍了相应的旅游消费者态度改变的策略。

【学习目标】

　　1.知识目标：学习旅游消费者态度的定义、特征及其主要功能，把握旅游消费者态度的构成及其层次，以及旅游消费者态度在旅游消费者决策中的重要性；在了解旅游消费者态度形成和发展规律的基础上，掌握旅游消费者态度的影响因素。

　　2.能力目标：通过学习旅游消费者态度改变的主要理论，掌握改变旅游消费者态度的基本策略和技巧。

【导入案例】

2010年8月23日，一辆搭载25人（包括22名香港乘客）乘客的旅游车在菲律宾马尼拉市中心基里诺大看台附近被劫持。经过谈判，6名香港游客于中午前获释。23日晚7时40分左右，菲警方实施突击解救行动，香港游客中8人死亡，6人受伤。香港游客在菲律宾被劫持事件后，因菲律宾方面的不当处置，造成人质死伤。但事件发生后，菲律宾方面拒绝就此事道歉。2013年10月22日下午，马尼拉市政府通过特别决议案，就人质事件对北京、香港及人质家属进行正式道歉。但菲总统阿基诺表示，菲律宾政府不会就马尼拉人质事件道歉。直到2014年4月23日，菲律宾政府才正式向受害者及家属致歉。该事件一出，菲律宾当局对事件处理的方式和态度，不仅惹怒了香港人，内地众多网民也对此事表示愤慨，《南方日报》官方微博的一份调查显示，87%的网友表示会坚决抵制菲律宾旅游，直至菲律宾当局对事件做出满意回应和表示，仅2%的网友表示不会抵制。考虑到出境游客的人身安全，中国外交部也相继发布《中国公民暂勿前往菲律宾》通知，我国赴菲律宾旅游产品也被紧急下架，携程菲律宾旅游产品也已下线暂停销售，北京、上海、广州、南京、沈阳等地多个旅行团紧急退团，随即到来的"十一"黄金周，赴菲律宾旅游受挫明显。

不尊重游客安全的国家，不值得一去，这体现了旅游者和旅游市场的成熟。菲律宾对人质事件的草率处理，加剧了旅游者对其不稳定、不安全、不放心的顾虑，严重影响了旅游消费者对菲律宾旅游的态度，形成了抵制情绪。在旅游目的地经营过程中，如何认识旅游消费者的态度？为了改变旅游消费者的态度，旅游目的地和地方主管部门有哪些可以采用的具体措施？以上问题都是本章试图回答和阐释的。

资料来源：根据网络资料整理而成。

第一节　旅游消费者态度概述

一、旅游消费者态度的定义、特征与功能

（一）旅游消费者态度的定义

"态度"是社会心理学中一个非常重要的概念，是社会心理学理论和研究的核心内容。态度塑造我们的社会知觉和社会行为。在学术界里，对于消费者态度有三种不同的看法。

第一种看法认为，态度主要是情感的表现，反映的是人们的一种好恶观。如心理学

家瑟斯顿（Thurston Louis）认为，态度是人们对待心理客体如人、物、观念等的肯定或否定的情感。赖茨曼则将态度定义为"对某种对象或某种关系的相对持久的积极或消极的情绪反应"。

第二种看法认为，态度是情感和认知的统一。对于态度客体的情感反应，是以客体进行评价所持的信念或知识为依据的，所以，态度既有情感成分又有认知成分。

第三种看法则将态度视为由情感、认知和行为构成的综合体。如弗里德曼（Friedman）认为，态度是个体对某一特定事物、观念或他人稳定、持久的，由认知、情感和行为倾向三个部分组成的心理倾向。这一定义也是目前较为主流和普遍接受的定义。

作为态度的一种具体形式，旅游消费者的态度可以界定为：旅游消费者在享受旅游产品、体验旅游服务过程中，对旅游服务、旅游产品、旅游企业和旅游目的地较为稳定和持久的心理反应与情感倾向。

（二）旅游消费者态度的特征与功能

1.旅游消费者态度的特征

（1）评价性。所谓评价，就是依据一定的价值准则对事物进行分析、比较、判断和决策的过程。这是态度最为核心的特征。这种评价可以通过言语、表情表现出来，也可以通过生理反应和行为表现出来。而且，这种评价既可以在意识水平上运行，也可以在无意识水平上运行。

（2）对象性。态度是有对象的，它总是针对某种事物。个体对同一事物的态度，其方向不一定相同，除了正向、逆向之外，还有介于两者之间的中性态度及异向的态度。也就是说，态度一般具有赞成或反对的方向特点，并具有程度的差异。态度的强弱也因人而异。

（3）差异性。受个体经验、偏好、年龄、性别等社会因素的影响，不同人对同一事物的态度可能存在较大的差异，表现出群体差异性。当然，随着个体消费经验的成熟，同一个人在不同的年龄阶段，对同一事物的态度也会发生变化。例如，人在年轻时喜欢繁华热闹的都市旅游，在年长时则更喜欢寄情于山水之中。

（4）稳定性。态度一旦形成，就会成为一种持续的心理状态，在一定时间内不易改变，相对比较稳定。态度的稳定性使其有别于暂时性的情绪体验和生物性的需求。当然，这种稳定性是相对的，一旦影响态度的某些内部因素和外部因素发生了改变，就可能引起态度的改变。

（5）内隐性。态度不能被直接观察到，只能从人们的言论、表情和行为等表现中间接地进行分析、推测或判断。态度本身是无法直接测定的，必须从个人的行为或与行为有关的语言行为表现中间接推断出来，测定态度需要一定的中间变量。

（6）复杂性。态度是一种有着不同层次的、复杂的心理结构。这些不同的层次都会对行为产生不同的影响。而且，在一定条件下，个体并不是经常表现出与内心态度相一致的外部行为。所以，简单地观察个体的行为不一定能推导出其真实的态度。

2. 旅游消费者态度的主要功能

（1）适应功能。适应功能（Adjustment Function）建立在操作性条件反射的基础上，我们倾向于对那些能给我们带来好处的事物或活动形成正面的态度，而对那些会给我们带来害处的事物或活动形成负面的态度。态度能使人更好地适应环境和趋利避害，指导消费者去获得渴望的利益。消费者对某一事物或现象的态度会随着事物的利好利坏的变化而变化，这反映了态度的适应功能。

（2）自我防御功能。自我防御功能（Ego Defense Function）是指形成关于某些事物的态度，能够帮助个体回避或忘却那些严峻环境或难以正视的现实，从而保护个体的现有人格和保持心理健康。譬如消费者使用漱口水、口香糖是为了避免口腔异味，以免在社交场合不被接受。游客在旅游决策失误时，会在他人面前辩解、掩饰。

（3）知识或认识功能。知识或认识功能（Knowledge Function）是指形成某种态度，更有利于对事物的认识和理解。帮助组织日常基础的信息、排序信息，摒弃不相关信息，形成产品或品牌或购物的知识。如游客在某一旅游地有过不愉快的旅游体验后，再遇到类似的情况，就能根据经验进行自我判断。

（4）价值表达功能。价值表达功能（Value-express Function）是表达一种核心价值观念、价值体系和自我形象，一般广告通过暗示使用、购买某产品能导致增强自我意识、成就感或独立等来利用态度的价值表达功能。如有的游客在外出旅游过程中喜欢入住高档酒店以显示自己的身份和地位。

二、旅游消费者态度的构成与层次

（一）旅游消费者态度的构成

根据前述弗里德曼对态度的定义，可以知道，态度是一个由情感（感觉）、认知（信念）和行为（反应倾向）所构成的持久系统。在态度构成的界定问题上，社会心理学界已经达成一定共识，即态度由情感成分（Affective Component）、行为成分（Behavioral Component）和认知成分（Cognitive Component）组成，这三种成分也被称为"态度的三要素"，或者态度的"ABC"模型。与其他类型消费者一样，旅游消费者态度的构成具有类似属性。基于三要素的旅游消费者态度构成模型如图 4.1 所示。

认知成分是指个体对旅游态度对象所持有的知识、知觉、信念与见解。旅游者对旅游产品的认知，是在不断收集目的地资讯以及他人经验告知的过程中所形成的。例如，文艺青年可能通过社交媒体以及当代小说认知到丽江、鼓浪屿是一个环境优美的小资旅游地。

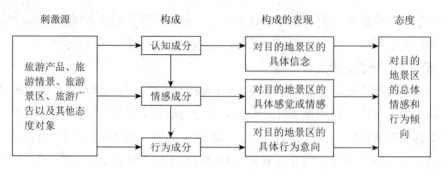

图 4.1　态度的"三要素"构成及其表现

情感成分是对于形成旅游态度的对象所表现出来的好恶、肯定与否定的情感判断，是个体对态度对象的一种内心体验。消费者在对旅游产品广泛认知后，会根据自身需要和价值判断，形成对旅游产品的情感。比如，如果潜在游客是一名登山爱好者，在对华山等名山大川有一定了解后，就可能形成对华山、泰山等景区的喜爱情感。

行为成分是指个体对态度对象的行为倾向。这里说的行为倾向并不代表行为本身，而是做出行动前的思维倾向，即一种行为的准备状态。意向是态度的外在显示，是态度的最终表现，制约着个人的旅游行为。当旅游者在对某地已经有了一定的情感认知后，就极有可能采取行动，赴目的地进行观光游。

因此，认知是形成态度的基础，情感是态度的核心，行为倾向是态度的表达。但是态度不是这三方面的机械复合体，而是以价值观为基础互动形成的一个高层次的概念。

（二）旅游消费者态度的层次

消费者参与，是指消费者对某一商品或服务感兴趣的程度，即某一事物对消费者的重要程度。根据消费者参与程度的差异，旅游消费者态度可以分为三个不同层次。第一，高度参与层次，其态度形成路径为：认知（想法）—情感（感觉）—行为（购买）。第二，低度参与层次，其态度形成路径为：行为（购买）—情感（感觉）—认知（想法）。第三，经验学习层次，其态度形成路径为：情感（感觉）—行为（购买）—认知（想法）。

针对不同态度层次的旅游消费者，旅游管理部门应采取不同的营销策略。面对高度参与层次的消费者，可以通过广告大力宣传产品的属性和利益，影响其信念；面对低度参与层次的消费者，应该重视景区宣传广告与展示，或者在人潮密集的地方投放广告，以引起消费者的注意。而面对经验学习层次的游客，应该着重宣传自身旅游产品的优势，以旅游产品的独特性吸引这部分消费者前往目的地参观学习。

（三）态度在旅游消费者决策中的重要性

与一般态度的形成一样，旅游消费者态度的形成也要经过三个阶段，即凯尔曼的态度形成的"三阶段"，分别是服从阶段、同化阶段和内化阶段。第一，服从阶段是人们为了获得报酬或避免惩罚而采取的表面顺从别人的立场和观点的行为，这是态度形成的模糊时期。这种服从并非从内心真正地相信别人的正确性，也不能完全反映个体的心理特征，只是出于某种目的且在外在压力下顺应当时环境的情景。第二，同化阶段，旅游者个体不再是被迫地，而是心甘情愿地去接受他人的旅游观点，使自己的旅游态度与他人的观点一致，态度的同化阶段是认同过程，是个体社会化的重要组成部分，是态度形成的必要途径。第三，内化阶段是指旅游者从内心深处真正相信并接受他人的旅游观点，转变自己原有的旅游态度从而形成新的态度，并且自觉地以这些态度作为衡量旅游行为的内在标准，并以此来指导自己的旅游行为。

根据旅游消费者态度形成的三个阶段，可以认清旅游消费者的态度在旅游决策中所要经历的过程的重要性。态度在旅游消费者决策中的路径可以表示为：

内在需要＋（外部条件）→旅游动机＋（旅游产品）→旅游兴趣＋（旅游目标）→旅游态度＋（信息明确）→旅游偏好＋（旅游时机）→旅游决策＋（旅游准备）→旅游行为＋（旅游体验）。

【知识链接】

黑色旅游能获得旅游消费者的支持吗

黑色旅游及其发展在国内外都是一个较具争议的主题，但部分旅游业发达国家也不乏黑色旅游开发的成功案例，如中国的侵华日军南京大屠杀遇难同胞纪念馆、日本的长崎和广岛、波兰的奥斯威辛集中营等。开发黑色旅游会遇到种种阻碍和压力，尤以旅游者对开发黑色旅游的感知与态度最为重要，特别是地方居民对开发黑色旅游的态度及情感保护，尤为敏感。

黄玉理和黄英（2013）以"5·12"汶川地震灾区为案例地，通过问卷调查和实地访谈，调查了旅游者对汶川开发地震黑色旅游的态度与感知。结果表明，虽然很多游客（48.3%）没听说过黑色旅游，但相当一部分旅游者还是对黑色旅游持积极的支持态度的，但也强烈感知到发展黑色旅游会给当地灾民带来的一定的负面消极影响；在黑色旅游发展内容上，绝大部分旅游者认为，黑色旅游的载体可以多样化，旅游开发商应当理性评估黑色旅游给当地居民可能带来的影响，以及黑色旅游开发的载体形式是否可以被当地居民接受。旅游开发的利益相关者应当充分认识到灾民作为灾难的受害者，其参与到黑色旅游中来，应该是出于一种对"生的感悟"而不是"生的无奈"，在黑色旅游规划中，要尤其重视社区群体正确认识并参与黑色旅游。旅游者参加黑色旅游的动机主要有"外界驱动""好奇驱动""情系灾区""情感倾诉"四大类，旅游开发者在发展黑色旅游过程中，应该重视旅游消费者的这些旅游动机和需求的满足，提高黑色旅游地的市场认同度，增强旅游者的情感和好奇体验。

第二节　旅游消费者态度的影响因素

态度的形成实际上是一个个体社会化的过程，其形成与改变受到个体内外很多因素的影响。与一般消费者态度类似，旅游消费者态度的形成与改变也同样受到很多因素的影响。消费者态度的形成是由个体的先天遗传因素、主体自身因素，社会环境等因素的交互作用产生的。

一、旅游消费者对自身态度的影响因素

旅游消费者对自身态度的影响因素主要包括两个方面：一是旅游消费者自身态度形成的影响因素；二是旅游消费者态度改变的影响因素。

（一）旅游消费者态度形成的影响因素

旅游消费者态度形成的影响因素有很多，总结起来可以归纳为两类：自身因素和社会环境因素。

1. 自身因素

（1）遗传因素。凯勒（Kelller，1992）等人研究了基因因素对态度形成的影响，研究证实了基因对态度形成有一定的作用。但是，基因对态度形成的作用机制尚未完全揭示出来，因此，人们普遍认同的观点是态度更多是在社会环境中通过社会学习等途径而获得的。

（2）个体需求。需要的满足与否是态度产生和发展的基础。个体对那些能满足自己需要的事物，或者能够帮助自己达到目标的事物，必然会产生积极的、喜爱的态度；相反，则会产生消极的、厌恶的态度。而对与自己的需要毫不相干或者关系不大的事物，人们往往产生无所谓或不置可否的态度。

（3）个体兴趣。兴趣是人们力求认识某种事物和从事某种活动的意识倾向。它表现为人们对某种事物、某项活动的选择性态度和积极的情绪反应。兴趣对旅游态度的影响包括：兴趣能促使旅游者做出旅游决策；兴趣有助于旅游者为未来的旅游活动做准备；兴趣可以刺激旅游者对某种旅游产品重复购买或产生长期使用的偏好；兴趣的个体差异影响旅游者的购买倾向；兴趣变化促使旅游者购买倾向变化。

（4）个体知识结构。从态度形成的内在过程来看，经验的作用是非常重要的，尤其是经验的情绪效应。"一朝被蛇咬，十年怕井绳"，就是典型的写照。知识在态度形成中也有重要的作用。在认知性态度中，知识的作用尤为显著。在日常的心理咨询工作中，很多时候通过改变来访者的认知来改变其态度，从而达到恢复咨询者心理平衡的目的。

（5）个人的价值观。人们对某一事物的态度往往不是直接取决于这一事物客观存在价值，而是取决于对客观价值的认识。人们认为某一事物越有价值，所采取的态度就越强烈。在现实生活中，人的价值观受人的世界观、人生观支配。在不同的世界观、人生观的影响下，价值观一般是不同的，由此所形成的态度也是不一样的。

2. 社会环境因素

（1）父母及家庭因素。家庭是个体社会化的第一场所。父母及亲人是个体在成长过程中的第一任教师，也是个体首先认同与模仿的对象。人们对许多事物的态度都会受到父母的影响，特别是个体的价值观、行为习惯、嗜好喜爱等，大多是在父母及家庭其他亲人的影响下发展起来的。

（2）同伴影响。随着个体年龄的增长，父母及家庭的影响力会逐渐减小，同伴、朋友的影响力会越来越大。在其成长过程中，个体开始把自身所持有的态度、观点与自己同伴、朋友的观点、态度做比较，并以同伴的态度、观点作为依据来调整自己原有的态度。例如，在青春期后期，同伴已成为个体主要的参考群体（李建明，刘瑶，2003）。同伴关系亲密度与感知同伴信息、感知同伴吸引、感知同伴控制是旅游同伴对个体旅游体验的影响来源（龙潜颖，徐彤，2022；王娟等，2024）。

（3）社会团体。个体自身所参加的团体，对其态度的形成也有明显的影响作用。首先，每一个团体都有自己的行为规范和准则，并要求团体成员共同遵守。其次，个体会认同所参加的社会团体，自愿采纳团体的态度。最后，对于同一团体的隶属，由于实际上有许多共同的生活内容，人们有相同或相近的知识、经验和社会视角，这使团体各成员的态度趋向一致。

（4）社会文化因素。文化作为人们社会化的大背景，深刻地影响着人们态度的形成。著名人类学家米德曾对南太平洋新几内亚岛的3个原始部落进行了长期跟踪研究，发现文化背景直接决定着人们对许多事物的态度，乃至整个思维方式。在一个叫阿拉佩什的部落，男子高度女性化。现代社会强调男子需要有刚毅、善于竞争、敢于搏斗的阳刚之气，而在阿拉佩什部落中，这样的男子是被人看不起的。

（二）旅游消费者态度改变的影响因素

1. 态度主体的态度系统特性

态度主体自身的态度系统主要包括态度的强度、态度的向中度和态度的深度三种。

第一，态度的强度。越强烈的态度对行为的决定作用越大，态度也越难以改变。比如一个有着强烈环境保护态度的旅游者，在旅游过程中不会因为其他人的不环保行为而改变自身对绿色环保旅游方式的态度。

第二，态度的向中度。态度向中度决定着态度本身与个人核心价值观的联系，也决定着态度对象和相关态度对于个人的意义。态度的向中度高，其对于个人的意义就越重要，相应的认知与情感支持也越多，改变起来也就越困难。

第三，态度的深度。有强烈情绪背景的态度，会存在非常强烈的、自发的态度改变抗拒反应，使人有意无意地拒绝改变自己原有的态度。

2. 外界条件影响态度的改变

第一，信息的作用。一般来说，信息传达者或者信息传播渠道的信誉、知名度以及权威越高，越容易改变游客的旅游态度，这也是名人广告效应的基本原因。旅游者在行动前，会主动收集各种有关的信息，各种信息间的一致性越强，形成的态度越稳固，因而越不容易改变。

第二，旅游者之间的相互感染。态度具有相互影响的特点，这在作为消费者的游客之间表现尤为明显。因为旅游者之间的意见交流，不会被认为出于个人的某种利益，也不会被认为有劝说其改变态度的目的，因而不存在戒备心理；此外，由于旅游者之间角色身份、目的和利益的相同或相似性，彼此的意见也容易被接受。当一个人知道某种意见来自与他利益一致的一方时，人们就乐意接受这种意见，有时甚至主动征询他们的意见，作为自己的参考。

第三，团体的规范、习惯力量等压力的影响。旅游者的态度通常与其所属团体的要求和期望相一致。这是因为团体的规范和习惯力量会在无形中形成一种压力影响团体成员的态度。如果个人与所属团体内大多数人的意见相一致，他就会得到有力的支持；否则，他可能就会感受来自团体的压力。

二、旅游消费者对目的地态度的影响因素

除了旅游消费者对自身态度的影响因素，旅游消费者态度还有一个重要的部分，是旅游消费者对目的地的态度及其影响因素。

（一）旅游消费者对目的地态度的类型

在旅游消费者对目的地的态度上，有几种比较常见的态度：

一是向往。向往通常是旅游者对目的地有种狂热的热爱和坚定的信念。较为常见的有宗教教徒对宗教圣地的态度，以及女性对国际知名购物天堂的态度。对这种类型的游客而言，只要条件允许，他们就会积极地采取行动奔赴旅游目的地。

二是期待。期待是旅游者对目的地常见的一种态度。久居城市的居民会期待在乡间田野里享受自由和悠闲；面对即将来临的假期，我们总是期待外出旅行，追求新的体验，放松自己的身心。特别是对于一些新兴的人文景点，人们总是期待能在第一时间体验其风采。

三是好奇。目的地与游客常住地的差异性越大，通常越能吸引游客奔赴旅游，人们总是会对那些陌生而又充满神秘色彩的旅游目的地充满好奇。好奇是旅游消费者进行旅游活动的重要推动力。例如，20世纪80年代，国外游客被中国的神秘感深深地吸引了，他们赴中国来旅游的主要动力，就是对中国的好奇。

四是回避。当目的地引起游客厌恶、恐怖的情感时，游客就会对目的地产生回避的态度。游客回避态度的产生更多是受目的地社会环境的影响。回避的态度可能是短期的。例如，5·12汶川地震后，由于当地交通及旅游设施的受损以及后续次生灾害发生的可能，许多游客都在震后一段时间内，回避赴川的旅游行程。旅游者回避态度也有可能是长期的，比如，战局纷乱的中东地区已经很难成为中西方旅游者的首选目的地了。

五是抵制。相比较于回避，抵制是旅游消费者对目的地最为负面和强烈的态度。比如，当中日由于领土问题产生国际纠纷时，国内游客纷纷呼吁和抵制赴日旅游。再如，2010年中国香港游客在菲律宾遭劫持之后，菲律宾政府无作为的处理方式，导致人质发生伤亡，引爆了全港各界对菲律宾旅游的全面抵制。2018年，泰国普吉岛沉船事件等旅游安全事件，以及泰国一些地区对中国游客的不公正待遇，都引发了中国游客的不满和抵制。

（二）旅游消费者对目的地态度的影响因素

旅游消费者对目的地的态度多种多样，不同旅游消费者或不同旅游目的地之间，态度类型也存在较大差异。总体来看，旅游消费者对目的地态度的影响因素可以大致归纳为四个方面的内容：一是旅游消费者自身的因素，如旅游者的经验经历、个性兴趣、需求偏好以及价值观等；二是旅游消费者所处的社会环境，如旅游者所处群体的态度、社会规范、道德标准以及情境压力等；三是目的地自身的影响，如目的地的资源属性（资源禀赋、品质、数量等）、旅游功能（能满足旅游者哪方面的旅游需求）、旅游目的地的形象声誉、目的地宣传途径与方式等；四是目的地居民及工作人员的影响，主要有社区居民对旅游者的态度、旅游服务人员的行为举止、旅游管理人员的素质与能力等。这四类影响因素之间的关系如图4.2所示。

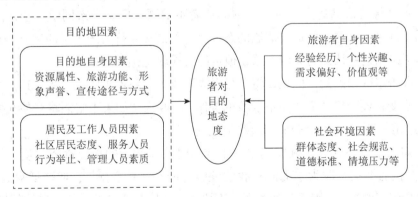

图 4.2 旅游消费者对目的地态度的影响因素

第三节　旅游消费者态度改变的理论和策略

了解旅游消费者的态度改变对旅游经营管理者具有重要意义。这是因为，通过了解旅游者态度的改变过程，旅游经营者可以采取有针对性的宣传或营销措施，改变目的地景区在旅游消费者心中的形象，在旅游消费者心中树立良好、正面的旅游消费者态度。因此，下面将介绍与旅游消费者态度改变的相关理论，以及改变旅游消费者态度可以采取的策略措施。

一、旅游消费者态度改变的主要理论

个体形成一定态度后，由于接受新的信息或意见而发生变化，这个过程被称为态度改变。态度改变理论就是人们在不断研究态度问题的基础上，形成的一套系统地改变个体态度的理论体系。

（一）认知失调理论

认知失调理论最早由费斯廷格（Leon Festinger，1957）提出，它是研究人的态度变化过程的社会心理学理论。该理论认为，每个人的心理空间中包含多种多样的认知因素，比如观念、信仰、价值观、态度等许多方面。随着当前社会活动的内容不同，各种认知因素之间会存在三种关系，即协调、失调和不相关。当这些认知因素存在相互矛盾或冲突时，就会出现认知失调状态，这种状态通常是不愉快的。为了改变这种不良的状态，人们会采取一系列办法，力求恢复或保持认知因素之间的相对平衡和一致性。以喝酒为例，一个想要戒酒的人想尽量少喝酒或者不喝酒，但是一次同学聚会，面对老同学，他喝了好多酒，这时候他要戒酒的态度就与他的实际行为产生了冲突，引起了认知失调，为了平衡这些认知的失调关系，他可能会采取这样一些办法：

改变或否定认知因素，例如，将"我喝酒"改为"我不再喝酒"了，这是行为意向或行为的改变；或否定"喝酒将危及我的健康"，改为"如果不喝酒将会使我失去很多朋友"，这是一种对喝酒的看法与态度的改变。

对认知因素重新评价，减弱其中一个或同时改变两者的重要性或强度。例如，将"喝酒有害我的健康"改为"喝酒对我的健康可能有一些影响"，或降低喝酒的作用，决心"要少喝点酒"，由于强度的减弱，不协调的程度相应变低，人会感到舒坦一些。

在不改变已有认知因素的情况下，增加一个或几个能弥补鸿沟的新认知或理由。例如"喝酒可以增进我与同学之间的感情，个人安危是次要的"，或者"世界上喝酒而长寿者不乏其例，我可能就属于这种人"。这种方式可以减少不协调，但会出现辩解性理由。有些理由常以歪曲事实为代价，所以往往有害。

（二）认知平衡理论

认知平衡理论是 20 世纪 40 年代中期由美国社会心理学家海德提出的一种关于认知结构、过程和变化的理论。他把认知过程分解为认知要素，由此构成一个认知系统，当认知系统出现不平衡、不一致时，会产生一定的心理压力，驱使认知主体设法恢复认知平衡。海德的理论更重视人与人之间的相互影响在态度转变中的作用影响，即重视中间人或传递者对态度改变的影响。这种理论通常用于一个主体（P），另一个主体（O），以及一个关联对象（X）之间的关系来说明。这三者有以下几种关系模型，具体如图 4.3 所示。比如，主体 P 喜爱音乐（X），主体 O 也喜爱音乐（X），于是 P 会对 O 产生好感或积极的情感评价，这里就存在一种都为正向的 P-X-O 封闭三角关系模式（见图 4.3a），这种状态对 P 来说心理上是平衡的。如果事情发生了变化，比如 P 和 O 已成朋友，P 主张参加一个社团，O 则反对参加这个社团。这时 P-X-O 的三角关系就出现了两正一负的模式（见图 4.3e），P 就会感到心理上的不平衡，产生紧张、焦虑，不舒适或不愉快。为了调整"失调"状态，P 可能会采取：一是对 O 进行劝说，希望他改变对这一社团的看法，由负变为正（恢复到图 4.3a）的平衡态；另一种方法是改变自己对 O（或对 X）的态度，即疏淡或断绝和 O 的关系，态度上由肯定转为否定，关系上由正转为负（见图 4.3c）；或改变自己对 X 的态度，即由赞成这个社团改为反对这个社团（见图 4.3b）。认知平衡理论应用在旅游消费者的态度上，可以发现旅游者身边的朋友、家庭群体对其旅游态度的改变作用很大，有时候，旅游消费者会改变自己的态度以与家人或者朋友的态度保持一致。

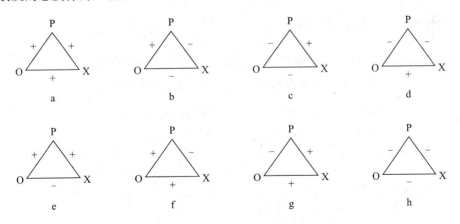

图 4.3　海德平衡模型

（三）参与改变理论

参与改变理论由德国心理学家库尔特·勒温（Kurt Lewin）首先提出。该理论认为，个体态度的改变依赖于他参与群体活动的方式。个体在群体中的活动方式，既能决

定他的态度，也会改变他的态度。勒温在他的群体动力研究中，发现个体在群体中的活动可以分为两种类型：一种是主动型的人，这种人主动参与群体活动，自觉地遵守群体的规范；另一种是被动型的人，他们只是被动地参与群体活动，服从权威和已制定的政策、遵守群体的规范等。他的研究表明，就某一对象而言，改变主动型人的态度要比改变被动型人的态度容易得多，效果也更加明显。参与改变理论应用于旅游消费者态度改变中，可以发现，在旅游过程中主动参与的旅游者，通常可以获得较高的旅游体验，对旅游的满意度也通常较高，对旅游目的地的态度和评价也更加正面和积极。因此，对旅游经营者而言，利用旅游地的自然资源和社会文化，开发新的旅游活动，激发旅游消费者的主动性和游乐欲望，是旅游地改变旅游消费者态度和形象的一条重要途径。

（四）沟通改变态度理论

沟通改变态度理论，强调了人容易受到周围环境和一些媒介的影响和鼓动。良好的沟通可以显著地改变消费者对某些事物和人的态度看法。要取得良好的效果，沟通者的沟通技巧和方式特别讲究。许多心理学家认为，沟通对态度改变的影响，依赖于沟通者、沟通过程和沟通对象三个因素，沟通者需要有良好的沟通能力，沟通过程要能充分了解沟通对象的需求和动机，以其惯用的言语来传达。当然，沟通对象的因素也同样值得关注，沟通对象的个性、年龄、性别、价值观等个体因素有时候会给沟通者的沟通带来极大的阻碍。在旅游过程中，当旅游消费者出现不满或者抱怨时，景区管理及服务人员应该心平气和地与游客进行沟通协商，通过沟通协调改变旅游消费者的负面态度，挽回旅游景区对旅游消费者带来的消极影响。

（五）霍夫兰德说服模型

美国心理学家霍夫兰德（Hovland）把改变态度看作信息交流的过程，并基于此于1959年提出了一个标准的态度改变模型，这一模型简化如图 4.4 所示。

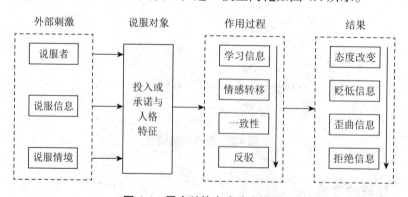

图 4.4　霍夫兰德态度改变模型

从霍夫兰德说服模型中，可以看出，说服者、说服对象、说服信息和说服情境构成态度改变所关联的四个基本要素，其中说服者、说服信息和说服情境构成了态度改变的外部刺激。在态度改变的作用过程中，被说服者首先要学习信息的内容，在学习的基础上发生情感转移，把对一个事物的感情转移到与该事物有关的其他事物之上。当接收到的信息与原有的态度不一致时，便会产生心理上的紧张，一致性机制便开始起作用。一致性理论（Consistency Theory）认为人们可以采用多种方式来减轻这种紧张，其中反驳就是减轻这种紧张的有效方式之一。按照认知反应论（Cognitive Response Theory）的观点，人们在接收到来自他人的信息后会产生一系列的主动思考，这些反应进而决定个体对信息的整体反应。在这里，这些信息所引发的反驳的数量及性质对态度的改变起着决定性作用，如果这种反驳过程受到干扰则产生说服作用，从而引起说服对象的态度改变；否则说服对象就会通过贬低信息来源、故意扭曲说服信息和对信息加以拒绝掩盖等方式来对抗说服，坚持自己原来的态度。在旅游中，人们总是热衷于跟别人分享自己的旅游经历。如果自己在某一旅游地的体验并不愉快，他们往往会向亲朋好友传播目的地负面信息，并极力劝说他们不要前往。说服对象在听完他们的"不幸遭遇"后，极有可能改变对既定目的地的态度，调整旅游行程，甚至更换旅游目的地。

二、旅游消费者态度改变的主要策略

旅游心理学研究表明，旅游者态度一旦形成，就会导致某种偏爱或某种方式的行为倾向。这种偏爱和行为倾向的形成会进一步影响旅游决策。旅游消费者态度改变策略的思路是通过改变态度的"三要素"（旅游认知成分、旅游情感成分和旅游行为倾向）来改变消费者态度。具体途径是，首先，从改变认知成分出发，促使消费者对产品有新的积极的评价，提高已存在的积极信念的强度，降低已存在的消极信念的强度；其次，从改变情感成分出发，利用经典条件反射，激发对广告本身的情感，增加消费者对品牌的接触；最后，通过认知与情感成分的改变，改变旅游消费者行为，实现旅游消费者态度的改变。下面将结合这一思路，从具体的策略出发，阐述如何进一步运用上述理论来改变旅游消费者的态度。

（一）更新旅游产品与服务，提升目的地形象与服务质量

旅游产品是旅游者在旅游过程中所购买的各种物质产品和服务的总和，从某种意义上讲，更新旅游产品是改变旅游者态度的最基本的和有效的方法。特别是随着旅游消费市场的日益成熟，游客必然要求享有更高层次的旅游消费，改变了过去单一的观光、娱乐等旅游需求形式，知识和技术含量大的以及那些独特性强的旅游产品更能吸引或刺激更多的旅游需求，使当代旅游需求呈现向高层次发展的趋势。具体来说，要使旅游者改变对某种旅游产品的态度，最简便的方法往往是改变旅游产品本身，然后，以某种方式确保旅游者发现这个改变。从旅游产品改变旅游消费者的态度来看，有两种途径：在旅游有形产品层面，可改变这些物品的外形、包装和性能，通过产品视觉的冲击，影响消

费者的旅游态度；在无形产品方面，可以通过改变旅游服务来促进旅游者态度的改变。如改变住房、餐饮、提供额外服务，譬如，当消费者刚好遇上生日，可以送上一张贺卡或一束花，让消费者对这些服务感到满意。

长期以来，过分重视景点开发，收取高价门票甚至重复卖票的现象非常严重，门票收入可以说是我国旅游业的一大经济来源。现在国内的景点门票收入已经超过了美国及欧洲等国平均水平，作为基本旅游消费的门票消费过多，而旅游产品相对匮乏，旅游消费者的消费积极性大受影响。因此，景区首先可运用价格策略，给旅游者公平合理的感觉。其次，在以往的旅游消费中如出现强制性买卖，旅游团与商家串通等问题，会使旅游者对价格和服务产生心理上的不愉快。作为旅游经营者应该尽量避免出现类似的问题，尽可能地满足消费者，公平公正，让消费者满意。这样对消费者可能重游的印象加分不少。最后，就是对旅游从业人员进行业务训练，提高人际交往和与旅游消费者沟通的能力。

（二）丰富目的地体验内容，增强旅游者情感体验

情感在很大程度上能够影响顾客的消费行为和旅游决策，是旅游消费者态度中情感成分的主要诱因。增强旅游消费者的情感体验可以极大地提升旅游消费者对目的地的正面印象，形成积极态度评价。主要策略有：

一是提升体验内容的吸引力，提高目的地的娱乐性、刺激性、大众性和审美性。首先，可以通过增加体验项目和高科技的应用来使游客感到趣味性；其次，增设游客参与的旅游互动活动，让游客不再只是听讲解人员介绍的观众；最后，景区设计与规划要呈现出地方或资源的特色，带给游客真实的异地旅游心情，并让游客在这种环境中感到愉悦。

二是旅游从业人员与顾客亲切礼貌的沟通，用一些细节行为体现关爱，引导旅游消费者获得良好的情感体验。游客在选择旅游目的地时通常包含了自己的情感诉求，所以，在宣传或营销时，可以观察顾客的情绪反应，通过技巧性的沟通，来了解顾客的情感诉求，然后以顾客的角度换位思考进行恰当的营销，才能使顾客产生心灵共鸣，并愿意消费。

三是进行知识与文化体验。旅游体验活动也体现了人们对精神世界的追求，游客希望在旅游过程中获得知识，了解不同旅游产品的文化蕴涵。世界文化丰富多彩，不同旅游地都有自己独特的人文历史，旅游地可以通过书本阅读、影像观看等手段，更真实直观地在游客情境体验中融入更多的知识和文化，给游客一次难忘的体验经历。

（三）重视目的地旅游宣传，改变旅游者的知觉

信息是态度形成的一个重要因素，也是态度改变的重要依据，向游客宣传新的旅游信息会产生改变态度的效果。旅游市场不断变化，新的信息不断产生，游客掌握的新信

息越多，旅游态度改变的可能性就越大。旅游目的地应该通过不同的宣传途径向游客输送新的旅游知识和信息。这主要是因为，旅游产品具有不可移动性、无形性和旅游者的异地性的特点，这就决定了旅游产品不可能像工业产品那样直观地在市场上用信息传递方式去沟通潜在的旅游者。

首先，作为经营者，要对自己的旅游产品进行宣传，旅游宣传要实事求是，要切合游客心理，有较强的针对性，并采用叠加式重复宣传，营销手段应多样化。其次，要提高信息的可信度，可以利用名人效应，使说服者的身份具有使人信服的权威性与吸引力，发挥权威暗示效应，利用合理的情境因素，提高宣传说服的效果。再次，是拓宽旅游信息宣传空间，比如，在城市旅游宣传中，城市街道、交通要塞的广告牌并不明显，公交车车身上的广告，车站霓虹灯牌的广告，传统食品的包装上等，更能让普通大众了解目的地。同时，要加强政府的参与，旅游形象美誉度的高与低，直接影响了目的地及其所在城市的形象，必须多借助政府的力量，联合知名企事业单位共同宣传。最后，在宣传方式上，要进行叠加式重复宣传。一次性的宣传促销只能是昙花一现，往往达不到期望的效果。鼎沸一段时间后，几日、几个月后渐渐被人淡忘。要走出这种宣传死角，就必须反复进行宣传，这样才会产生印象积累，刺激游客记忆力。

（四）打造旅游新焦点，引导游客积极参加旅游活动

打造旅游新焦点的目的在于发挥旅游事件营销的优势，重塑旅游目的地形象，扩大目的地市场知名度。主要是利用地方特色，重视节事活动，以节造势、以节兴旅，要继续推进市场化运作的办节模式，全面引入竞争机制，吸引国内外知名企业参与，政府组织协调，企业创新策划，切实减轻政府办节负担，借助旅游节庆活动影响力树立企业形象，实现经济效益和社会效益"双丰收"；实施节庆活动名牌战略，坚持少而精、树品牌，在创新形式、充实内容、扩大影响方面做文章，走市场化、特色化、专业化路子，打造在国内乃至国际上较有影响的旅游节庆活动精品；要加强旅游与其他产业的融合联系，丰富和拓展旅游活动内涵，实现旅游活动规模和档次提升。

态度是知识的积累和信息的收集。改变态度，最好的办法就是改变知识的积累和信息的内容。人们对旅游的态度，归根结底取决于人们的价值观念和信念。心理学理论认为，个体所从事的社会活动的性质能决定个体的态度，也能改变个体的态度。因此，通过有意识地引导旅游消费者参加旅游活动，可以有力地促进旅游消费者积极态度的形成。其中，体验营销或者情感营销是提升旅游消费者活动参与度的有效营销手段。从体验营销的实践经验以及旅游消费者行为研究来看，体验营销的主要手段在于提升旅游消费者对旅游活动的参与度和满意度。如目前国内很多旅游地，都引入了相关旅游体验项目，极大地丰富了旅游消费者的体验内容。这些旅游体验项目的推出，给旅游者留下了深刻的印象，不断影响着旅游消费者的认知、情感和行为倾向，并通过其口碑传递给他人。

【复习与思考】

一、名词解释

态度　旅游消费者态度　态度改变

二、填空题

1. 旅游消费者态度的特征：＿＿＿＿、＿＿＿＿、＿＿＿＿、＿＿＿＿、＿＿＿＿、＿＿＿＿。
2. 旅游消费者态度的构成：＿＿＿＿、＿＿＿＿、＿＿＿＿。
3. 旅游消费者态度可以分为＿＿＿＿、＿＿＿＿、＿＿＿＿三个层次。

三、简答题

1. 简述旅游消费者态度的主要功能。
2. 简述旅游消费者态度的主要特征。
3. 简述态度在旅游消费者决策中的重要性。

四、论述题

1. 论述旅游消费者态度的主要影响因素。
2. 阐述旅游消费者态度改变的主要策略有哪些。

【推荐阅读】

1. 白凯. 旅游行为学［M］. 北京：科学出版社，2013：163-180.

2. 所罗门. 消费者行为学［M］.8 版. 卢泰宏，杨晓燕，译. 北京：电子工业出版社，2009：239-273.

3. 吴津清. 旅游消费者行为学［M］. 北京：旅游教育出版社，2006：122-125.

4.MCKERCHER，TSE T S M.Is intention to return a valid proxy for actual repeat visitation［J］.Journal of Travel Research，2012，51（6）：671-686.

5.JUVAN E，DOLNICAR S.The attitude-behavior gap in sustainable tourism［J］.Annals of Tourism Research，2014，48：76-95.

6. 王娟，李婷，魏荣杰. 共睦态视角下旅行同伴对旅游体验质量的相互影响研究［J］.西北大学学报（自然科学版），2024，54（4）：639-649.

7. 龙潜颖，徐彤. 旅游同伴对个体旅游体验影响机制研究［J］.旅游科学，2022，36（5）：38-58.

8. 张可，许可，吴佳霖，等. 网红短视频传播对消费者旅游态度的影响——以丁真走红现象为例［J］.旅游学刊，2022，37（2）：105-119.

9. 龙睿，吴旭云. 消费者社交网络嵌入对旅游态度的影响——基于江浙沪部分城市的实证数据［J］.社会科学家，2020（9）：45-51.

10.杨一翁,孙国辉,童泽林.消费者敌意、善意和矛盾态度对消费者出国旅游意向的影响机制:文化接近性的调节作用[J].中央财经大学学报,2018(6):94-105.

第 五 章

旅游消费决策过程模型

本章导读

　　旅游消费决策是指个人或群体根据自己的旅游需求与旅游目的，收集并加工相关的旅游信息，制订并选定具体的旅游方案或出游计划，并最终将这些方案或计划付诸实践的过程。旅游消费决策的内容和过程并不是单一、固定的，而是一个动态的决策行动组，会根据旅游者的旅游情况不断调整，做出常规性、外延性以及冲动性的决策行为。在旅游消费者的决策过程中，旅游者会受到旅游服务因素、社会支持因素、个人心理因素、群体支持因素、个人社会经济因素以及其他因素的影响。在此影响下，单一的旅游个体以及家庭型的旅游群体在旅游决策过程中也会表现出一定的差异性。系统理解和认识旅游消费者的决策过程，是旅游目的地制订精准市场营销计划、拓宽旅游市场知名度的关键。其中，了解旅游者的购前信息搜寻行为，旅游消费者购前决策的信息，是增进旅游消费者对目的地了解和认识的一个重要前提。

【学习目标】

　　1.知识目标：学习旅游消费者决策的相关概念、主要内容、类型等陈述性知识；了解旅游消费者决策的过程以及决策购买的几种模型，学习旅游消费者决策的特点及其影响因素。

　　2.能力目标：掌握旅游消费者购前信息收集的主要来源，了解并掌握促进和影响旅游消费者购买的影响因素并进行购前信息搜集。

【导入案例】

　　李女士一家四口，计划在即将到来的秋季周末进行一次短途自驾游。孩子们刚开学不久，李女士和丈夫决定趁着工作间隙，利用这个周末给全家一个放松的机会。他们的计划从周四晚上开始酝酿，目标锁定在距离居住地不远的几个邻近城市中，寻找一个适合全家人的旅游胜地。为了做出明智的选择，他们采用了多种信息收集方式：首先，利用互联网浏览各大旅游平台的推荐，查看用户评价和景点介绍；其次，访问了多个官方旅游网站，获取了关于当地文化、历史及自然景观的详细信息；最后，还向几位曾有过类似出游经历的朋友和同事咨询，听取他们的第一手经验和建议。

鉴于家庭成员普遍对历史文化抱有浓厚兴趣，特别是对古迹遗址和博物馆特别向往，他们决定将探索之旅的重点放在那些能让孩子亲近历史、增长见识的地方。因此，历史遗址、主题公园、城市观光和文化村落成为他们的候选目标。然而，考虑到预算限制、驾驶的舒适度以及孩子们的耐受力，他们不得不进行筛选。城市观光虽然便捷，但感觉缺乏新意；主题公园虽然有趣，但人多拥挤，且对历史文化的学习深度有限；附近的一个历史文化村落虽然吸引力强，但路途较远，且最近正在进行道路维修，可能会影响行车安全，因此也被排除在外。历史遗址因其深厚的历史底蕴、丰富的教育活动以及对孩子教育的价值，成为他们的首选。在对比了几个符合条件的历史遗址后，他们最终选择了一个不但历史悠久、文化资源丰富，而且交通便利、游客评价高、适合家庭游玩的遗址。这个遗址有官方网站预订门票的优惠，并且提供了一个户外探险与室内展览相结合的综合体验，既满足了孩子们对新鲜事物的好奇，也让大人有机会深入了解当地的历史。通过细致地规划与比较，李女士一家确定了这次旅行的完美目的地，期待着一次既充实又愉快的家庭出游。

李女士一家人的周末旅行就是一个典型的旅游者的消费决策过程。那么，旅游消费者决策具体有哪些特点？哪些因素会影响旅游者的消费决策？在旅游消费者购买决策过程以及购买决策中选择模型有哪些？旅游消费者又是通过哪些渠道获知购前信息的呢？这些都是有关旅游消费者购买决策的重要问题，也是本章试图解释和阐述的。

第一节 旅游消费决策行为概述

一、旅游消费者决策行为的定义与内容

（一）旅游消费者决策行为的定义

决策是人们在政治、经济、技术和日常生活中普遍存在的一种行为，是管理中经常发生的一种活动。决策是决定的意思，是为了实现特定的目标，根据客观的可能性，在占有一定信息和经验的基础上，借助一定的工具、技巧和方法，对影响目标实现的诸多因素进行分析、计算和判断选优后，对未来行为所做出的决定。依此概念推知，在消费

者行为领域，购买决策是指消费者谨慎地评价某一产品、品牌或服务的属性并进行选择、购买能满足某一特定需要的产品的过程。

在旅游领域，最早针对消费者旅游决策的研究是格里克斯曼，他在 1935 年从旅游动机入手展开对旅游决策的研究，但没有提出旅游决策的具体概念。其后，Bettman、Luce 和 Patne（1998）提出，大多数人的决策受多种因素的影响是非完全理性的，这些因素会限制或激发他们的非理性行为，使他们的决策偏向或偏离理性轨道。保继刚（1999）对旅游消费者决策下的定义是：在人们出游前，对相关旅游信息进行收集，然后根据自己的主观判断，做出出游决策的过程。Crotts 和 John（1999）则认为，旅游决策是指旅游者对一系列旅游目的地及旅游服务的各种功能属性进行仔细评价，理性地选择最能满足自己需要的一种方案，并且使出游的成本最小。孙喜林（2009）提出旅游决策是通过旅游产品信息收集、选择购买旅游产品、使用旅游产品、评价旅游产品等全过程，满足游客的个性化需求。

关于旅游消费者决策行为定义，一种比较主流的看法认为，所谓的旅游消费者决策行为，是指个人或群体根据自己的旅游需求与旅游目的，收集并加工相关的旅游信息，制订并选定具体的旅游方案或出游计划，并最终将这些方案或计划付诸实践的过程（邱扶东、吴明证，2004）。

（二）旅游消费者决策行为的内容

根据决策的内容，旅游消费者决策行为有广义和狭义之分。其中，狭义的旅游消费者决策行为的内容仅仅包括消费者从众多备选旅游地选择一个目的地的过程；广义的旅游消费者决策行为则包括，消费者外出前往目的地到其返回居住地的整个旅游过程中所发生的所有决策，如酒店决策、餐饮决策、购物决策等。

具体来看，在出游前，旅游消费者决策行为的内容主要包括基本旅游决策（即去不去旅游）、旅游目的地决策、旅游方式决策、购买方式决策、住宿设施决策和付款方式决策；在出游中，旅游消费者实施的决策取决于旅游者在出游前选择的是团体包价旅游团还是进行自助旅游。若是后者，旅游者则随时随地可能面临着包括吃、住、行、游、购、娱等方面的决策。在返回途中，旅游者的决策内容较为单一，主要是交通工具的决策。

（三）旅游消费者决策行为中的角色

不同于其他一些比较简单的购买活动，旅游活动可以容易地确定购买行为中消费者的参与角色。比如，某次外出旅游决策中，家庭中的所有成员都有可能参与这项决策活动，并提出各自不同的意见。个体在一项旅游决策中可能充当以下角色：一是发起者，即首先提出旅游的人；二是影响者，即能直接或间接影响旅游决策的人；三是决策者，即决定去何处旅游、以何种方式进行旅游、何时旅游等的人；四是购买者，即实际购买旅游产品或服务的人或者支付旅游经费的人；五是使用者，即消费或使用产品或服务的人。

二、旅游消费者决策行为的特性

旅游消费者不同于其他消费者，其决策行为具有以下几点特性：

首先，旅游消费决策行为不是一次决策的而是一系列的决策，是一个决策组。旅游消费行为的活动空间范围相当大，时间跨越也比较大，在这个过程中旅游者需要决策的次数比较多，决策的内容也十分广泛，既包括买什么内容的旅游产品，又包括什么档次的、活动类型有哪些、如何分配资金和时间等。

其次，与其他消费决策一样，旅游消费决策行为具有一定的主观性，易受情感的影响。这是因为旅游业是通过旅游工作人员为旅游者提供服务而存在，在服务人员与旅游者接触的过程中，双方容易产生各种情感，是一个情感密集型的行业，这种影响下，旅游消费者的决策行为也会受到显著的影响。

最后，旅游决策结果评估的主观性。由于旅游产品具有无形性的特点，在购买时花费资金和精力的越多，期望就会越高，在消费活动中就越容易产生失落感，致使旅游消费者对其决策行为的评价不够客观。

三、旅游消费者决策行为的类型

在决策相关理论的基础上，根据旅游业的实际情况以及旅游者的旅游消费行为，旅游消费者的决策行为主要有三种类型：

第一种是常规决策。该决策是指决策者在解决一般性的旅游问题时，根据以前处理此类问题的经验迅速做出的决策。常规决策，又称为"习惯性决策"或"惯例性决策"。在现实生活中，由于个体认知水平和搜寻成本的限制，旅游者不可能收集到所有的信息，也很难完全知晓未来可能发生的状况，更无法确知每个方案实施后的具体结果，因此只能根据自身的经验、时间、资金，在自我认知水平的情况下尽量收集信息，在这些有限信息的情况下，列出并评选方案。

第二种是外延性决策。该决策是指对旅游中一些重大问题所做出的决策。围绕这种决策，旅游者要花费相当多的时间和精力去收集有关部门的信息并考虑多种方案，然后从中做出选择，解决此类问题需要决策者具有丰富的经验、渊博的知识、敏锐的洞察力和活跃的思维。所以这种决策又被称为"广泛性决策"或"扩展性决策"。对于很多旅游者来说，选择旅游目的地是一个外延性很大的决策过程，在其选择中要考虑许多因素，包括旅游目的的满足程度、自身的经济条件、闲暇时间的长短等，因而，旅游者在出游前对旅游目的地的选择上特别适合用这种外延性决策。在做出这种外延性决策过程中，旅游者往往会求助于朋友、同事、媒介甚至有关旅游专业人员等。

第三种是冲动性决策，或称为"瞬时决策"，和常规决策截然不同，冲动性决策指

事先没有考虑而瞬时做出的决策，它通常为广告牌或其他形式的户外广告，或旅游者自身的从众行为，如朋友旅游的体验、劝说等激发而引起的，而不是建立在以往经验的基础上。

以上的三种类型的决策对于不同的旅游者，可能采取不同的决策方式，如经常出游的、旅游经验丰富的人一般情况下根据其需要和旅游目的地更多地采用常规性决策，而初次旅游者、旅游经验缺乏者或对某些旅游十分注重的人则可能更多地采用外延性决策。即使对同一个人，其决策方式也不可能是一成不变的，他可能在每次旅游决策中都会有变化，正常情况下，人们做出旅游的决策分布在常规性决策和外延性决策之间（如图 5.1 所示）。

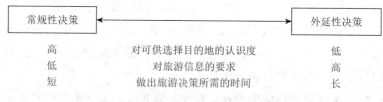

常规性决策		外延性决策
高	对可供选择目的地的认识度	低
低	对旅游信息的要求	高
短	做出旅游决策所需的时间	长

图 5.1　两种旅游决策连续的统一关系

【知识链接】

在当今这个信息爆炸的时代，自媒体以其独特的魅力和传播力，深刻地改变了人们的生活方式，包括旅游决策过程。特别是短视频的兴起，为游客，尤其是年轻游客，提供了全新的旅游决策途径和选择。

短视频以其直观、生动、易于传播的特点，迅速成为年轻人获取旅游信息、做出旅游决策的重要工具。在短视频平台上，用户可以看到各种各样的旅游内容，从风景如画的自然景观到充满人文气息的城市风光，从美食探店到文化体验，应有尽有。这些短视频不仅展示了旅游目的地的美丽和魅力，还通过博主的亲身体验和分享，为观众提供了丰富的旅游信息和攻略。以抖音为例，这个短视频平台上的旅游内容非常丰富，吸引了大量年轻人的关注。在抖音上，你可以看到各种关于旅游的短视频，比如某个城市的夜景、某个古镇的风情、某个海岛的沙滩等。这些短视频不仅展示了旅游目的地的美丽，还通过博主的介绍和分享，为观众提供了更多的旅游信息和攻略。比如，某个博主在短视频中分享了他在某个古镇的旅行经历，包括如何到达、住宿推荐、必去景点等，这些信息对于想要去这个古镇旅游的观众来说非常有用。

此外，短视频平台上的互动功能也为游客提供了更多的旅游决策选择。观众可以在短视频下方留言、点赞、分享，与其他观众和博主进行互动。这种互动不仅让观众获得了更多的旅游信息，还让他们感受到了旅游的乐趣和魅力。比如，某个观众在短视频下方留言询问某个景点的门票价格，博主或其他观众会及时回复，提供有用的信息。这种互动不仅让游客获得了更多的旅游信息，还让他们感受到了旅游社区的温暖和互助。

资料来源：根据网络资料整理而成。

第二节　旅游消费决策过程

一、旅游消费决策过程的影响因素

旅游者在出游之前任何因素都有可能影响其最终的旅游决策，影响因素的研究也是旅游决策研究的重要方面。国外学者，如 Mayo 和 Jarvis（1981）指出，个人内在心理因素与外界社会因素都会影响旅游决策过程。Cees Goossens（2000）分析旅游信息和娱乐动机之间的关系，指出信息是刺激人们产生动机的外在推力，动机进而又推动人们对信息的需求，并最终产生出游决策行为。Berger 和 Mitchell（1989）研究表明，消费者的产品知识及信息即消费者的主观知识，这些主观的知识也是影响消费者决策的一个重要因素。国内学者，如聂献忠（1995）指出旅游目的地环境信息、旅游者个人的满足程度、出游动机以及旅游需求和旅游感知价值等，都会影响旅游者的出游决策。孙玉贞（1999）认为旅游者对目的地资源的喜好程度与感知程度是影响旅游者出游决策的重要因素。杜江（2003）研究指出，旅游决策的影响因素主要包括旅游者自身特征、旅游方式、旅游动机、旅游信息、亲朋好友的意见、旅游产品与服务的价格、旅游目的地的文化特点等。白凯等（2018）的研究发现，孝道观念会对家庭旅游决策产生影响。丁娟等（2024）则发现旅游动机（个人动机、家庭动机）、协商策略（行为策略、认知策略）对家庭旅游决策有正向影响，而旅游限制（家人内在限制和家庭限制）对家庭旅游决策有负向影响。

结合已有旅游消费者决策的研究成果和游客消费决策的实践，旅游消费者决策过程中的影响因素可以分成以下六类：

第一，旅游服务因素。包括客源地旅游服务系统、出行服务系统、目的地服务系统和支持服务系统。主要涉及吃、住、行、游、购、娱、咨询、信息、预订、导游、售后等具体的旅游服务。

第二，社会支持因素。个人的心理和行为受社会环境的规范和制约。社会对旅游的宣传、倡导，并提供一定的便利，无疑会促进旅游风气的形成。同时，社会支持已经使旅游成为现代人生活方式的重要组成部分，有机会、有条件却不去旅游，个人不但会感受到外在的社会压力，而且会感受到内在的心理冲突。

第三，个人心理因素。人的行为是个人特征与环境互相作用的产物。个人心理因素会影响他们怎样认识、评价旅游环境，以及持有什么样的决策标准，从而影响他们的旅游决策。

第四，群体支持因素。个人的心理和行为既受所属群体的影响，又受参照群体的影响。因此，时尚、家人、亲朋好友等，都会影响个人的旅游决策。在旅游活动中，很多情况下参照群体比所属群体拥有更大的影响力。

第五，个人社会经济因素。日常生活的压力、金钱、时间等因素，是现代旅游的基本约束条件。对于现代人来说，在拥有金钱和时间的情况下，想要解除日常生活的压力，最佳的途径就是外出旅游。

第六，其他因素。包括几个难以归属到其他类型之中的因素，如亲朋好友的旅游推荐、旅游广告宣传、旅游目的地远近、旅游目的地的类型、旅游目的地有无突发事件等。

二、旅游消费者的决策过程

（一）旅游消费者的类型划分

旅游消费者从类型上可以划分为个体旅游消费者和群体旅游消费者。这两种旅游者的消费行为存在一定差异，其消费决策过程也有所不同。个体旅游者较为简单，即指单一的旅游个体。群体旅游者类型相对复杂，既有家庭型旅游群体，又有社会组织型群体等多种不同类别。

1. 家庭型旅游群体

家庭属于社会群体最基本的范畴之一，家庭被称为"初级群体的典型"。研究表明这种最重要的消费单位按成员在决策过程中所起的作用不同，又可以分为四种：丈夫支配型，妻子支配型，共同影响、各自做主型，共同决策型。在具体决策项目上，这些不同类型的家庭决策模式又会表现出不同的情况。在中国的社会环境下，妻子大都有独立的工作，与丈夫有平等的决策地位，况且旅游属于耐用消费品以外的享受商品和服务的购买，决策应更慎重。因此大多为共同支配型，而有经验的成员更具有影响力。同时，独生子女在中国家庭中的地位上升，也决定了其意见不可忽视。

2. 社会组织型旅游群体

它是执行一定社会职能、完成特定社会目的、构成一个独立单位的社会群体，在社会学中被称为"次级群体"。有时这种社会群体的规模较大，甚至有相当一部分人不认识，互动关系也是间接的。组织中的人走到一处共同外出旅游，既是群体凝聚力的反映，也可能或多或少反映了某种"群体压力"的存在，即群体的普遍意识对个人观念施加压力。他们的决策和旅游活动取向一般是由组织中的权威人士决策而成的。比如，各旅游地广泛出现的散客拼团的现象。

3.社会阶层型旅游群体

社会阶层是社会中按文化、职业、收入等分级排列的具有相对同质性和持久性的群体。每一个阶层都有类似的价值观、态度和自我表现意识。相同阶层里的个人在同阶层的社会圈内，在交往过程中可能由其相似的兴趣、性格、经济状况而导致共同的行为取向，所以这些人比较容易被组织起来。当这些人以群体的形式外出旅游时，他们的决策和旅游活动取向比较容易达成一致。比如，单位组织的集体旅游团。

如果按团体的组织形式划分，旅游群体还可以分为自组织的临时性旅游群体和其他组织的临时性旅游群体。其中，自组织的临时性旅游群体中，各个成员可能原来就存在一定的关系，如家庭关系、社会组织关系、社会阶层归属等。通过自发组织起来，将一个日常性的复杂的社会关系转化为临时的、角色变了的新型旅游关系，这种关系会在旅游过程中孕育成员的谅解、互助情感，使人增进了解、加深感情、密切关系。与个体旅游者的决策过程相比较，这种群体旅游者的旅游决策不管是在旅游前还是在旅游过程中，都有很大的不同。另一类，他组织的临时性旅游群体，通常是指群体内的成员是由外部团体（如旅行社）组织起来的。该群体的成员可能并不认识，处于不同的社会组织、社会阶层，他们能够被某一旅游组织会聚到一起，原因是他们对某种限定的旅游活动过程达到了一致的认可。所以，这种旅游群体的旅游决策过程的关键是识别并评价由各个不同的外部组织提供的群体旅游活动方案的价值，一旦符合个人的旅游目标，个体便主动参与到群体当中，成为其一员。显然，这种群体的成员在决策时彼此之间并不需要互动，这样，群体旅游决策过程与每个旅游者个体的独立的旅游决策过程已经不存在根本差异。

（二）旅游消费者的决策过程

1.个体旅游者的消费决策过程

相较于群体旅游消费决策过程，个体旅游者的消费决策过程较为简单，总体可以归纳为以下三个步骤：

第一步，确定旅游需求，明确旅游目标。个体旅游者在进行旅游决策时，通常会先根据自身的旅游需求，确定旅游备选目标。这些目标既有一般性的（如令人向往的景色），也有非常具体的（如交通工具的选择、酒店档次的确定等）。这是旅游消费决策的萌发阶段。

第二步，收集信息，确定满足其旅游需要目标的最好方案。收集信息是一个连续的过程，但每个旅游者在做这一工作时的性质和程度却大不相同。比如冲动型的购买者容易为一时一地的打折让利和方便条件所打动；理智型的旅游购买者可能会从朋友、同事、媒介甚至有关旅游公司或旅行社等机构收集有关信息，细心比较、左右权衡，决不轻易做出决策。

第三步，旅游者对各种备选的旅游目的地进行过滤和筛选。在这个评估过程中，旅

游者选择一个满足其旅游需要目标的最佳方案，并进行预订或预购，同时进一步深入了解有关目的地的一些细节性信息，如景点漫步的线路、景点开放时间、办理签证手续等，从而为实际旅游过程做好充分准备。当然，如果在这个阶段中，旅游者发现没有满足其需要的目的地，他就必须修改其旅游目标或重新收集有关旅游信息。

2. 群体旅游者的消费决策过程

群体旅游决策的过程较为复杂，这是一个涉及群体内每一个成员需求得到合理诉求的过程。其消费决策过程一般包括以下几个步骤：

一是个体需要的萌发。行为的产生开始于动机，需要则是动机的基础，当旅游者对自己的现状有不满足感、出现心理失衡并在心理上意识到某种期望时，需要就从此产生。

二是群体共同动机的确认。当旅游者意识到自己的旅游期望需要通过与他人结伴或加入由他人组织的旅游团队才能获得满足时，群体旅游这种方式就基本确定下来了。共同动机的确认也是群体旅游得以成形的重要前提条件。

三是信息的收集。信息收集是在文化、社会、个人等综合因素的影响下，由个体分别进行的工作。其信息来源主要有个体自身的知识积累和旅游体验形成的反馈、亲朋好友和邻居及同事的意见、相关团体的信息以及商业信息等。

四是旅游方案的共同评估。每个旅游者在收集信息时可能已经不自觉地对信息进行了初步的筛选，然后，把群体旅游者中的各自信息协调至最大化满足群体大多数成员需要，这是群体旅游共同决策形成的基础。

五是旅游决策的形成。群体旅游中最大化满足成员的旅游方案不可能使所有的群体旅游者期望得到满足。但在主要的方面和对绝大多数成员而言，具有充分的凝聚力，这样，群体旅游决策就形成了，也意味着群体旅游者开始旅游体验了。

第三节　旅游消费决策模型

一、早期旅游消费决策模型

基于对旅游者决策过程分析，不少学者提出了各种类型不同的旅游决策模型。如 Wahab、Crompton 和 Rothfield 提出的旅游者购买决策模型，就是最早描述旅游者购买决策过程的模型之一（如图 5.2 所示）。

Wahab 等学者指出旅游者购买行为是有意识地计划和理性思考的活动，但模型没有考虑一时冲动而进行购买的决策。模型通过逻辑演进的思路描述了旅游者的决策行为，并首次引入"刺激因素"，勾勒出旅游者的决策行为基本过程。

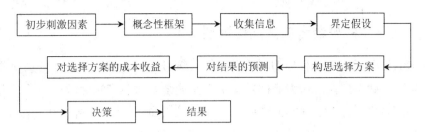

图 5.2　最早的旅游者购买决策模型（Wahab、Crompton 和 Rothfield，1971）

二、国外旅游消费决策模型

（一）Engel–Kollat–Blackwell 模型

恩格尔 - 科拉特 - 布莱克威尔模型（Engel-Kollat-Blackwell，EKB 模型，EBK Model），是著名的消费购买决策模型。从横向来看，该模型由信息处理过程、决策过程以及影响决策的因素三个部分组成。从纵向来看，在消费者产生需求进而开始信息搜寻的情况下，消费者所处的环境使他们开始了内部信息搜寻的环节，进一步确认需求，进入外部信息搜寻环节。通过接触、注意、理解、接受与保留等外部信息的刺激与处理以及个人因素与周边环境因素的影响，形成了备选方案与购买决策。最后，在形成购买意向的过程中，消费者的个人因素尤为明显。可见，EKB 模型展示了多种消费行为的研究范式，也结合了消费行为研究的两种基本模式，较为系统、完整地呈现了消费者购买决策的整个过程与影响因子（如图 5.3 所示）。

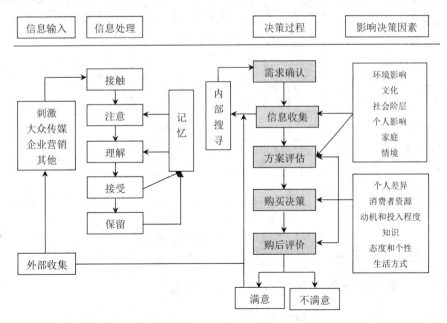

图 5.3　EKB 模型

（二）斯莫尔的旅游者决策过程模型

斯莫尔的旅游者决策过程模型将旅游购买决策过程分为旅游需要、信息搜寻、评估旅游方案与决策四个阶段。旅游者的购买决策是旅游刺激、影响旅游行为的个人和社会因素、外部变量以及旅游目的地的特征或旅游企业所提供服务的特色共同作用的结果。旅游者的个性特征、态度和价值观念、社会经济状况等个人与社会因素会影响旅游者的动机与旅游期望，进而影响到旅游者的旅游需求；旅游产品的广告、旅游书籍、他人参照与旅游企业的建议以及对旅游机构品牌、旅游目的地的形象的认可、以往旅游经验、知觉风险、时间与金钱等外部刺激因素，都会对旅游者产生需求、信息搜寻、方案评估以及购买决策这四个过程产生影响。最后，旅游者所选择的旅游目的地与所购买的旅游服务都会影响下一次的购买决策。斯莫尔的旅游者决策过程模型较为详细地概括了整个旅游购买决策过程的影响因素。这个模型为旅游目的地及旅游企业提供了详尽的消费者购买决策影响因素，但是该模型在旅游者的信息搜寻方式与购买意向刺激上有所欠缺（如图5.4所示）。

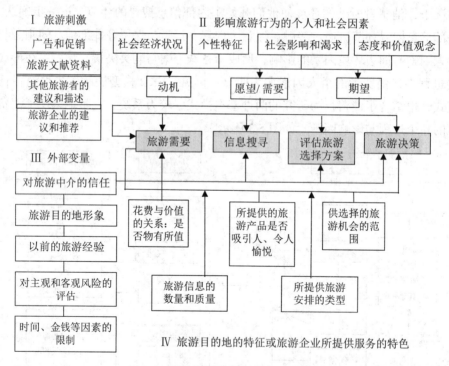

图5.4　斯莫尔的旅游者决策过程模型

（三）玛蒂森和沃尔的旅游者决策过程模型

如第一章已介绍过的，该模型于1982年由玛蒂森和沃尔两位学者提出，他们认为旅游者的决策过程包括五个主要阶段：①旅游者产生出游的愿望；②旅游者收集信息，评估对目的地的印象；③旅游者比较各种可选择的旅游方案，做出旅游决策；④旅游者准备出游，并形成旅游体验；⑤对旅游的结果和满意程度进行评估。模型中除了说明旅游消费者的决策过程外，还对影响旅游消费者决策的因素进行了细分，主要包括三个方面：旅游者的特征因素（社会经济背景和行为特征）、旅途的特征（如旅途时间、同伴数量、旅途距离等）以及目的地资源与特色（主要包括目的地基础设施、地理与环境、主要资源、居民态度、社会结构、旅游服务等）。

（四）莫霆荷的度假旅游者行为模型

如第一章已介绍过的，莫霆荷（Moutinho，1987）在对葡萄牙度假旅游者的行为进行调查的基础上，绘制了一个旅游消费者购买决策过程模型。莫霆荷模型共由三部分组成：

一是决策前及决策制定过程，由偏好、决定和购买三个阶段构成。莫霆荷认为，旅游产品通常是被依次分别购买的，并非常常以"包价形式"一次性购买。对某个目的地的偏好是由一系列因素形成的，包括内在环境影响（文化规范和价值观、参照群体、社会地位）和个人因素（个性、生活方式、动机）。态度和家庭对偏好结果的形成有重要影响，偏好结果的心理分析由三部分组成：刺激过滤、注意和学习以及选择标准。

二是购后评价。模型中，购后评价区域被标明为"满意/不满意"，旅游消费者的后续行为会出现三种不同结局：积极的（接受）、消极的（拒绝）和中立的（不表态）。莫霆荷还提出了"性能评价"的观点，并指出它产生于旅游者对付出与收益所进行的比较，而且与旅游消费者所能感知的各个旅游产品属性的理想值有关。

三是决策制定。这部分可以看成是直接与营销策略规划实践紧密联系的。莫霆荷根据旅游者返回消费的情形，认为后续行为存在四种情况：直接重复购买、将来重复购买、经过修正的重复购买以及转向购买竞争者产品。

（五）米德尔顿的旅游消费行为的"刺激—反应"模型

如第一章已介绍过的，米德尔顿的"刺激—反应"模型包含四个部分：刺激输入、沟通渠道、购买者特征和决策过程、购买和消费后的感觉。第一部分是刺激输入。主要是指旅游行业生产和营销的竞争性旅游产品对旅游消费决策的刺激，通过刺激的输入激发旅游者的旅游需求与欲望。第二部分是沟通渠道。主要包括目的地的广告、促销活动、宣传手册、个人销售、公共关系以及家人或亲属的推荐等。第三部分是购买者特征和决策过程。主要包括旅游者的心理特征、经济和社会背景、态度等，旅游者会对所搜集的信息进行学习、感知，并根据自己的欲望、需求和旅游目标，进行旅游决策。第四部分是购买和消费后的感觉。主要表现为旅游者是否满意这次旅行，以及旅游后对目的地的忠诚态度如何等。

（六）梅奥和贾维斯的旅游决策影响因素模型

梅奥和贾维斯提出，旅游者在做出购买决策的过程中很容易受到内在或外界等情境因素的影响，这种影响主要有心理因素与社会因素两种，如图5.5所示。旅游者的动机、学习、感知、态度、个性特征是构成心理因素的主要组成部分。

图5.5 梅奥和贾维斯的旅游决策影响因素模型

旅游者的动机驱使其投入获取旅游信息的过程，通过不断学习、吸收以及个人经验的修正，形成购买意向。在此过程中，消费者的个性特征，如消费习惯、消费偏好也会对其购买意向的形成产生影响。同时，旅游购买决策者的角色与家庭影响、参照群体、文化背景以及社会阶层进一步影响了旅游者的选择。家庭影响、个人文化背景及社会环境的约束、他人的经验都会对存在不确定性的旅游消费过程产生很大的影响。梅奥和贾维斯高度概括了旅游购买决策过程的影响因素，但忽略了外界企业营销刺激的作用。同时，由于过分强调行为影响，未能结合旅游者的购买决策过程，为旅游营销人员提供消费行为具体过程上的有效建议。

三、国内旅游消费决策模型

（一）邱扶东的出游决策过程模型

邱扶东等（2005）基于以往研究，通过访谈和问卷调查，提出了旅游消费决策的"七阶段"模型。在该模型中，个人的旅游决策过程被划分为产生旅游的需要或动机、收集有关旅游的信息、确定旅游目的地或旅游线路、旅游预算、确定出游方式、决定是否外出旅游、外出旅游七个阶段（如图5.6所示）。

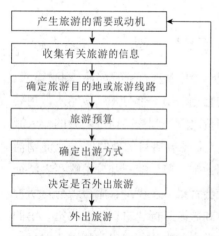

图5.6 出游决策过程"七阶段"模型
（邱扶东，2005）

上述模型认为，对于大多数人来说，旅游决策的第一阶段，是产生外出旅游的想法，即在日常生活和工作中，各种原因，产生了旅游需要或动机；旅游决策的第二阶段，是通过各种渠道（如旅行社、亲朋好友、网络、新闻报道、旅游广告等）收集有关旅游的信息。这些信息包括旅游目的地的景观、气候、风俗、治安状况、宾馆情况、交通，以及旅游价格和旅行社的服务情况等；旅游决策的第三阶段，是确定旅游目的地或旅游线路，即在充分了解旅游信息的基础上，从两个以上可供选择的旅游目的地或旅游线路中，最后确定一个旅游目的地或旅游线路；旅游决策的第四阶段，是进行旅游预算，即根据选定的旅游目的地或旅游线路的情况，结合自己的支付能力，确定花费的金钱和时间；旅游决策的第五阶段，是确定出游方式，即根据实际情况，选择独自出游、全家出游、和亲朋好友结伴出游，或者参加旅游团；旅游决策的第六阶段，是做出最后结论，决定是否外出旅游，或者对前面的有关决策进行调整；旅游决策的第七阶段，是实施自己的决策，外出旅游。同时，旅游行为使旅游者获得前所未有的旅游体验、收获、经验、教训等反馈的信息，这些将影响他们下一次的旅游决策。

（二）郭克锋的出游决策过程模型

郭克锋（2009）认为，旅游决策是一个连续的过程，包括旅游动机的产生、信息收集与分析、最终决策、游后评价四个阶段。在此基础上构建了旅游消费决策的"四阶段"模型。其模型具体如图 5.7 所示。

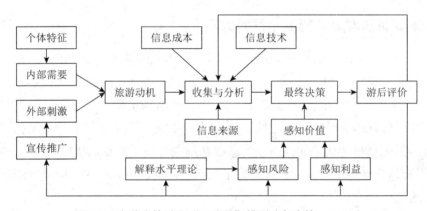

图 5.7　出游决策过程"四阶段"模型（郭克锋，2009）

在郭克锋的"四阶段"模型中，第一阶段为旅游动机形成阶段。人们为了扩展更新生活、逃避现实、好奇探索、健康娱乐和社会交往等目的，会产生旅游动机，进而在内外力推拉的作用下，形成旅游需求。第二阶段为信息收集与分析，信息收集受到信息成本的影响，消费者收集信息需要花费时间与精力，信息技术的先进性使信息传播更为迅速及时，降低了旅游者的信息收集成本。更重要的是，它改变了传统传播媒体单向传播的缺点。第三阶段为最终评价阶段，旅游者信息搜集与分析完成之后，就要利用分析所得结果进行相关旅游决策，包括旅游目的地选择、线路选择、旅行社选择、时间选择、花费选择等。旅游决策的目标是使旅游效用最大化，感知价值影响消费者的最终决策。第四阶段为游后评价阶段，旅游决策做出之后，旅游者开始旅程，旅游者将旅程中的实际体验与旅游期望相比较，将实际感知利益与决策时的感知利益相比较，从而修正感知

利益，将实际的感知风险与决策时的感知风险相比较，进而修正感知风险，修正后感知利益与感知风险影响感知价值，进而对以后的旅游决策产生影响。

第四节　旅游消费决策与购前信息搜寻

购前信息搜寻是消费者购买过程中的关键步骤（蔡培，2008）。随着我国消费品市场从卖方市场向买方市场的转换，了解消费者购买决策过程，尤其是消费者购前信息搜寻行为，对于促使企业产品信息为消费者接受具有重要的意义。对旅游消费者来说，购前信息搜寻可以提升旅游决策质量及降低不确定性（麦金托什和格德纳，1990）。旅游者在搜寻过程中也会获得愉悦性心理体验（赫希曼和霍尔布鲁克，1985）。因此，本节将结合旅游消费决策的特点，介绍旅游消费者的购前信息搜寻。

一、旅游消费者购前信息搜寻概述

（一）旅游消费者购前信息搜寻的定义

关于信息搜寻（Information Search）的定义，不同的学者从不同的角度提出了自己的观点。例如，Wilkie（1994）认为，消费者的信息搜寻是"指消费者为获取有关产品、商店的知识所付出的努力"，通过获得一些信息来增加消费者对于商品的了解，协助其做出判断以降低购买时的不确定性。Engel 等（1995）认为，信息搜寻是指"消费者有意识地激活记忆里所储存的知识、信息或在周围环境中获得信息的过程"。Solomon（1996）则将信息搜寻定义为"消费者为了做出合理的决策，而对环境进行观察以获取适当资料的过程"。

作为一种特殊的消费类群，旅游消费者的购前信息搜寻，是指旅游消费者为了做出合理的旅游决策，从内外部信息源中搜寻各种相关旅游信息的过程。旅游消费者购前搜寻的目的是减少信息的不对称性和不确定性，确定合理、合算的旅游行程，避免旅游行程中意外的发生，以获得更好的旅游体验和旅游质量。

（二）旅游消费者购前信息搜寻的分类

根据信息搜寻的目的来分类，旅游消费者信息搜寻可分为购前信息搜寻（Pre-purchase Search）和持续性搜寻（Ongoing Search）。购前信息搜寻是指旅游消费者以购买为目的所采取的信息搜寻活动，而持续性信息搜寻是指并非为了特定的目的而进行的信息搜寻活动，旅游消费者的搜寻活动可能仅仅是因为旅游消费者对某一旅游地有情感寄托，而与购买与否无关。实际中，这两种搜寻难以区分，有时候，旅游消费者可能原先有一个目的地选择，但在经过一段时间的信息搜寻后，因为某些情况取消旅游行程；

有时候，旅游者原本没有出游的打算，而是出于兴趣进行信息搜寻活动，但是经过一番搜寻后，却产生了旅游动机进而采取旅游行动。

根据信息来源分类，旅游消费者的信息搜寻可以分为内部搜寻（Internal Search）和外部搜寻（External Search）。内部搜寻是指旅游消费者试图从长期记忆中提取与购买旅游产品和旅游服务有关的信息的过程；外部搜寻是指旅游消费者通过外部环境的各种不同来源获取相关旅游产品或服务的信息的过程。此模型有个前提假设，即旅游消费者都是理性的，旅游消费者会为了做出更好的决策而搜寻信息，并为之付出努力。当旅游消费者采用内部搜寻不能获得所需的信息或者信息不足时，则会转向外部搜寻。

（三）旅游消费者购前信息的主要内容

从旅游消费者购前信息搜寻的内容来看，Chu（2001）提出，旅游消费者购前搜集的信息主要包括航班、住宿、租车、景点介绍、邮轮、天气、旅游指南、火车票、风俗民情等。Choi 等（2007）发现，出行前旅游者主要搜寻住宿、机票、天气或旅行建议、地图或行车指南、景点、大众性旅行信息以及大型活动等信息；旅行中主要搜寻天气或旅行建议、地图或行车指南、大型活动以及餐馆等信息；旅行结束后则会对旅行经历进行分享。李君轶、杨敏（2010）则将游客关注的网络旅游信息划分为基础旅游信息、游购娱信息、游览信息和网络口碑效应信息四类。赵雪芹、王青青（2020）将旅游问答社区中用户的旅游信息需求分为住宿信息、饮食信息、交通信息、景区信息、团游信息、气候信息、规划建议七种信息。

综合起来，旅游消费者的购前信息主要包括三大类：空间维信息、时间维信息和属性维信息。

空间维信息，主要是表征旅游实体的空间位置、形状及与其他空间实体拓扑关系的信息，属于定位信息，用以确定旅游实体的空间关系和所处地理位置，反映旅游实体的空间分布状况（曾澜，2006）。信息内容主要包括旅游目的地的地理区位、行政归属、景点分布以及与旅游者居住地的距离等。

时间维信息，体现旅游事件的发生随时间变化的规律，包括旅游目的地的淡旺季时间、最佳旅游观赏季节以及从居住地到目的地的所需时间等。

属性维信息，则是旅游目的地有关的其他信息，主要包括旅游资源信息、旅游产品信息、目的地基本信息、配套产业信息四个方面。其中，旅游资源信息主要包括目的地资源特色、资源类型、资源品质和资源数量等信息；旅游产品信息主要包括产品线路、旅游纪念品等信息；目的地基本信息主要包含目的地的内外部交通条件、地形地貌、天气气候、社会结构、经济发展、人文环境等信息；配套产业信息主要包含目的地的商业设施（如餐饮设施、住宿接待设施、旅游交通设施、旅游购物设施、旅游娱乐设施等）和服务设施（如游客集散中心与救援服务设施、旅游标识设施、旅游厕所等）两方面。

二、旅游消费者购前信息搜寻的影响因素

消费者的信息搜寻行为会受到许多因素的影响，不同的消费者有不同的搜寻行为，即使是同一个消费者也会在不同的购买情境下产生不同的购买举动。学者们对影响信息搜寻的因素做了许多研究，一般来讲，这些影响因素包括两大类；一是环境因素，包括文化、家庭、情境、社会、他人等自身以外的因素；二是个人因素，包括年龄、性别、教育、收入、生活形态、知识、动机等自身的因素。

Newman 和 Richard（1977）在对购买汽车和家电的信息搜寻行为的研究中，将信息搜寻的影响因素归纳为以下六类。

一是搜寻成本：现金、交通成本、时间与心理成本。

二是潜在利益：消费者产品知识、购买经验、知觉风险和知觉价格差异。

三是购买策略：消费者对于品牌、商店的偏好以及信息获得的策略。

四是情境变量：消费者所感受到的时间压力、财务压力与商店位置。

五是人格特质：消费者的人格特质中追求成就、喜欢刺激与主动的特性。

六是其他变量：消费者的社会地位、教育、所得与在家中扮演的角色。

Beatty 和 Smith（1987）将影响消费者信息搜寻的因素整理为以下五类。

一是市场环境：市场上可供选择的数目、复杂性与营销组合、市场的稳定性、信息的可获得性及城市区域的大小等。

二是情境因素：时间压力、社会压力（来自家庭、同事、老板）、财务压力、组织程序、生理与心理状况、信息来源的可接近性以及特殊的购买时机等。

三是潜在利益：消费者知觉价格、知觉风险、知觉价格离散程度、相对可供选择的产品、产品属性的数目、产品分类的重要性以及决策制定的角色（家庭、组织、社会）。

四是知识与经验：消费者既有的知识、产品使用频率、品牌忠诚度、购买产品的次数以及对先前购物决策的满意度。

五是个人差异：消费者个人能力，训练与解决问题的方法、广纳意见、事前计划、创新，知觉收益以及搜寻信息的方法（逛街娱乐、信息来源、涉入程度、人口统计变量、人格特性与生活形态）。

Hawkins 等（1995）将外部信息搜寻的影响因素分为以下四类。

一是市场特性：选择方案的数量、价格范围、商店的集中性。

二是产品特性：产品价格、产品差异等。

三是消费者特性：经验、购物导向、社会地位、年龄、知觉风险。

四是情境因素：时间、愉快的购物环境、社会环境等。

从旅游消费者的消费行为和决策过程来看，Jeng（1999）认为，旅游计划中的信息搜索是一个高度动态的活动，它的成功与否取决于个人的知识背景、性格特征、具体

任务以及度假计划的阶段；Snepenger（1990）将影响旅游者信息搜索行为划分为四种，即旅行团构成、目的地是否有亲戚朋友、类似的旅行经验以及目的地的新奇度。借鉴Fodness 和 Murray（1997）的研究成果以及旅游消费实践，旅游消费者购前搜寻的影响因素有以下几个方面。

一是环境因素：旅游信息搜索任务的难易度、搜寻工具的便捷程度、备选方案数量、备选方案复杂性等。

二是情境因素：先前满意度、时间限制、知觉风险、团队构成。

三是旅游者特征因素：教育程度、先验知识、参与程度、家庭生命周期、社会经济地位。

四是产品特征因素：旅游目的、旅游方式、交通方式。

五是成本因素：时间成本、金钱成本以及机会成本。

【知识链接】

AI 赋能，智慧旅游让旅行更便捷

随着科技的不断发展，人工智能（AI）已经成为各行各业的重要推动力，特别是在旅游行业的应用，极大地优化了人们的出行体验。智慧旅游的兴起，让传统旅游方式向着更智能化、更便捷的方向发展，助力游客在整个旅程中享受到前所未有的便捷和高效。从智能推荐到自动化服务，从虚拟导览到实时数据分析，AI 技术让旅行者的每一刻都更加顺畅。

在旅行前，传统的旅行规划往往需要大量的时间和精力，不仅要查询机票、酒店，还要参考各类旅游攻略，甚至还需根据不同景点的开放时间、交通情况等因素来调整行程。而 AI 的加入，则大大简化了这一过程。基于大数据和机器学习，AI 可以快速分析游客的个人偏好、预算、旅行历史等信息，并自动为其制订最合适的旅行计划。例如，智能旅行助手能够根据游客的兴趣，推荐相应的目的地、景点和活动；并结合实时的天气情况和交通数据，调整和优化行程安排。通过这种精准、个性化的服务，旅行者无须花费大量时间来做功课，AI 可以为他们提供一站式解决方案。

在旅行中，交通出行是旅行中的重要一环，而传统的交通方式在高峰时段常常面临拥堵、延误等问题，给游客带来了不小的困扰。AI 技术的应用，帮助解决了这一问题，使得出行更加高效、便捷。例如，AI 可以通过分析历史交通数据，预测出行高峰时段，帮助游客避免拥堵，选择最优线路；智能交通系统还能够实时监测交通状况，并根据数据反馈调整交通信号，缓解交通压力。此外，AI 还广泛应用于共享出行领域，如智能出租车、共享单车和自动驾驶汽车等，为游客提供更加灵活的交通选择。通过这些技术，游客不仅能节省出行时间还能更加轻松地规划出

行线路，提升旅行的舒适度和效率。另外，住宿是旅行中必不可少的一部分，传统的酒店服务往往依赖人工操作，难以实现真正的个性化需求。AI的介入，彻底改变了酒店业的服务模式，让住宿体验更加智能、便捷。许多高端酒店现在已经配备了智能助手，可以通过语音控制调节房间温度、光线、音乐等设备，甚至可以通过AI智能推荐餐厅、景点和活动，提供个性化的服务。同时，AI还可以根据客人的历史住宿记录，预测其需求，并提前做出相应的安排，如预订餐厅、订票等。借助AI技术，酒店业能够提供更加智能化的服务，满足现代游客对个性化和舒适度的需求。

在旅行结束后，智慧旅游应用为旅行者提供了方便的服务和体验分享。旅行者可以通过社交媒体分享旅行经历、上传照片和视频，与他人交流和互动。同时，他们也可以通过在线点评平台对旅行中的景点、酒店等进行评价和反馈，为其他旅行者提供参考。通过这些应用，旅行者可以更好地记录和分享旅行的精彩瞬间，同时也能够为他人提供有用的旅行建议和信息。

资料来源：根据网络资料整理而成。

三、旅游消费者购前信息的主要来源

旅游消费者在信息搜寻过程中，经常需要寻找信息的来源，以获取决策所需的信息。

Beales 等（1981）将消费者的信息来源分为内部信息和外部信息，并且根据信息的获取方式，将信息来源划分为主动取得和被动取得。其中，内部信息来源主要有主动取得（如过去的搜寻和个人经验）和被动取得（如低涉入学习）；而外部信息则主要通过不同渠道主动搜寻的方式取得，如中立团体、人际接触、营销员与广告、商品观察与试用等。

Beatty 和 Smith（1987）在探讨消费者外部信息搜寻的信息来源时，将信息来源划分为以下几类：一是媒体来源（Media），如电视、广播、报纸等；二是人际来源（Interpersonal），如朋友、亲戚等；三是零售商来源（Retailer），如拜访商场或询问销售人员等；四是中性资料来源（Neutral），如消费者报告、消费者团体或政府机构的报告等。

Hawkins 等（1995）将外部信息来源分为五种：一是以往的搜寻、个人经验以及低涉入学习等；二是人际来源（Personal），如朋友或家庭；三是中立来源（Independent），例如消费者团体或政府机构；四是市场来源（Marketing），如销售人员或广告；五是经验来源（Experiential），如消费者对产品的观察或试用。

根据一般消费者购前信息搜寻的影响因素，旅游消费者在购前信息收集过程中也受到许多内外部信息的影响（如图5.8所示）。

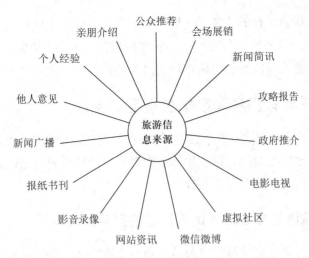

图 5.8　旅游消费者购前信息搜寻的主要来源

总体来看，旅游消费者购前信息搜寻的来源主要有以下几类：

（一）人际来源

主要包括消费者的个人经验、亲朋的介绍、其他人给予的信息与意见以及一些名人或公众人物的推荐等。相比较于其他信息来源，旅游消费者对这部分购前信息的认知度和信赖程度较高，有时候会直接影响其决策行为。

（二）传统媒体来源

媒体是旅游消费者获取购前信息最主要的一种渠道，一般包括新闻广播、报纸书刊、电影电视、微短剧、文学小说等。比如，电影或电视剧里出现的旅游场景或者文学小说中对某一旅游地的精彩描述，生动直观地展现了旅游地的形象和特色，加深了旅游消费者旅游目的地感知，也就比较容易激发旅游消费者的出行欲望。

（三）网络传媒来源

如网站资讯、微信微博、虚拟社区（如豆瓣、猫扑等）、短视频平台等。这部分信息的内容最为丰富。网络传媒已经超越报纸、杂志、电视等传统媒体，成为旅游者获取旅游信息的首选渠道（巫宁，2007）。但是网络信息繁杂多样，可靠性、透明度相对不高，旅游消费者通常需要花费一定的时间对所收集的信息进行筛选和甄别，增加了旅游购前信息搜集的难度和工作量。

（四）营销市场来源

该部分主要包括目的地所在地的政府推介以及旅游展销会场的产品展销。这种由政

府主导或者在公众场合进行的旅游宣传展销可以增加购前信息的权威性，容易赢得旅游消费者的信赖，但是信息收集的过程需要较多的时间、精力和费用，而且信息量较少、内容较为局限，通常难以成为旅游消费购前信息的首选。

四、促进旅游消费者购前信息搜寻的策略

在分析影响旅游消费者购前信息搜寻的因素以及旅游消费者购前信息的来源选择，旅游目的地应采取相应的对策，促进旅游消费者对目的地旅游产品信息的搜寻。具体来说，较为常见、可行的策略有以下几种。

（一）激励旅游消费者对目的地信息的搜寻兴趣

利用消费者的好奇心理，激发旅游消费者对旅游产品信息搜寻的兴趣。例如，福特公司在推出新车型之前，一方面展开大规模的促销宣传活动，另一方面又对新轿车严加保密，从而激起消费者的好奇心。另外，旅游目的地还可以利用资源优势，开发独特性强的旅游产品或者旅游活动，如广西巴马，因村内人大多长寿，而获得"中国第一长寿村"的美誉，许多游客为了弄清巴马的长寿秘诀，亲身体验长寿村的居住环境，一时间巴马受到了国内外众多游客的热烈追捧。此外，旅游目的地还可以通过故事营销、事件营销的方式，利用热点事件，让旅游目的地在消费市场上成为旅游焦点，吸引旅游消费者聚焦。如因烧烤而火的淄博、因麻辣烫而火的天水、因冰雪而火的哈尔滨、因烟火气而火的南昌等。

（二）利用意见领袖传播目的地旅游信息

在口头传播过程中，某些消费者总是比他人更经常主动提供购物信息，从而成为该类产品购买的意见领袖。随着互联网时代普及，旅游景区应当充分利用网络意见领袖对其他旅游消费购物行为的影响，促进旅游产品和服务信息的口碑传播。首先，确认景区旅游产品购买的意见领袖。对意见领袖的行为特征目前尚未达成共识，通常的看法是某类产品购买的意见领袖往往对旅游感兴趣，拥有丰富的旅游经历、知识和出游经验，在网络及行业中具有一定知名度。其次，利用意见领袖的博文、攻略、体验报告等加速旅游目的地形象在目标旅游消费者当中的传播。具体措施有：一是加大对意见领袖直接促销的力度，以期通过意见领袖向其他消费者传播目的地旅游信息；二是利用免费接待的方式，促使意见领袖到旅游目的地游玩，进而带动其他旅游消费者前往旅游；三是直接聘用意见领袖作为企业促销顾问或者形象代言人，借此影响并推动其他旅游消费者对目的地的选择。

（三）利用短视频塑造旅游目的地形象

随着抖音、小红书等短视频平台的兴起，利用短视频塑造旅游目的地形象，是当下

旅游推广的新趋势，它要求将目的地的独特魅力以直观、生动的方式呈现出来，激发人们对旅游的兴趣和向往。为实现这一目标，首先，需要深入调研和分析，明确旅游目的地的核心特色和资源优势，如自然风光、历史文化、民俗风情等，这是短视频创作的基础和灵魂。在此基础上，进行精准策划与定位，确定短视频的主题、风格和目标受众，确保内容既有吸引力又符合市场需求。具体举措主要包括：邀请专业团队或合作当地摄影师，采用高质量的拍摄手法和后期制作技术，将目的地的独特魅力转化为精美的短视频；同时，邀请知名旅游博主或网红亲身体验，通过他们的视角和影响力，讲述旅行故事，增加短视频的可信度和吸引力。此外，结合热点事件、节假日等元素，推出主题短视频，既增强时效性和互动性，又丰富视频内容，满足不同游客的需求。同时，开展短视频创作大赛，鼓励游客和居民参与，用他们的镜头记录目的地的美好，形成全民推广的效应。最后，注重短视频的分发与推广，利用社交媒体、旅游 App 等新平台，精准投放，扩大影响力，让更多人看到并感受到目的地的魅力，从而促进旅游业的持续发展。

（四）重视网络新媒体对旅游消费者的引导作用

正如前面所介绍的，互联网传媒已经超越报纸、杂志、电视等传统媒体，成为旅游者获取旅游信息的首选渠道。2009 年，美国有 85% 的在线旅游者（1.35 亿）认为互联网是最重要的旅游信息来源。2010 年，网易联合中山大学发布的报告也显示，有 80.1% 的国内网民通过网络获取旅游信息。旅游者对网络的广泛使用推动了在线旅游市场的发展。2009 年，美国在线预订市场规模达到 884 亿美元，占全部旅游总收入的 39%；而同年，我国该市场规模为 38.9 亿元，同比增长 32.3%。截至 2010 年 12 月，在线旅行预订用户也达到 3613 万，2013 年增长到 1.68 亿。

1. 重视网络旅游信息搜寻者人口特性的挖掘，提高网站信息发布的靶向性

旅游网站要重视对网站流量统计日志数据的分析，挖掘访问者的人口特性和浏览行为特征，重点面向中青年旅游者，发布创新性、个性化的旅游产品信息。而对价格较为敏感的旅游者，应及时发布价格折扣信息，重视团购、闪购等新型营销方式的运用，提高网站吸引力和营销效益。

2. 丰富旅游网站内容和功能，增强娱乐性和交互性

一方面，要重点关注规划型和交易型动机旅游者的信息需求，提供准确全面的旅游信息，并完善网站的信息查询、产品预订和社交功能。另一方面，要加强图片、视频、Flash 动画等信息形式与虚拟现实、GIS 等技术的应用，给用户以美好的视觉享受和感官刺激，提高网站的娱乐功能和交互性，满足旅游者的虚拟体验、娱乐学习和休闲消遣需求，增强网站黏性和用户浏览深度。

3. 准确把握旅游者的网络旅游信息需求特征，提高网站信息的匹配性

首先，旅游网站应重点丰富交通、住宿和景点等核心旅游信息，以辅助旅游者的旅游决策与旅行计划。其次，在发布土特产、旅游纪念品、娱乐设施、特色餐饮等辅助性信息时，应突出特色和地方性，以增强网站吸引力。最后，要配套产品点评系统，也可与主流旅游点评网站建立链接，以提高网站信息的可信度，有效发挥点评信息的口碑效应。

4. 拓展市场细分视角，提高网站信息的精准性

旅游网站应根据不同搜寻动机对用户进行市场细分，并根据其信息和功能偏好，提供不同版本的界面。同时，要利用眼球跟踪技术，根据用户浏览行为特点，结合不同动机用户的搜寻内容偏好，对网站栏目进行优化组合，以提高网站的精准性和营销功能。另外，要重点面向规划型和交易型动机的旅游者，有针对性地选择网站关键词，开展搜索引擎营销，以提高网站的网络可见度和点击率。

【复习与思考】

一、名词解释

购买决策　旅游消费决策　旅游消费者购前信息搜寻

二、填空题

1. 个体在一项旅游决策中可扮演的五种角色包括：_____、_____、_____、_____、_____。

2. 旅游消费者决策行为的主要类型包括：_____、_____、_____。

3. 旅游消费者态度可以分为三个层次：_____、_____、_____。

三、简答题

1. 简述旅游消费者决策的内容。

2. 简述旅游消费者决策行为的特性。

3. 简述个体旅游者的消费决策过程。

4. 简述群体旅游者的消费决策过程。

5. 简述旅游消费者购前信息的主要内容。

6. 旅游消费者购前信息的主要来源有哪些？

四、论述题

1. 论述旅游消费决策过程中的主要影响因素。

2. 阐述促进旅游消费者购前信息搜寻常用的策略。

【推荐阅读】

1. 郭国庆. 市场营销学通论［M］. 北京：中国人民大学出版社，2014：175-275.

2. 白凯. 旅游行为学［M］. 北京：科学出版社，2013：51-67.

3. 吴津清. 旅游消费者行为学 [M]. 北京: 旅游教育出版社, 2006: 122-125.

4. PARK S, NICOLAU L J.Asymmetric effects of online consumer reviews [J].Annals of Tourism Research, 2015, 50: 67-83.

5. 邱扶东, 吴明证. 旅游决策影响因素研究 [J]. 心理科学, 2004, 27 (5): 1214-1217.

旅游消费者体验

旅游体验是指旅游消费者前往一个特定的旅游目的地花费时间来游览、观光、娱乐、学习、感受的过程以及所形成的身心一体的个人体会。旅游体验根据不同标准可分为不同的类型。旅游体验对一个人的发展具有重要的作用。旅游体验对旅游者的健康、旅游者的认知与教育、心理社会性发展和人际关系等方面都产生重要影响。因此，我们要善于开展旅游体验营销来促进旅游业的发展。

 【学习目标】

1. 知识目标：学习和把握旅游体验的概念、类型和旅游体验对旅游者个人的重要性，领会旅游体验对旅游者的影响。

2. 能力目标：把握旅游体验营销的模式，掌握旅游营销的基本策略。

【导入案例】

智慧旅游沉浸式体验向新而行

作为推动文旅行业新一轮迭代变革的重要引擎，智慧旅游沉浸式体验通过数字艺术、交互体验等新形式，对中华优秀传统文化、秀美河山、地域风情进行了新诠释，生动呈现出旅游景区景点的文化内涵，进一步满足了游客的体验需求和消费需求。以"科技＋文旅"为特征的智慧旅游，沉浸式体验成为文旅消费的新亮点。

智慧旅游沉浸式体验成为新抓手

《全国智慧旅游发展报告2024》指出，智慧旅游沉浸式体验更加多元，85.5%的游客体验过沉浸式旅游活动。《2024年智慧旅游图谱研究报告》显示，我国智慧旅游发展呈增长态势，经济总体规模从2019年的4329亿元增长到2023年的10382亿元，5年间增长了1.4倍。

"当前，文化产业和旅游业进入百舸争流、千帆竞发的好时期，同时也面临着行业'内卷'、产业同质化、需求多样化的问题和挑战，行业发展呈现市场越来越大、变化越来越快、竞争越来越激烈等特征。"无锡拈花湾文化旅游发展有限公司董事长吴国平说，新文旅不再是大水漫灌式的大投入和千篇一律的复制，而是量身定制、量体裁衣，是"以内容为王道、以运营为导向、以情绪为根本"的精雕细琢。充分运用新技术的智慧旅游沉浸式体验项目是新文旅发展的重要抓手。

作为旅游业融合发展的前沿领域，智慧旅游沉浸式体验潜力无限。据了解，在市场驱动、政策支持的大背景下，中国文化娱乐行业协会智慧旅游沉浸式专业委员会于2023年正式成立。一年来，该委员会积极开展行业观察研究、促进产业供需合作、推动国际交流，积极推进智慧旅游的融合创新发展。

传统文旅项目有了新突破口

"科技+文旅"的深度融合，丰富了旅游产品的形态和内涵，满足了游客对强体验、高趣味、个性化旅游产品的需求，为游客提供了更多元的旅游选择。在市场需求驱动下，不仅智慧旅游沉浸式体验项目如雨后春笋般蓬勃发展，一些传统文旅项目和活动也找到了新的发展突破口。

近年来，顺应数字技术发展、文化产业变革、数字经济转型的发展方向，VR（虚拟现实）大空间兴起并快速发展。相关数据显示，2024年我国基于原创IP的VR大空间项目已经超过100个，并在很多领域彰显出发展潜力。比如，《消失的法老》VR大空间登陆上海、四川成都等地，让人们不出国门就能身临其境领略古埃及神秘的文化。PICO视频及抖音XR（扩展现实）业务负责人熊俊杰认为，《消失的法老》VR大空间的成功是智慧文旅发展的一次积极尝试，未来随着VR、XR、AI技术的不断成熟，将会涌现更多、更优质的数智文旅项目，为大众带来更好的沉浸式体验。

在新技术不断发展的当下，智慧旅游沉浸式体验成为中华文化"走出去"的新方式。"通过数字化管理和营销，豫园灯会成功实现了文化出海。我们将智慧导览、在线灯谜交互系统、裸眼3D大屏等新技术、新方式充分运用到豫园灯会中，力争在海外实现全沉浸式观演。在内容上，我们尝试将AIGC（生成式人工智能）技术用于艺术创作。"上海豫园华灯文化创意集团有限公司总经理谈文祺说，目前，灯会主要是线下沉浸式体验场景，未来"数字化+灯会"将逐渐发展成新体验，并成为文旅消费重要的趋势之一。

打造有故事的文旅体验新场域

作为文旅和新技术深度融合的产物，智慧旅游沉浸式项目通过环境渲染、场景塑造、培育IP等方式，为游客提供互动性、叙事性、参与感丰富的沉浸式体验，发展前景广阔。与新技术连接紧密的特性，也使智慧旅游沉浸式项目处于不断更新的状态。面对文旅市场的快速发展和转变，文旅企业需持续深入分析市场发展趋势，积极了解新技术，着力满足消费者的新需求。

如艺云科技打造了全场景数字化艺术馆，并在此基础上不断创新，推出了"数字文旅创新中心2.0"，为大众提供沉浸式、参与式数字光影新体验。

中国文化娱乐行业协会智慧旅游沉浸式专业委员会副主任、大连博涛文化科技股份有限公司联合创始人齐征说"从业者应深度挖掘文化内涵，将历史、民俗、艺术等元素巧妙融入沉浸式体验；充分运用新技术，围绕优质内容持续研发智慧旅游新产品；打造有深度、有温度、有故事的文旅体验新场域，为国内外市场提供更多、更好的智慧旅游产品和服务。"

资料来源：张婧.智慧旅游沉浸式体验向新而行［N］.中国文化报，2024-12-14（001）.

案例分析：

从案例的描述中我们可以看出，沉浸式体验已然成为新一轮文旅消费新亮点。旅游者需要更为多元化和不一样的旅游体验。那么，旅游体验作为一种旅游者与自然的互动、社会互动的过程，有哪些特征？有哪些类型？哪些因素会影响旅游的体验？会给旅游者带来哪些方面的影响？这些将是本章的主要内容。

第一节　旅游消费者体验概述

一、旅游体验的内涵

（一）体验

20世纪90年代开始，人类迈入"新经济"时代，体验经济已成为继产品经济、商品经济和服务经济之后的一种新型经济形式。

体验又称为"体会"，是人们用自己的生命来验证事实，感悟生命并留下印象的过程。所谓体验经济，就是企业以服务为舞台，以商品为道具，围绕着消费者，创造出值得消费者回忆的活动。其中的商品是有形的，服务是无形的，而创造出的体验是令人难忘的。与过去不同的是，商品、服务对消费者来说是外在的，但体验是内在的，存在于个人心中，是个人在形体、情绪、知识上参与的所得。

（二）旅游体验

旅游体验是一种以超功利性体验为主的综合性体验，是指旅游消费者前往一个特定的旅游目的地花费时间来游览、观光、娱乐、学习、感受的过程以及所形成的身心一体的个人体会。在这种体验过程中，旅游者可以在风景观赏中获得审美愉悦，可以在与人交往中品味多彩人生，可以在积极模仿他种角色的过程中发现和发展自我，也可以在旅游消费过程中享受世俗之乐。这些愉悦在总体上都属于某种超功利的色彩。旅游体验以追求旅游愉悦为目标。旅游愉悦是一种特殊的愉悦，它是旅游者在旅游过程中通过观赏、交往、模仿和消费等方式所体验到的放松、变化、经验、新奇和实在等心理快感。

（三）旅游体验的特点

旅游体验在于旅游者主动参与，并用整个身心来体验。旅游体验既具有所有体验的特征，又具有旅游商品的特征，它是旅游商品和体验两者的融合。了解旅游体验的特点有助于我们全面了解和掌握旅游体验的本质。

1. 价值性

旅游提供者提供的旅游体验必须是富有价值的，这不仅是体验和旅游体验的必要特征之一，也是提供给旅游者的意义之所在。与以往的旅游商品提供相比，旅游体验的价值性表现在给予旅游者更深的价值体验：一是旅游体验本身具有的精神价值特点，使旅游者在体验的过程中更能感受人生的意义，使其深刻感受人生哲理与人之为人的内涵；二是旅游者期望通过旅游改变自己的生活，或者通过旅游把握人生价值，或者通过旅游满足自己在平常生活中无法满足的东西。同样，旅游体验对于服务人员也是富有价值的，只有旅游服务者意识到旅游体验的价值和意义，才能保证旅游体验过程中服务的质量，从而更好地实现旅游服务的价值。

2. 综合性

旅游体验的综合性在于旅游者所得到的是一种综合的内心感受。旅游者在旅游体验过程中，产生的内心感受不仅涉及客体，还涉及周围的环境；不仅经过感性认识阶段，还经过理性思考的历程，是理性和感性的融合，而且对于旅游者来说，最终得到的体验是一个综合了各方面因素的结果，所以旅游体验具有综合性。

3. 深刻性

旅游体验与普通旅游活动的区别在于旅游体验能加深旅游者的印象，给旅游者留下难忘的记忆，并且通过各种纪念品使旅游者记住这次旅游体验。一直以来，人们总对美好的事情念念不忘，无非是因为过去的快乐和无忧已不再可寻，而旅游体验可以让人们再次拥有那种快乐，虽然物是人非，但新的东西也可以满足人们的根本需求，并给人们留下深刻的印象。

4. 服务性

服务性是服务产品特有的特征，包括无形性、生产和消费的同步性和不可储存性等。服务性是旅游体验提供者在经营体验过程中不容忽略的重要特征之一，它在旅游体验过程中起着举足轻重的作用。没有好的服务，就难以使旅游者获得美好和愉悦的体验。迪士尼乐园成功的重要原因之一是其提供了宾至如归的服务。

5. 异地性

旅游体验作为一种旅游商品，必然具有旅游的特征，也就是旅游者必须经过旅行到异地才能获得旅游体验，也正是这种异地性满足了人们暂时离开现实生活、寻求新的文化生活氛围的需求。从这一点上讲，旅游体验给予旅游者的是另一种生活方式。

6. 参与性

虽然现在旅游体验还包括被动式的体验，但是随着人们个性化和参与性需求的加强，旅游体验趋向于旅游者的积极参与。在服务营销中，要求顾客成为良好的合作者是确保服务质量的重要部分，所以，旅游者的积极参与一方面能够确保服务的质量，另一方面能使旅游者充分发挥主观能动性，在旅游体验过程中得到意外的满足。

7. 主观性

无论旅游者的出行动机如何不同，他们从旅游体验中感受到的共性，是愉悦旅游体验使旅游者得到了一种对自己富有意义、综合性的内心感受，这种内心感受带有强烈的主观色彩。不同的主体即使是参与同一种体验过程，其主观感受也不会完全相同，它是不可复制、不可转让、非我莫属的，所以旅游体验带有主观性。

二、旅游体验的类型

（一）根据旅游者参与的主动性与投入程度划分

派恩与吉尔摩根据旅游者参与的主动性与投入程度，将旅游体验划分为娱乐型体验、教育型体验、逃避型体验和审美型体验四种类型，认为每个旅游者的旅游经历都是以上四类体验不同程度的结合。

1. 娱乐型体验

消遣是人们最早使用的愉悦身心的方法之一，也是最主要的旅游体验之一。游客通过观看各类演出或参与各种娱乐活动，使自己在工作中造成的紧张的神经得以松弛，让会心的微笑或开怀大笑抚慰心灵的种种不快，从而达到愉悦身心、放松自我的目的。娱乐体验渗透到游客体验的整体过程中，无论是景区动物的一个滑稽动作，还是美丽景观带给人的视觉冲击，都会起到愉悦身心的作用。被誉为中国最大的主题娱乐公园的深圳欢乐谷，用不同的娱乐主题满足游客多样化、个性化的旅游需求，使游客感受不同的娱乐经历：过山车让人体会穿越矿区的惊险与刺激，四维影院让人感受全方位的视觉冲击，卡通城让人沉迷于童年的回忆，魔术晚会则让人在瞠目结舌中体验超凡的感受，不同的娱乐主题为不同年龄的人们塑造了属于自己的娱乐经历。

2. 教育型体验

旅游也是学习的一种方式，尤其是人文类景点，如博物馆、历史遗迹、古建筑等，其深厚的文化底蕴、悠久的历史传统、高超的建筑技术都会令旅游者有耳目一新之感，学习因此融入旅游者旅游的全过程。Beeho 和 Prentice 在对遗产地旅游者的旅游体验调查中发现，游客主要获得了有益的学习体验，此外，还获得了情感上和思想上的体验。近年来在我国各地兴起的"农家乐"项目，也成为许多父母教育子女的方式，让孩子亲自种植蔬菜、水果，亲自管理，体会种植的乐趣和收获的快乐，在潜移默化中将节约、勤劳的教育理念渗透进孩子的意识中，寓教于乐。

3. 逃避型体验

工作的压力、日常生活的烦琐、人际交往的复杂令现代人在生活中很少有时间摘下戴在脸上的层层面具来审视自己内心的真正需求。因此，他们更渴望通过旅游活动，暂时摆脱自己在生活中扮演的各种角色，抛却大堆的日常琐事，把工作置于脑后，在优美、轻松、异于日常生活的旅游环境中获得一份宁静、温馨的体验，寻找生活中另一个摆脱束缚和压力后的真实自我。到农家体验田园生活，可以使旅游者在相对淳朴的人际关系中放松自我，在恬淡的、与平常生活相隔绝的田园世界中把自己从紧张状态中解脱出来，从而获得舒畅、愉悦的体验；探险旅游、极限运动则使旅游者在极度的刺激中、在不断的超越中冲破心理障碍，跨越心理极限，在获得巨大的成就感和舒畅感的同时，忘却生活中的种种琐碎、压力和不快，进而实现自身的精神解脱。

4. 审美型体验

对美的体验贯穿旅游者的整个活动。旅游者首先通过感觉和知觉捕捉美好景物的声、色、形，获得感官的愉悦，继而通过理性思维和丰富的想象深入领会景物的精髓，身心俱沉迷其中，心驰神往，从而获得由外及内的舒畅感觉。自然景物中的繁花、绿地、溪水、瀑布、林木、鸟鸣、动物、蓝天等，人文景物中的雕塑、建筑、岩绘、石刻等，都是旅游者获得美感体验的源泉。此外，景区布局合理，营造出天人合一的整体环境氛围，以及旅游从业人员、景区居民的友好、和善、热情也是游客获得审美体验的途径。如碧峰峡景区融幽谷、飞瀑、清溪、珍禽于一体，森林覆盖率达95%，游客在景区中可以享受与温驯的野生动物零距离接触的乐趣，也可以在晚上租一顶帐篷，体味野居的滋味。景区的住宿设施设计为竹木结构的低层建筑，与周围的自然环境十分协调，掩于丛林之中，保证了游客视觉上的完美性。主体建筑——游客接待中心，以其优美的几何造型，使游客无论从哪个角度欣赏都可以获得巨大的美的享受。

（二）根据旅游者的动机划分

1. 情感体验型

根据马斯洛需求层次理论，对情感的需求是人们感情需求的重要组成部分。旅游体

验中的情感体验主要满足人们对于亲情、友情、爱情等情感的渴求。如广之旅独家推出的"孝顺团"，让长辈们在旅游活动中体验人间亲情，体验后辈孝顺之心，体验广之旅亲如子女的导游服务。

2. 文化体验型

领略异域风情与文化是旅游者求新、求异心理体验的主要目的之一。随着旅游业的发展，具有良好教育背景和文化素质的旅游者呈逐年增长趋势。文化型旅游体验主要满足旅游者对于历史文化等的认知和对旅游目的地的文化、宗教等的好奇，有助于人们把握人生的价值。邛崃打造的中国首个威士忌旅游体验中心，是国内威士忌消费培育及文化体验传播的重要场地。

3. 生存体验型

人类在自然面前经历了由强烈战胜欲望到和谐共处思想的转变，大自然未知的秘密和人类对自身生存能力、生命的挑战和自我实现的需求等使得生存型旅游体验应运而生。这种类型的旅游体验在旅游者自愿参加的情况下，帮助旅游者真正认识自身和生命的价值。当然，这类体验活动的设计主要针对某些需要刺激和具有冒险精神的人们。如体验野外生存——去亚马孙体验生存之旅、到南极体验生存极限等。

4. 民族风情体验型

这类旅游体验让旅游者在少数民族当地浓郁的氛围中，真切地感受他们的生活，体验他们生活的每一个细节，了解他们对于自然和生活的不同看法，满足旅游者的好奇、轻松和欢乐的心理需求。旅游经营者在提供民族风情旅游体验的同时，必须处理好舞台表演与真实性之间的关系，让旅游者体验到原汁原味的民族风情。

5. 学习体验型

这类旅游体验主要满足人们对于自我发展和丰富知识的需要，也满足现代人在娱乐中学习的需求，学习体验的设计有助于人们在旅游体验中更轻松地学习到新的东西。

6. 生活体验型

生活体验型旅游方式为旅游者提供了亲近旅游目的地居民、社区居民、融入目的地生活文化圈的机会，反映了旅游者对于自我完善的需求，希望通过了解他人来完善自己，也反映了人们对另一种生活的好奇。湖南湘见·建湘工业文化街区充分利用原衡阳建湘柴油机厂这一老厂传统生产工艺齐全的优势，整合开发了工业建筑游览、建湘厂史展示、工业艺术作品展示、生产设备展示、生产现场研学体验等多个项目，游客在游览之余，还可以现场观摩和动手体验传统制造业生产工艺的独特魅力。

7. 娱乐体验型

娱乐的体验发展已久，随着人们生活的变化，旅游者在娱乐中需求的不仅是刺激，还有其他更深的含义。让旅游者在娱乐中得到更多的价值，给娱乐体验赋予更深的意义，这样才能吸引更多的娱乐体验旅游者。

三、旅游体验对旅游者的重要性

（一）丰富的经历有助于个人形成正确的世界观、价值观

人们的世界观和价值观绝非凭空产生，是人们在认识世界和改造世界（即经历与体验）的过程中逐渐形成的，只有拥有丰富的经历，才能形成正确的世界观和价值观，而这对于一个人的发展至关重要，即所谓的"认识的高度决定发展的高度"。

（二）丰富的经历有助于提升一个人的自信心、毅力

相关研究发现，一个人能否成功，除了智力因素外，还取决于情商高低。而情商的高低与一个人的经历高度正相关，所以经历的丰富程度将影响和制约一个人情商的高低，也将直接决定一个人成功与否。

（三）经历对于一个人的教育起到非常重要的作用

教育家杜威认为，创造充分的条件让学习者去"经历"是教育的关键，把经历当作主体和对象、有机体与环境之间的相互作用，主张以这种进步的教育方法使学习者在活动中学习。经历本身就是学习主体与被认识客体间互动的过程，"经历的价值怎样，全视我们能否知觉经历所引出的关系，或前因后果的关联"。旅游这种特殊的个人体验无疑具有重要的教育价值和意义，对于人们形成正确的世界观、价值观，提升个人的情商和智商，均具有重要的作用。

四、旅游体验的影响因素

（一）目的地的社会文化

旅游目的地的社会文化对旅游者的旅游体验起着至关重要的作用，在经济基础较好、开放程度较高的地区，当地居民对游客表现出欢迎的态度，旅游者进入该地区，能够获得较好的旅游体验。相反，在较为落后闭塞的地区，当地居民并不希望有外人来打扰他们的生活，甚至对游客的来访表现出不满和愤怒，旅游者进入该地区很难获得好的旅游体验。

（二）文化的融合性

一个地区的居民接受了旅游者进入该地区，并不意味着旅游者在该地区能够获得较好的旅游体验。例如，在我国少数民族聚居的地方，虽然当地居民热情好客，但他们却有着自己独特的风俗习惯、民族信仰和生活方式，如果旅游者不能适应和接受当地的风俗与信仰，那自然会引起当地人的不满甚至是仇恨，在此情况下，旅游者的体验不可能

是愉悦的。

（三）旅游产品的特性

旅游产品的特性直接影响旅游者的体验，突出互动性、差异性、多样性、娱乐性、知识性和享受性的旅游产品，能让旅游者获得较好的旅游体验。如游客高度参与的瓜果采摘等农事劳作旅游，可以在参与农事劳作中获得真实的体验，从而备受游客的喜欢。

（四）旅游者的个人因素

吃、住、行、游、购、娱六大要素贯穿旅游者的旅游全过程，而旅游者的个人喜好会决定这六大要素给人带来的体验好坏。旅游体验虽然在异地发生，但每个人都不可能完全脱离自己的日常生活方式，如果旅游目的地的生活方式与旅游者的生活方式差异过大，旅游者的体验会受到较大的影响。因为人们在长期形成的习惯中往往感到自在舒服，而异地的突然改变会使其产生不安全感。如南方人不一定能适应北方人的面食，而北方人不一定受得了南方食物的辛辣，等等。

第二节　旅游体验对旅游者的影响

一、旅游体验对旅游者健康的影响

身体、脑、感觉能力、运作技能以及健康方面的发展都属于人的生理（身体）发展的范畴。然而，国内外学界关于旅游体验对旅游者生理（身体）发展的研究，大多局限于对健康的影响方面。世界卫生组织于1946年对健康做出的定义是："健康不仅为疾病或虚弱之消除，而是体格、精神与社会之完全健康状态。"因此，健康包括生理（身体健康）和心理（心理健康）两个方面。

旅游与健身是双胞胎。人们旅游的过程，也是体育锻炼的过程。旅游其实是健身的一种方式。体育健身旅游的内容，可以是观赏体育赛事，可以是森林浴、日光浴、沙滩浴、矿泉浴，也可以在公园中散步、打太极拳、跳舞，还可以在度假村住上一段时日，等等。只要能满足自己的心理需要，都可以。经常参加旅游健身的人，其免疫细胞明显增加。从医学角度而论，这就是一种心理训练。它可使人体分泌出有益健康的激素、酶和乙酰胆碱等活性物质，调节血液流量，兴奋神经细胞，加快新陈代谢。参加体育健身旅游时，往往有一种好心情，机体如同一个加满油的机器，感到自己是一个健全的整体，使思维和身体融于一体。

体验旅游有助于调节情绪，促进身心健康。人们利用一定时间，参加体验旅游，有利于调适心理，缓解心理疲劳，这是保持心理健康的有效途径。体验旅游不但是健身的过程，还能净化心灵、怡情悦性、消除精神紧张。同时，通过体验旅游活动能增加人与人之间接触、交流，释放心理负荷，增进了解和友谊，使人的社会需要得到满足，身心欢快，有助于消除孤独症，从而实现对人的生物功能与社会功能的调控，弥补和纠正由于生物功能对社会功能不适应而产生的亚健康。

二、旅游体验对旅游者认知学习与教育的影响

认知是指通过形成概念、知觉、判断或想象等心理活动来获取知识的过程，即对个体思维进行信息处理的心理功能。认知的发展主要体现在学习能力、记忆能力、解决问题的能力、语言技能、抽象思维能力等方面的发展。关于旅游体验对旅游者认知发展的影响，国外学界的研究起步较早，但尚不系统，且主要关注的是旅行体验的认知学习与教育。这一方面的研究集中在以下几个领域。其一，海外游学的学习。主要研究主题有海外游学的旅游动机、海外游学的裨益、短期海外游学的影响、海外游学的长期教育结果。其二，通过旅行的学习。主要研究主题是通过自助旅行的学习，如野生动物旅游等。巴拉泰恩等（2011）以野生动物旅游的参与者为研究对象，讨论野生动物旅游能否对旅游者的个人行为的改变产生影响。研究结果除了对这个问题给予肯定性的回答外，还发现了旅游者行为的改变表现在家庭实践、购物实践、户外环保责任、志愿环保参与等多个方面。在国内学界，一项对大陆赴台"自由行"旅游者的地方认同与休闲效益关系的研究发现：首先，大陆赴台"自由行"旅游者对台湾的地方认同以环境认同程度最高，依恋程度最低，其在台湾从事休闲活动所获得的休闲效益以社会效益最高，生理效益最低；其次，不同个人背景与游程规划的大陆"自由行"旅游者在地方认同与休闲效益程度方面有显著差异；最后，地方认同与休闲效益间呈显著正相关关系（赵宏杰、吴必虎，2013）。

【相关链接】

寓教于游　打开边界路更宽

2024年10月25日，由中国旅游研究院、绍兴市政府联合主办的"中国研学旅游发展报告·绍兴发布"活动，旨在探索具有中国特色的研学旅游发展模式，推动研学旅游高质量、可持续发展。

此次活动上发布的《中国研学旅游发展报告（2023—2024）》显示，无论是政府还是经营主体，都给予研学旅游高度关注，相关政策措施陆续出台，产品和服务创新亮点纷呈，国际研学需求增长，呈现良好势头。

正如中国旅游研究院院长戴斌所说，研学旅游已成为以中小学生为重点、青少年为主体、人民群众广泛参与的社会教育活动。研学旅游是青少年特别是中小学生社会教育的重要路径，也是国民终身教育体系的有机组成部分。从全球视野来看，

无论是日本的修学旅行，还是欧美国家有组织的夏校和夏令营、冬令营等研学旅游活动，既是对制式教育的有益补充，也成为国家对外交流的名片。在政府和市场的共同作用下，我国已成为世界研学旅游大国。

在活动中，一些研学旅游实践亮点突出的城市代表分享了发展经验，为业界提供了有益借鉴。

作为此次活动的举办地，绍兴依托丰厚的文化遗产、优越的区位条件，较早开始了研学旅游实践探索。绍兴市委常委、宣传部部长丁如兴介绍，早在2003年，绍兴就推出"跟着课本游绍兴"研学品牌。近年来，绍兴全面推进产品体系、市场体系、内容体系、管理服务体系、政策保障体系五大体系建设，持续做强研学旅游优势特色。

"合肥加快发展科创科普研学旅游，立足本地特色，以产带研、以游带学。"合肥市文化和旅游局党组书记、局长吴娅娟说，合肥高位推动，从"单打独斗"变"多方联动"；深挖资源，从"工业旅游"变"多元融合"；完善服务，从"简单解说"变"体验课程"；扩大营销，从"本地流量"变"全国市场"。

资料来源：张静.寓教于游打开边界路更宽［N］.中国旅游报，2024-10-30.

三、旅游体验对旅游者心理社会性发展的影响

心理社会性发展是指情绪、自我、气质、人格、品德以及社会关系的发展变化，主要包含自我意识、独立性、自尊、人格特征、友谊、道德、爱情、家庭关系等具体方面。国外旅游学界较早关注到了旅游体验对家庭的影响。旅行作为一种利用家庭时间的方式，可以有助于强化沟通、减少离婚可能性、加强毕业生的家庭联系、增加成年人和儿童的幸福感（Durko和Petrick，2013）。与旅游体验对旅游认知发展的影响的进展类似，国内学界也有学者开始进行探索。例如，谢畅（2020）对亲子旅游体验质量对亲子关系的影响进行研究，发现父母良好的旅游体验能够对亲子关系起到促进作用。黄向（2014）认为，旅游体验是旅游研究的核心问题，从心理学的角度看，旅游体验是旅游情境中的主体幸福感。旅游体验存在孤独体验、成就体验和高峰体验三因子的"橄榄形"结构。孤独体验是指旅游者对旅游在外离开熟悉的环境产生的安全感与孤独感的综合体验，处于模型的基础位置。高峰体验是旅游者进入自我实现和超越自我的状态时，感受或体验到的最完美心理境界，处于模型的最高层次。处于中间部分的成就体验，则是旅游者在行程中所获得的宁静、愉悦、满足之感，以及在旅程结束之后对行程的怀念向往等的各种一般感受。

四、旅游体验对旅游者人际关系的影响

（一）旅游体验对家庭关系的影响

一般来说，家庭关系是个体人际关系最为密切和重要的组成部分，对每一个个体的生活与发展来说都具有重要的意义。然而，在现代社会生活中，随着经济需求的增大和工作压力的增加，人们越来越容易忽视与家人的相处，从而影响了家庭关系的维护。2012 年，美国咨询机构埃森哲通过互联网对全球 31 个国家的中型到大型企业组织高管进行研究，调查显示有一半的受访者不满意他们的工作。42% 的人说他们因为事业牺牲了与家人共处的时间。同时，58% 的人认为工作要求已经对其家庭生活、与家人的关系产生了负面的影响。相关研究也表明，长时间工作和休闲时间减少，会增加在工作和家庭中生活的压力，降低家庭幸福感。可见工作压力的增大、家人间相处时间的减少、生活满意度的降低，这些都是直接导致现代生活中家庭关系恶化的因素。如何避免家庭关系的恶化，维持一个和睦亲密的家庭关系氛围，值得每个人的关注。越来越多的研究表明，家庭的休闲娱乐尤其是度假活动，能够创造家庭回忆、增加家庭成员的联系，有利于家庭和睦，建立良好的家庭关系。

（二）旅游体验对其他社会关系的影响

旅游体验对旅游者其他社会关系产生的影响包括：旅游者原来部分人际关系的改变和新的社会关系的建立。

1. 原有人际关系的改变

旅游者在旅游过程中往往会结伴而行，除家庭成员外，这些游伴有可能是身边的同事、同学、朋友甚至是彼此有点认识的一般熟人。与家庭旅游一样，旅游者与熟人在一起出游的过程中，很有可能因为旅途中的朝夕相处促进感情提升，特别是自助旅游者，在旅游中常常需要共同讨论做出决策，彼此关系因为互动的强化以及对旅游愉悦时光中的共同记忆而得到升华。当然，双方关系在旅游过程中也可能没变甚至出现恶化，因为在旅游过程中彼此之间距离很近，为双方提供了重新审视自己与对方关系的机会，有可能因为发现对方的一些缺点，感到不能容忍，从而影响原有的社会关系质量。大部分情况下，旅游有助于旅游者释放日常工作压力和调节单调生活带来的乏味，旅游可以使旅游者调节出行前消极低落的情绪，而旅游后愉悦的心情有助于改善与他人的社会关系。

同时，旅游过程中旅游者接触到的"他者"以及对自我的反思，有可能改变旅游者对原有社会关系的态度。有研究表明，旅游结束后，一些旅游者常常会感到对某些社会准则和文化的不适应；也有旅游者提到经历极端自由的体验后难以适应那种有规律的生活，并且很难再与朋友建立亲密关系。在丽江、阳朔这样的旅游城镇里，经常可以发现一些来自大都市的年轻人辞去原本工作留在当地开间小店融入当地生活，这些人很多都

是在当地旅游回去后发现不适应大城市的生活节奏和复杂的人际关系，最终选择放弃原本的生活状态。

2. 新社会关系的建立

旅游者在旅游过程中会构建出许多新的社会关系，其中旅游者与目的地居民的交往关系是学界研究的重点。旅游者与旅游者之间的关系可以分为旅游前不认识与旅游前认识两类。在旅游之前不认识的前提下，旅游者与旅游者的关系又可分为三种：冷漠的陌生人、一般互动的人以及新结识的朋友。

第三节　旅游体验营销

一、旅游体验营销的含义及特点

（一）旅游体验营销的含义

旅游体验营销是指旅游企业根据游客情感需求，结合旅游产品的特点和旅游服务的属性（卖点），策划有特定氛围的营销活动。这些活动旨在让游客参与其中并获得美好而深刻的体验，满足其情感需求，从而扩大旅游产品和服务销售，是一种新型的营销活动方式。

（二）旅游体验营销的特点

旅游的本质就是一次经历，一次体验。体验营销是随着体验经济出现的一种新型营销方式，形象地说就是销售感觉、销售体验。体验经济的发展以及休闲旅游时代的来临，引发了营销模式的根本性变化。体验式营销，作为一种为体验所驱动的营销和管理模式，将很快取代传统的营销和经营方法，正式登上历史舞台。旅游所具有的典型的"体验性"特征决定了体验式营销不仅具有必要性，而且会比其他营销方式有更好的实效。针对特定的消费人群，设计出差异化的体验旅游产品，并利用企业优势，制造产品独有的个性，已成为现今旅游市场的新方向。旅游体验营销主要有以下特点。

1. 以体验为卖点吸引游客

顾客的体验来自消费经历对感觉、心灵和思想的影响，它把企业、品牌与顾客的生活方式联系起来。因此，对旅游企业来说，营销活动应在游客的旅游体验深度上下功夫，这样才更能吸引消费者。旅游体验营销所真正关心的是游客期望获得什么样的体验，旅游产品对游客生活方式有何影响，以及游客对于这种影响有何感受。比如，乡村旅游者到乡村旅游，希望感受到朴实的乡土气息，品尝几顿土灶做的农家饭，在松软清香的泥土上散散步，看一看一望无际的田野，和当地老农民唠唠嗑，真实地体验一下远离城市尘嚣的宁静生活。这才是体验营销人员应该深入考虑的卖点，而不是把旅游者带到农村去生硬地兜一圈，或是简单体验一下乡村招待所里的"城市日常家庭生活"。

2. 旅游场景强调主题化

从体验的产生过程来看，主题是体验的基础，任何体验活动都是围绕一个体验主题来展开的。体验营销首先要设定一个"主题"，即体验营销应该从一个主题出发，并且所有产品和服务都围绕这一主题，或者至少应设有一个"主题场景"（如一些主题博物馆、主题公园、游乐区，或以某一主题为导向的一场活动等）。并且，这些"主题"并非随意出现的，而是体验营销人员精心设计出来的。例如，广之旅旅行社曾组织过"夕阳红恋之旅"，就是专为单身老人搭建鹊桥而设计的旅游产品。2024 年 9 月 26 日，众信旅游集团携手央博数字平台联合打造了全球首个以南极为主题的 VR 体验场景，让"游客"体验去南极旅游的感觉。

3. 产品设计以体验为导向

体验营销必须创造顾客体验，为顾客创造值得回忆的事件和感动瞬间。因此，旅游企业在设计、制作和销售产品与服务时必须以顾客体验为导向，企业的任何一项产品、产品的生产过程或售前、售中和售后的各项活动都应该给顾客留下深刻的印象。旅游企业在宣传介绍产品时就应给游客以美好的遐想空间，从而使游客渴望真实的体验。例如，香格里拉的服务口号"殷勤友好亚洲情"，很容易让人联想到一种温馨、舒适和体贴的酒店服务，继而心向往之。在实际提供服务时，更是要方方面面保证旅游者的体验质量。体验决定了旅游者对旅游产品的满意度和品牌忠诚度。

4. 营销活动以游客为中心

首先，体验营销是真正以游客的需求为中心，指导旅游企业的营销活动。如老年旅游者喜欢节奏较慢、风景优美、安乐闲适的旅游，于是就有旅行社突破传统的海南几日游，推出专为老人设计的三亚度假一月游。其次，体验营销真正以顾客为中心开展企业与顾客之间的沟通。如专营老年旅游的上海老城隍庙旅行社建立了老年俱乐部，大大加强了其与旅游者之间的信息和情感交流，从而得以及时更新、升级旅游产品和服务，有效增加了游客的体验，使游客获得物质和精神上的双重满足。2024 年年初，网红旅游城市哈尔滨为了满足游客的需求，优化了一系列旅游服务，如冰雪大世界连夜整改、机场大厅增设更衣室、景点旁新建温暖驿站等。哈尔滨旅游能够"火"起来，离不开其周到和真诚的服务。

二、旅游体验营销的形式

体验营销的形式有感觉营销、情感营销、思考营销、行动营销和关联营销五种。对旅游业来说，体验营销的这五种方式各有其目标和手段，如表 6.1 所示。感觉营销通过人的五大感觉器官创造直觉体验的感受；情感营销以营造情境和氛围来建立情感纽带；思考营销通过设计问题来引发游客的思考和开发智力；行动营销通过身体体验来影

响游客的生活行为；关联营销联接个体与社会群体以满足游客的自我改进和社会认同的渴望。

表 6.1　旅游体验营销方式的目标和手段

方式	目标	手段
感觉营销	创造直觉体验的感受	视觉、听觉、触觉、味觉、嗅觉
情感营销	游客内在的感情和情绪	营造游客需要的情境与氛围
思考营销	游客智力启迪和认知	以创意的方式引起游客思考
行动营销	有形体验和游客的互动	以行为体验推出新的生活形态
关联营销	满足游客自我改进的渴望	建立个人对产品的偏好，形成一个社会群体

三、旅游体验营销的实现与突破

（一）感觉营销的实施

感觉营销的诉求目标是创造知觉体验的感觉，通过视觉、听觉、触觉、味觉与嗅觉，提供深刻的感官体验，以此确立企业品牌的独特形象。它以满足人们的审美体验为重点，通过选择利用美的元素（如色彩、音乐、图案等），以及美的风格（如时尚、典雅、华丽等），配以美的主题来迎合消费者的审美情趣，引发消费者的购买兴趣并增加产品的附加值。典型的如我国著名的九寨沟景区，它以高山湖泊群和瀑布群为其主要特点，五彩的海子、错落的飞瀑、细软的河滩、叮咚的涓流、圣洁的雪峰、幽静的森林及独特的藏族风情，融声、光、色、香于一体，展现出其独有原始自然美，加之变幻无穷的四季景观及丰富的动植物资源，被誉为"人间仙境""童话世界"，成为络绎不绝的旅游者心中唯美的天堂。

实施感觉营销时，需要考虑的是如何立体地、感性地实现消费者感官知觉上的体验。在酒店营销中，感觉营销也是非常重要的。酒店向消费者提供的是一种综合服务产品。客人在酒店就餐，除了享受到美味的菜肴、热情的服务外，还有通过视觉、听觉、触觉、嗅觉对环境气氛、服务技术、服务质量的进行体验。这也正是为什么酒店在保证餐饮服务质量时，特别强调服务环境质量的原因所在。例如，一杯果汁在普通的奶茶店只卖 2 元人民币，而在迪拜七星级酒店的售价却高达 50 美元。这 50 美元中果汁的使用价值所占比例微乎其微，而绝大部分是酒店提供的高额附加价值，其无形性是顾客通过体验才能获得的。酒店服务的体验本质，决定了酒店服务产品体验质量与传统的服务质量有很大不同。顾客对体验质量的评价很大程度上是主观的，而不是客观的。

1. 视觉营销的实施

视觉营销是以人们的视觉审美情趣为诉求，经由视觉刺激，提供给游客以美的愉悦、兴奋、享受与满足。由于生活环境与背景不同，人们对于视觉享受的要求也不同，这种差异也反映在消费行为中。旅游消费行为中的视觉享受主要体现在产品本身客观美的价值上，如张家界的美丽景色对旅游者所形成的视觉上的冲击、敦煌壁画给人们带来的艺术美感等。景色美丽的自然景区以及艺术水平较高的历史文化古迹，这类旅游产品能给旅游者带来视觉的享受和愉悦。购买这类产品时旅游者体验到了美感，满足了对视觉享受的需要。视觉营销在传统的旅游营销中加入了美学元素，在旅游产品越来越同质化的今天，能有效吸引旅游者的目光，实现景区及其旅游产品在市场上的差异化，赢得竞争优势。

视觉设计是一个景区最基本的设计，它研究的是整体环境与景观的搭配，是以"观"为主体。有形设施主要包括景区的游乐设施、停车场、饭店、商店、洗手间、道路以及建筑小品等。在传统景区设计中，一般仅考虑到这些设施的功能和效用，而忽略了它们在营造整体体验情境的作用。在体验设计中，仅仅拥有完善、方便的设施是远远不够的，还要让这些设施发挥自己独特的加强体验的功效。景区的设施建设应遵循生态原则、整体和谐统一原则和美感原则。

例如，景区的厕所建设最能凸显该景区的档次，它既要与景区建筑协调，又要有自身的特色，常言道："景区好不好，一看厕所就明了"。海南南湾猴岛的卫生间是一座座用椰子壳搭建的很别致的尖顶木屋，木屋房顶和屋檐周边种满了红花绿叶，房顶上的花草都垂到了卫生间里，卫生间里面像个小花园，没有空调，却凉爽透气，鸟语花香，阳光明媚，很有海南的生态特色。猴岛的卫生间是废物利用，就地取材的，用当地棕榈杆搭建，椰子壳做瓷砖；在屋顶栽种藤条植物，让其攀爬到卫生间里；卫生间墙面上挂的画，都是景区员工自己拍摄的猴子滑稽的表情。这些独特的视觉设计让游客上卫生间也能大饱眼福。

视觉冲击力最强，给人印象最深，体验的回味与感悟源于视觉。营销策划设计的重要内容之一即 VI 设计。许多景区设计视觉识别系统旨在提升景区的视觉营销效果。视觉识别系统包括标志符号系统和应用符号系统。其中标志符号系统包括了旅游地标徽、标准字体、标准色、象征性吉祥物等。而应用符号系统则主要有旅游地纪念品、办公及公关用品、指示类应用设计、广告、旅游地服务人员的视觉形象等。其他成功的案例包括出版大量的摄影作品集，如内蒙古阿拉善盟额济纳旗的胡杨林照片集，起到了很好的营销效果。

在酒店营销中，顾客利用感官对酒店产品的感知及由此所获得的印象，将直接影响他们对酒店产品的质量及酒店形象的认识和评价。要在感官上为顾客创造体验价值，酒店不仅要对"外环境"——有形物进行包装（包括酒店的建筑、设备设施、有形产品），还要对"内环境"——环境气氛、顾客系统、员工进行内包装。

酒店在实施视觉营销过程中，酒店建筑外观、设备设施设计以及产品的包装是否符合顾客的审美至关重要。如顾客期望五星级酒店的外观设计能独具特色，期望酒店的设

备设施美观，具有艺术性，期望酒店的菜肴能满足其视觉、听觉、味觉和嗅觉的享受。除外观设计，环境的感觉营销也是不容忽视的。环境的感觉营销是由环境的各个要素共同作用所形成的对人的感官的总体印象。色彩的轻重、灯光的明暗、温度的高低等都是环境中影响顾客感觉体验的要素。顾客通过感官对这些元素的感知，获得舒适、兴奋、静谧、浪漫等体验。

顾客和员工是消费过程中不可缺少的两个因素。顾客在酒店消费时，也会对其他顾客和为其服务的员工产生感官印象。他们的服饰打扮、言谈举止影响着顾客的感觉体验，这就要求酒店必须对顾客和员工进行适当的"包装"。对于员工，要规范其仪容仪表、语言和行为；对于顾客，要细分顾客群，提供个性化服务。例如，领位员应把来餐厅就餐的白领顾客引到较安静的位置上。

2. 听觉营销

营销技巧千变万化，除了一般的视觉营销外，听觉营销也不容忽视。景区最大的声音是游客的声音，听觉设计就是通过有效的手段来降低游客的噪声，进而保持景区自然之音，如鸟鸣声、林涛声。生活功能区可以设计间歇性播放和主题紧密联系的背景音乐。在寺庙参观，若是遇上僧人们做早课，则可听到绵密专一的念佛声、虔诚清净的诵经声，这些声音佛味浓厚，能涤荡心灵；甚至是听上一声美妙悠远的击磬清音，也能一洗俗世尘劳，"万籁此都寂，但余钟磬声"之境让人心旷神怡。同样，气味作为顾客体验不可分割的一部分，已经成为营销的一个新方向，在景区设计中，同样可以利用气味来增强游客体验。例如，在四川的野人谷，我们可以建立珍稀植物观赏走廊，让游人在鸟语花香的世界里享受自然的清新；利用景区丰富的水资源，可以在泉水流经处设亲水点，让游人可以亲自品尝山泉的甘甜。

景区营销还有一个非常好的方法就是让旅游插上歌声的翅膀，让旅游者于悠扬动听的歌声中享受旅程。音乐是最没有障碍的交流载体，音乐的这种特质近年来广泛应用于各种商业、非商业的宣传活动中，并衍生出体育歌曲、公益歌曲、企业歌曲和旅游歌曲等。在仔细剖析景区产品特性是否适合听觉营销后，景区就可以通过简短、易读、易记、有趣的音乐来进行景区营销，并达到引人注目的目的。具体来说，景区可以将景区的特色、景区产品的特点通过歌曲的形式向社会公众传播，歌曲越吸引人，其营销宣传的效果也会更好。

一曲脍炙人口、家喻户晓的旅游歌曲，可以唱响一个城市、一个景区、一个企业……例如，《太阳岛上》虽然只给作者带来了 15 元的稿费，但它带给哈尔滨旅游的效益却是无法估量的。在那个时代，这首歌无疑是有极大感召力的。旅游歌曲必须情景交融。要把一定的理想、追求，或者是思想、情绪，融合在景观之中，以此感动人心。在这方面的成功案例有：邵春先生策划的由日本著名歌星演唱的《无锡旅情》让成群结队的日本人按歌索景来到无锡；风靡一时的《太湖美》《请到天涯海角来》《我想去桂林》等都是无意识创作出来的旅游歌曲的佳作，它们在客观上提升了相关景区的知名度，可谓"无心插柳柳成荫"。随着旅游业的发展，旅游歌曲逐渐显露出其市场价值，于是一些旅游景区、旅游企业纷纷出资请专业词曲作家为自己"量身定制"听觉标志，使旅游歌曲的创作开始进入了有意识创作的新时期。

近期产生的一些旅游歌曲有：《情系峨眉山》《好花红》《惠州行》《绿都河源，我可爱的家园》《欢乐世界》《长江汉江》《养马岛之恋》《月亮岛》《响沙湾之歌》《黄河不糊涂》《西厢记》《前进吧！永济》《桃花盛开幸福里》《美丽的康定溜溜的城》《万绿湖，你是幸福泉》《西湖雨》《月牙泉》《鼓浪屿之波》《烟花三月》《神奇的九寨》《请到天涯海角来》《丽江：梦中的香格里拉》《平遥古韵》《伊犁：塞外江南》《丝路花雨锁泉州》《明月杭州夜》《大理雪月觅风花》《曲阜孔儒风》《青稞飘香日喀则》《情满康定》《水墨丹青凤凰城》《阳朔美景画中游》《青瓦白墙恋徽州》等。

（二）情感营销的实施

情感营销是触动顾客的内心情感，目的是给消费者创造兴奋、快乐、自豪的情感体验。对于酒店企业来说，其服务的体验本质决定了这种营销往往贯穿顾客从入店之前到住店之中再到离店之后的整个过程，即在"入店之前—住店之中—离店之后"的过程中，酒店始终围绕情感进行深度营销，顾客始终都能对酒店提供的情感体验深有感受。

入店之前的情感营销一般体现在酒店的品牌形象、店名和外观上。例如，香格里拉品牌往往会让人想起其"殷勤好客亚洲情"的形象。再如，上海百乐门大酒店在取名和进行店标图案设计时，体现的是"幸福、快乐"的情感氛围。"百乐门"三字象征欢乐、吉祥，含有"君入吾门，百事快乐"的意思，让消费者产生追求快乐的情感体验。

入店之后和住店之中是顾客消费酒店服务产品的主要过程，情感体验更是必不可少。情感营销在这一阶段除了提供常规的人性服务，还应体现出个性化、差异化的互动服务。例如，在特殊节日可以策划晚会，或在顾客生日时在其枕边放置小卡片或鲜花，还可以通过设计故事情节或场景触动消费者内心深处的情感，牢牢地抓住消费者的心。

离店之后，并不意味着顾客的体验就结束了。情感营销仍能起到重要作用，它既能在售后服务中得以运用，也可以在客户关系管理中发挥作用。顾客离店后可能会对酒店的失误进行投诉，可能会长久地忘记了这个酒店，这时酒店都可以本着让利于消费者和"以情感人"的原则为其服务。甚至可以为顾客建立个性档案，在特殊的纪念日为其送上温馨的祝福。

情感营销诉求顾客内在的感情与情绪，目标是创造情感体验，其范围可以是一个温和、柔情的正面心情，也可以是欢乐、自豪甚至是强烈的激动情绪。情感营销运作需要真正了解什么刺激可以引起某种情绪，以及能使消费者自然地受到感染，并融入这种情景中。新加坡航空以带给乘客快乐为主题，营造一个全新的飞行体验。该公司制定严格的标准，要求空姐如何微笑，并制作快乐手册，要求以什么样的音乐、什么样的情景来"创造"快乐。通过出色的服务，新加坡航空公司成为世界上前十大航空公司和获利最

多的航空公司之一。

目前，娱乐营销已经成为越来越多景区的选择和竞争的新焦点。很多旅游产品是同质的，但没有一种娱乐带来的快乐是相同的。娱乐营销通过传递给旅游者不同的娱乐和快乐感受提高产品的差异性，已成为景区成功营销的重要策略。景区娱乐营销就是借助娱乐活动，将娱乐因素融入景区产品或服务，促进其宣传和销售的过程。娱乐营销以消费者的娱乐体验为诉求，通过娱悦消费者达到营销目标。

在景区娱乐营销过程中，提供快乐的情感体验尤为重要，所以用什么样的形式吸引旅游者参与是一种娱乐营销成功与否的关键。所有的娱乐活动都是为了给旅游者带来多重感官的体验，捕捉消费者的注意力，最终达到刺激旅游者购买和消费的目的。

每个游客都希望自己所购买的是一次难忘的、愉快的旅游经历，没有人会愿意为枯燥乏味的体验而付费，所以在旅游业中，娱乐营销策略尤为重要。旅游景区应该将娱乐营销的思想贯穿始终，在游客旅游的整个经历中适时地加入娱乐体验，使整个旅游过程变得有趣而愉快，从而提升游客的满意度。

娱乐营销的形式是多样的，它包含电影、电视、广播、印刷媒介、体育活动、旅游和探险、艺术展、音乐会、主题公园等相互融合的各类营销活动。娱乐营销要不断创新，并与时代潮流紧密联系在一起。因为消费者的喜好是不断变化的，所以要满足消费者的娱乐需求，就要提供给消费者最受欢迎的娱乐因素。比如，迪士尼主题公园，送你进入魔幻世界，各种人物造型栩栩如生；柏林的索尼中心，使来自世界各地的年轻人体验到高科技带来的新鲜与快乐；娱乐化的活动如化装街舞、游行表演、对歌等。

（三）思考营销的实施

思考营销的诉求是智力，以创意的方式引起顾客的惊奇、兴趣，使其对问题产生集中或分散的思考，为他们创造认知和解决问题的体验。户外拓展旅游项目采用的就是典型的思考营销方式。它要求旅游者在户外发挥团队协作精神，以勇气和智慧解决实际困难，突破重重障碍，最终到达目的地，完成旅游活动。这个合作与思考的过程是最吸引旅游者体验的亮点。旅游是一项需要智力参与的活动，运用思考营销可以充分发挥旅游者的智能，使其获得成就感和满足感。比如，《3000 美元走遍世界》的作者朱兆瑞在签名售书过程中发起过"最省钱环球旅行"活动，即谁能以低于 3000 美元的费用游遍全世界，将获得他颁发的大奖。有不少人踊跃报名，认为运用智力以最低成本享受环游世界的乐趣很富有挑战性。

思考营销以启发人们的智力为目的，通过在产品的营销中加入一些有创意、知识性的因素，以引起消费者的兴趣和参与，使其在消费过程中获得认识和解决问题的体验，满足消费者的求知需求。酒店的思考营销要体现在产品的设计上、环境的营造上和促销方式上。

1. 知识性产品

酒店的知识性产品，就是指在产品本身所具有的使用价值的基础上，增加其知识价值，使顾客在购买这种知识性产品的过程中，获得新的知识，从而提高人们的购买欲望。酒店的知识性产品主要是餐饮和客房产品两部分。打造餐饮的知识产品，要更多地融入食品科学、营养学和医疗保健等科学知识，以及相关的历史典故等人文知识。如有些酒店有专门的素食特色餐，在顾客品尝美味时，酒店人员就可以向他们介绍素食有助于卫生（保护生理健康）、卫性（保护平和的性情）、卫心（保护善良的心灵）的优点，再深入一点，还可以讲述一下佛教的素食习惯始于梁武帝看到《楞伽经》上"菩萨慈悲，不忍食众生肉"的故事。

2. 知识性环境

知识性环境，就是指在酒店的装修格调和内部环境的营造上体现一定的文化氛围，给顾客一种知识的享受，为其提供一个思考的空间。知识性环境的营造是酒店进行思维营销的重要条件。例如，将酒店的咖啡厅布置成"图书馆"，在店堂的四周安放书架，上面摆满各种书籍。消费者在工作之余，悠闲地坐在咖啡书屋里，一边品尝着咖啡，一边翻阅自己感兴趣的书籍，轻轻松松地获得知识。顾客消费的不仅是一杯饮品，更是一种心情、一种知识。

3. 知识性促销

知识性促销，是指在酒店产品的促销方式上增强知识的传播功能，对酒店产品的现实和潜在顾客进行产品使用前的培训，宣传产品的知识性，使消费者在消费前掌握相关的技能，增强他们的购买欲望。在酒店推销西餐时，可向目标顾客介绍西方饮食知识，讲解如何使用刀叉，示范如何品赏各种酒品，甚至赠送西餐文化书报杂志。消费者可以边吃边学，吃的是情调，学的是知识，感受的是文化，这种就餐颇为高雅。

（四）行动营销的实施

行动营销的目标是影响旅游者的生活态度和方式。行动营销通过丰富他们的行动体验，指出做事的替代方法和不同的生活观念，或是满足他们对某种生活状态的渴望。例如，盛行于我国中学生中的出国夏令营，将营员安排在国外学校或普通家庭住宿，让他们和当地人用英语交流，入乡随俗地与当地人共同生活，使他们有勇气说英语，并对异国他乡的生活有直接的感性认识，这种旅游体验无疑会让他们终生难忘，甚至会影响他们对未来生活的设想。再如福建首家"禅文化"酒店，客房内布置非常简单，一张床、一个蒲团、一壶茶、一顶香炉，还有墙上一幅禅字，再吃上一顿素斋，客人在简单的食宿中便能感受佛家的清净，体察内心的无为。

增加游客的参与活动就是要多设计让游客参与的体验项目。在这个过程中，景区为游客提供了一个"亲身体验"的平台，让游客参与了生产过程。那么对于景区的体验活动设计要把握以下三个原则。

1. 差异性

差异性表现为唯一、第一与多样。要体现新鲜感，首先，景区产品要有特色，具有唯一性，即独特性；其次，景区产品具有第一的特征；最后，要给顾客多种选择。特色要求景区要有主题，要让游客对景区有不同的"地方感"。它必须为游客提供某种独特的旅游体验。"做一天和尚撞一天钟"主题旅游就是寺庙深度游中独特的行动体验，旅游者可以在寺庙的安排下与普通僧人同吃同住同劳动，体会几天出世的清修生活。

2. 参与性

如果没有参与，难以形成真正的体验。参与性体现在两方面：项目本身需要游客参与以及游客参与项目的设计与组合。观众已经不满足于作为一个被动的旁观者。景区是剧场，顾客则既是观众也是演员。山东省临沂市沂南县红嫂家乡旅游区（沂蒙红色影视基地）于2024年推出的旅游沉浸式影视体验项目《跟着团长打县城》，还原了1941年抗战时期的情景。游客作为"报名参军"的群众进入景区，在"团长"的指挥下，手持道具刀枪，向"解放县城"发起冲锋。该旅游体验项目吸引了来自全国各地的游客主动参与其中，去体验革命战争年代的峥嵘战斗。

3. 挑战性

项目的设计还要考虑对游客具有一定的挑战性，给游客突破自己生命极限证明自己生命价值的机会，这些项目能为游客培养一种强烈的自豪感。当游客爬上一座高峰、跳一次蹦极或飞跃某一峡谷，征服某种艰难险阻成功完成了别人无法完成或自己以前无法完成的事件时，自豪感就油然而生了。

旅游者的角色扮演体验需求也为企业的行动营销带来了新的契机，即以顾客所追求的生活方式为诉求，通过将企业的产品与某一种生活方式相结合，达到吸引旅游者的目的。随着社会经济的快速发展，工作之余，人们渴望离开现在所生活的环境，体验另外一种截然不同的生活方式的愿望越来越强烈。这样的需求，就给旅游业带来了又一个发展的契机。这种营销利用了人们在现实生活中生活方式的巨大差异，该体验营销策略可以让游客有机会体验他人的生活和心理。

例如，成都农家乐休闲旅游的策划就是将农田划分为一小块一小块的菜地，长期租给城市中的居民，让他们在双休日前来自耕自耘，体验一份自给自足的田园快乐。在新西兰罗托鲁瓦景点的彩虹广场，有内容丰富的新西兰农场的生活示范和表演，两位牧羊人介绍精彩的新西兰农场表演，从表演中观众可体验到农场的生活和牧场内的工作，如利用牧羊狗来赶羊的示范，还有剪羊毛的示范及处理羊毛的方法。在表演过程中，观众也有机会参与各种示范，如挤牛奶、喂小羊喝奶等。

（五）关联营销的实施

关联营销包含感官、感觉、思考和行动营销等层面，是一种联动性极强的全面混合式体验模式，是体验营销的高级模式。关联营销超越私人感情、人格、个性，加上"个人体验"，而且与个人对理想自我、他人或是文化产生关联。关联营销的诉求是满足自我改进（如想要与未来的"理想自己"有关联）的个人渴望，希望别人对自己产生好感。如成为万豪酒店的 VIP，该顾客便能成为酒店高档次客户群中的一员，享受更个性化的服务，从而感到更有尊严，更加自信，同时更注重提升自我形象和提高自身素质。关联营销让个人和较广泛的社会系统（如一种亚文化或一个群体等）产生关联，从而建立个人对某种品牌的偏好，并让使用该品牌的消费者形成群体。

关联营销是体验营销的最具综合性的一种方式，它能带给消费者最全面的混合体验。感官刺激引起兴趣，达到知晓后的认知程度；情感营销建立情感纽带，进而理解；思考营销可以使顾客深入分析，形成持久的认知，然后生成态度；行动营销促使行为动机的产生，最后完成购买行为；关联营销提供超越个人的体验，有助于建立品牌忠诚。在此基础上，消费者个体的混合体验和他与整个服务群体的共有混合体验构成了一种全面的服务体验。

四、旅游体验营销策略

（一）设计体验策略

旅游企业要根据游客精神文化需求的特点，确定旅游主题，巧妙构思表现主题的艺术形式，营造特定的浓郁氛围，精心设计旅游体验，使游客获得美好而难忘的体验。旅游企业要调查了解游客的精神文化需求的特点，根据调查的结论进行心理定位，以精练而形象化的语言，概括出特色鲜明而富有感召力的主题。要巧妙构思表现主题的艺术形式，设计具有艺术感染力的旅游体验营销活动。要根据旅游体验营销活动的性质、特点，营造适宜的环境与氛围。

（二）吸引参与策略

吸引参与策略是指旅游企业巧妙策划极具魅力的活动，吸引游客积极主动参与，并获得欢乐而难忘的体验。首先，旅游企业要吸引旅客参与。以策划新、奇、特、美的旅游体验活动，吸引游客的眼球，或采用某些激励措施，激发游客参与的积极性。其次，让游客主动参与。旅游企业要充分发挥"编剧"角色的作用，设法让游客在旅游服务中主动参与。最后，鼓励游客全程参与，获得各环节的不同体验。

（三）互动双赢策略

互动双赢策略是指通过加强旅游企业与游客之间的信息和情感交流，形成相互促进的良性互动，实现游客体验需求满足、旅游企业销售扩大的双赢目标。实施这一策略，要做到三个互动。一是信息互动。一方面，旅游企业要把体验营销活动的有关信息及时准确地传递给游客；另一方面，游客也要把对体验营销的评价、意见和建议等信息反馈

给企业，促进相互了解。二是情感互动。要加强旅游企业与游客之间的情感交流，使互动由信息层次深入到情感层次，促进相互信任。三是行为互动。旅游企业与游客之间由情感互动深化为行为互动。双方都根据反馈信息调整行为，实现相互支持。

（四）情感诉求策略

情感诉求策略是指旅游企业根据游客的情感需求特点，策划充满浓烈人情味的旅游体验营销氛围与活动，以激发游客产生积极的情感，满足其情感体验需求。采用情感诉求策略要求如下。一要有热情。旅游营销人员要满腔热情地接待游客，吸引他们积极主动参与活动。二要有真情。旅游营销人员要真心实意地对待游客，讲求经营信誉，以真诚打动游客。三要有深情。旅游营销人员对游客的情感表达，要发自肺腑和心灵深处，才能与游客产生心理共鸣。

（五）突出个性策略

旅游企业要根据游客个性化心理需求的特点，结合适宜的旅游产品和服务，策划能展现个性的旅游体验营销活动，以满足游客个性化的体验需求。采取这种策略，要选择个性化游客群体，结合个性化的旅游产品和服务，如探险旅游、体育旅游和摄影旅游等。要策划个性化的体验营销活动，旅游企业所策划的活动必须能让游客充分彰显其个性风格。

（六）综合体验策略

综合体验策略是指旅游企业要为游客提供各种类型、不同层次的全方位、综合性的旅游体验，以满足游客多样化的精神文化需求。实行这种策略，要策划娱乐、教育、审美等不同类型以及感官、情感、思维、行动和关联等多层次的旅游体验，满足游客的多样化体验需求。同时，还必须注意以下几点：

1. 外部体验应以内部营销为基础

旅游企业的营销工作对象不仅包括外部公众，还包括内部员工。内部营销是指企业像对待外部游客一样对待自己的员工，在员工为游客提供满意的服务和体验之前，旅游企业要做到先使员工体验到满意与忠诚。在体验营销中，内部营销显得尤为重要，因为企业在很大程度上是依赖员工进行体验的即时创造和传递。体验主题再明确，体验设计再完美，依然会因员工的一次疏漏或怠慢而大大影响体验的效果，甚至将体验全盘破坏。

2. 注重旅游产品的心理属性的开发

旅游产品中包含的心理属性因素将越来越多地成为旅游体验营销成败的关键性因素。因此，在旅游产品开发过程中，旅游企业必须十分重视产品的品位、形象、个性、情调等方面的塑造，营造出与目标游客心理需要相一致的心理属性，帮助目标游客形成或者完成某种感兴趣的体验。

3. 明确体验的主题

目前，我国不少旅游目的地（包括其组成要素旅游纪念品）缺乏个性与特色，给游客千篇一律的感觉，究其根由，在于规划者、建设者、经营者的头脑中缺乏统一的，渗透各方的、鲜明独特的主题，或是主题定位错位。这种主题不明确或者主题定位错位使得游客抓不到主轴，不能整合所有感觉到的体验，也就无法留下长久的记忆，这就直接影响旅游企业的生存和可持续发展。所以，在旅游体验营销中，主题的确定应根植于本地的地脉、史脉与文脉，应根据主导客源市场的需求，凸显个性、特色与新奇，避免与邻近地区雷同。整合多种感官刺激，调动游客的参与度。只有亲自参与其中，并在参与中思索与体会，才能得到真正的体验。而且体验所涉及的感官越多，就越容易成功、越令人难忘。实施旅游体验营销是现代经济发展和旅游本身对旅游企业提出的要求。

五、旅游体验营销中应注意的问题

不管旅游企业是在其传统的产品和服务中附加体验，还是把体验当作核心提供物来经营，成功开展体验营销，需要注意以下几个问题。

（一）体验必须有明确的主题

主题就如同一篇文章的中心思想，主题不明确，体验设计就难以给顾客留下深刻印象。如同一支乐曲的主旋律，缺乏主题，东拼西凑，只会造成负面体验。因此，旅游企业应将精心挑选的主题作为体验设计与传递的指导性纲领，将旅游企业的产品和服务以及每个要素和细节有机地结合在一起，旅游企业的所有营销手段都必须支持体验的主题。

体验又是个性化的，不同的人对同一景象或游程的体验是不同的。因此，一方面，旅游服务供给者应该设计和提供参与性强、兴奋感强的活动与项目；另一方面，要提倡深度的体验旅游，旅游者既要身游又要心游，游前要了解旅游地的历史与环境，游中要善于交流，游后要"回味"和"复习"，要动腿走、动嘴问、动脑想、动手记，把观察上升为心得，从经历中提炼体验，不断提高旅游素质。

（二）体验主题应与企业的商业性质和经营宗旨相一致

与企业的商业性质和产品特性不相符的体验主题，会使顾客感到不伦不类，因而很难产生感召力。另外，企业向顾客提供的体验必须与自身定位和经营宗旨相一致。只有这样，才能树立起一贯的企业形象，有力地吸引目标顾客。例如，美国西南航空公司，一直将自己定位于票价低廉和没有附加服务的航空公司，因此，它不会如大西洋航空公司那样在飞机上提供按摩服务，但这两家公司都很成功。这样的做法有利于企业树立自己的品牌形象，提高企业自身的信誉度，企业的品牌形象在客户关系管理中是一面旗

帜，良好的品牌形象可以对消费者形成强大的吸引力，这是赢得客户的有效方法。

（三）外部体验须以内部营销为基础

在对顾客提供体验以求效益的同时，不能忽略企业内部体验价值。在企业内，体验同样无所不在。针对企业内人员不同的追求来提升体验价值，不但能提高他们的工作效率和创造性，还能有助于企业文化的建立以及整个管理水平的提高。

当然，除了上述几个方面外，还有一些问题也要加以重视，还须在理论和实践中不断加以完善，如体验评价指标体系的建立、体验营销模型的构建。体验经济时代的到来是经济的发展和人类需求不断提升的必然结果。与体验经济时代相对应的营销模式就是体验营销。体验营销是 21 世纪营销战中最有力的秘密武器，它与消费者的沟通和互动是最有效的。谁能牢牢地把握，谁就会讨得消费者的欢心。旅游体验营销，是中国旅游业在未来的国际竞争中制胜的法宝之一，谁先认识到这一点，谁就能在国内外旅游市场营销中抢占先机，赢得市场和消费者。

【复习与思考】

1. 请根据你所在地区一家历史博物馆的特点，针对 10 岁以上的青少年设计一套活动方案，使他们既获得启发性的教育体验，又获得娱乐体验。

2. 旅游体验如何影响婚姻的稳定性？

3. 如何利用旅游体验进行旅游营销？

【推荐阅读】

1. Beeho A J，Prentice R C. Conceptualizing the experiences of heritage tourists：A case study of New Lanark World Heritage Village［J］. Tourism management，1997，18（2）：75-87.

2. 赵宏杰，吴必虎. 台资企业台籍人员职业倦怠、休闲调适策略与休闲知觉自由关系之研究［J］. 人文地理，2013，28（5）：129-138.

3. 伍蕾，湛琪. 旅游者社交媒体分享对旅游体验的影响研究——网络社会支持和积极情绪的中介作用［J］. 四川旅游学院学报，2024（6）：78-86.

4. 王馨，白凯. 临场感对虚拟旅游参与者情感体验的影响—基于时间失真的中介作用和视觉感知的调节效应［J］. 旅游科学，2023，37（2）：155-174.

第七章

旅游消费者满意度

本章导读

我国颁布实施的《中华人民共和国旅游法》，以保障国民的旅游权利作为立法宗旨。"游客为本、服务至诚"是旅游行业的核心价值观。国务院办公厅印发《质量工作考核办法》的实施方案，直接把游客满意度等旅游业服务质量指标列入对地方政府的考核目标。事实上，游客满意度已经成为新时期旅游工作的出发点和落脚点，也是散客化时代调动地方政府积极性和引导社会各界做好旅游工作的"指挥棒"。本章主要介绍旅游消费者满意度概念、形成、影响因素及服务管理内容。

【学习目标】

1.知识目标：了解旅游消费者满意度概念与形成；熟悉旅游消费者满意度研究进展和意义；掌握旅游消费者满意度的基础理论。

2.能力目标：运用旅游消费者满意度的基础理论知识来分析对旅游消费者行为的特征与发展趋势，运用旅游消费者满意度模型来分析旅游业发展状态。

【导入案例】

2023 年全国游客满意度调查报告

2023 年，全国游客满意度综合指数为 80.04，继续保持在"满意"区间且基本恢复至 2019 年同期水平。节假日是游客满意度评价的关键窗口期，假日游客满意度见证了旅游业从产业链重构滞后、修复加速到供需匹配加速、旅游服务回升的进程。

2013—2023 年交通满意度保持上升趋势，2023 年国内游客对交通的满意度指数为 81.57，较 2019 年同比增长 0.61%。高铁、民航、公路以及城市小交通的基建完善，显著提升了出游便利度、自由度，连接了更远的远方，拓展了更新的空间。

2023 年国内游客对目的地形象、当地居民态度、重游度的满意度指数分别为 80.81、87.26、82.32，较 2019 年同比分别增加 1.45%、0.32% 和 5.25%。

2023 年，游客对投诉质监处理的满意度水平为 72.10，较 2019 年同比提高 1.16%，处于"一般满意"区间，但从长周期来看，投诉质监常年低于综合满意度指数和现场调查与网络评论水平，成为制约总体满意度提升的短板。

资料来源：中国旅游研究院发布《2023 年全国游客满意度调查报告》。

案例分析：

从 2023 年全国游客满意度调查报告，我们可以体会到旅游者满意度对旅游市场的重要性。那么，什么是旅游者的满意度呢？它具有怎样的特点呢？影响旅游者满意度的主要因素有哪些呢？怎样测量满意度呢？通过哪些策略来提升旅游服务和满意度呢？本章将围绕这些问题展开阐述。

第一节　旅游消费者满意度概述

随着国民消费为主体的大众旅游时代的来临，满足人民群众日益增长且日渐变化的旅游需求，提高包括游客在内的国民福祉逐渐成为国家旅游发展战略体系的核心目标。2009 年，《国务院关于加快发展旅游业的意见》明确提出"把旅游业培育成为国民经济的战略性支柱产业和人民群众更加满意的现代服务业"的战略定位。2013 年，我国颁布实施的《中华人民共和国旅游法》，以保障国民的旅游权利作为立法宗旨，国家旅游局最终确定"游客为本、服务至诚"为全行业的核心价值观。2024 年文化和旅游部等九个部委共同发表《关于推进旅游公共服务高质量发展的指导意见》，指出要提升人民群众对旅游公共服务的满意度。

一、消费者满意度的基础理论

旅游消费者满意度以消费者行为学、消费者心理学和服务营销学的满意度理论为基础，因此，我们首先对消费者满意度的理论基础和最新研究进展进行回顾。

市场环境的动态变化促使经济学家和营销学家纷纷关注顾客的消费动向和感知价值。旅游业也不例外，伴随众多旅游地的开发，旅游者有了更多的选择，如何提高重游率和市场吸引力成为旅游地持续发展的关键所在。20 世纪 80 年代以来，以顾客为导向，追求客户满意和忠诚的经营管理理念率先在经济发达国家形成并迅速发展成顾客满意度理论。由此，旅游者满意度研究也受到越来越多旅游学者和从业人员的关注，并取得了较为丰硕的成果。

在消费者满意度研究中，美国学者奥立佛（Oliver，1980）提出的"期望—实绩模型"（expectation-disconfirmation）、帕拉休拉曼等（Parasuraman，1985）提出的服务质量差距模型、伍德洛夫（Woodruff）等提出的"顾客消费经历比较模型"、瑞典顾客满意度晴雨表模型（SCSB）、美国消费者满意度指数（ACSI）模型都具有较大的影响力。

（一）"期望—实绩"模型

美国学者奥立佛（1980）提出"期望—实绩"模型，该模型最先用于零售服务业的消费者满意度研究。他认为，消费者在购买产品或服务之前，可能会依据自身的经历或广告形成对该产品或服务的消费前期望（Pre-purchase Expectations），然后在购买和使用中感受到该产品或服务的实绩，消费者将感知绩效（Perceived-Performance）与消费前期望进行比较，如果两者不一致就会出现差异（Disconfirmation），当感知绩效高于期望，消费者就会满意；当感知绩效低于期望，消费者就会不满意（如图 7.1 所示）。

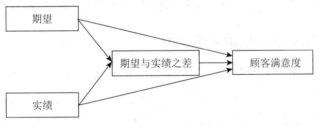

图 7.1 期望—实绩模型

（二）服务质量差距模型（SERVQUAL 模型）

美国市场营销学家帕拉休拉曼等（Parasuraman，1985）提出了期望差距模型。该模型是以奥立佛的期望差异模型为基础，依据全面质量管理（Total Quality Management，TQM）理论在服务行业中提出的一种新的服务质量评价体系，核心是"服务质量差距模型"。服务质量取决于消费者所感知与期望的服务水平之间的差距程度（也称为"期望—感知"模型），消费者的期望是开展优质服务的先决条件，提供优质服务的关键就是要超过用户的期望值。其模型为：SERVQUAL 分数 = 实际感受分数 − 期望分数。SERVQUAL 模型从有形性、可靠性、响应性、保证性及移情性五个维度对服务业顾客满意度进行测评，每一层面又被细分为若干个问题。有形性指的是服务企业有形的设施、设备以及服务人员的仪表等；可靠性是指服务人员可靠并且准确提供所承诺服务的能力；响应性是指乐意帮助顾客并且提供及时的服务；保证性是指服务人员的知识和礼貌以及让顾客信任的能力；移情性是指关心顾客，为顾客提供个性化服务。通过调查问卷的方式，让用户对每个问题的期望值、实际感受值及最低可接受值进行评

分，并确立相关的 22 个具体因素来说明它。然后，通过问卷调查、顾客打分和综合计算得出服务质量的分数。该模型已被管理者和学者广泛接受和采用。

（三）顾客消费经历比较模型

卡杜塔、伍德洛夫和简金思（Cadotte，Woodruff，Jenkins，1987）等学者从心理学、管理学的角度进行研究，以"期望差异"模型为基础，提出了"顾客消费经历比较模型"。他们认为，顾客对某产品或其他同类产品的消费经历会影响顾客的满意度。顾客会根据以往消费经历，逐渐形成三类期望：一是以最佳的同类产品或服务绩效为标志，即顾客根据自己消费过的最佳同类产品或服务，期望即将消费的产品或服务绩效；二是以一般的同类产品或服务绩效为标准，即顾客根据自己消费过的一般的同类产品或服务，期望即将消费的产品或服务绩效；三是以本企业产品或服务的正常实绩为标准，即顾客根据自己在本企业正常消费经历，期望即将消费的产品或服务实绩。顾客消费经历比较模型表明，顾客会根据自己以往的消费经历来测评当前所消费产品或服务绩效，顾客在本企业或其他同类企业的消费经历对他们期望和绩效的比较过程会产生显著影响。

（四）瑞典顾客满意度晴雨表模型

当前从世界范围来看，顾客满意度指数（Customer Satisfaction Index）已成为很多国家衡量经济运行状态的重要指标。瑞典于 1989 年在美国密歇根大学的福内尔（Fonell）博士等人的理论指导下首先建立了国家层面上的顾客满意度指数模型，即瑞典 SCSB（Sweden Customer Satisfaction Barometer）模型（如图 7.2 所示）。该模型包括顾客期望、感知绩效、顾客满意、顾客抱怨、顾客忠诚 5 个潜变量，其中，顾客期望为外生变量，其余为内生变量。

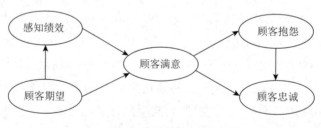

图 7.2　SCSB 模型

（五）美国消费者满意度指数（ACSI）模型

ACSI（the American Customer Satisfaction Index）模型是由福内尔（Fornell）博士等人在 SCSB 模型的基础上创建的，于 1994 年首次在美国应用，模型如图 7.3 所示。

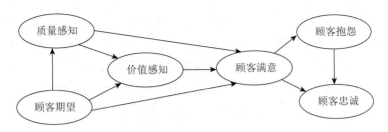

图 7.3 ACSI 模型

目前 ACSI 已成为影响最为广泛的模型，为新西兰、中国台湾、奥地利等所采用，也是挪威和欧盟模型的基础。该模型认为，顾客的满意程度是由顾客对服务质量的期望、对质量的感知以及价值感知共同决定的。如果顾客对服务质量不满意，则会产生抱怨；顾客的忠诚取决于满意程度和对其抱怨的处理。该模型科学地利用了顾客的消费认知过程，能客观反映出消费者对服务质量的评价，综合地反映出顾客的满意程度，同时，该模型所得出的结果可以在不同行业里进行比较，有利于企业服务质量的不断改进工作。

二、旅游者满意度的理论基础

国内外对旅游者满意度的研究主要集中在其内涵、形成机制、影响因素、测评等方面。

（一）旅游者满意度的内涵

匹赞姆（Pizam，1978）最先对旅游满意度进行界定，认为它是旅游者对旅游地的期望与旅游体验相比较的结果，如果实地旅游体验高于之前期望值，那么旅游者就会满意；反之，则不满意。贝尔德和拉格赫伯（Beard 和 Ragheb，1980）也认为旅游者满意度是建立在旅游者期望和实际体验进行比较分析的正效应基础上。Baker（2000）等人认为游客满意度是指游客在购买了旅游产品之后，游客与旅游目的地之间互相作用所形成的一种心理状态。具体来说，是指游客对旅游地的旅游景观、基础设施、娱乐、环境和接待服务等方面满足其旅游活动需求程度的综合评价。赖晓凡等（2024）认为乡村旅游要在环境、娱乐与特色等方面提升服务软实力，满足游客基本期望，提升游客满意度。从上面文献可以看出，旅游者满意度是期望同实地体验相比较的结果，它强调的是旅游者的心理比较过程及结果。

（二）旅游者满意度的形成机制

对于游客满意度的形成机制，不同学者从不同角度提出了多种理解和认识，大多数游客满意度形成机制研究主要是围绕游客期望、期望差异、感知质量、感知价值、旅游地形象、旅游动机等因素对于游客满意度的影响作用来展开。例如，米勒（Miller，

1977）认为，期望有理想的（Ideal）、想要的（Deserved）、期待的（Expected）和最低容忍的（Lowest Tolerable）四种类型，不同类型的期望对顾客满意度的影响不一样。奥立佛（1980）指出，消费者形成的产品和服务期望对消费者满意度有着直接的影响，消费者期望是消费者满意度评价的标准。波文以前往东南亚旅游的英国包价旅游者为实证研究对象，指出期望因素是影响游客满意度的前提因素（Bowen，2001）。李宗奇等认为旅游地形象与感知质量之间存在正相关关系，从而会产生更大的游客满意度和行为倾向（Lee Choong-Ki，2005）。周杨等（2016）通过广东省四个地区乡村旅游点的实地调查，认为乡村旅游中游客重游意愿的强弱与乡村旅游满意度之间存在明显的相关关系。胡婷和张朝枝（2024）的研究表明，游客感知到社交拥挤时，会刺激唤醒后悔、失望的负面情绪，这种负面情绪会抑制游客的开心、快乐等正面情绪，从而降低游客的满意度与忠诚度。

（三）旅游者满意度的影响

很多学者从行为学的角度探讨了满意度对旅游者消费行为的影响。主要体现在对消费者忠诚度的影响研究上。例如，Mannell 和 Iso-Ahola（1987）认为，不同人格的个体对于游憩活动的偏好和满意度具有差异。他们从满意度着手，调查了休闲和旅游者的体验，"事后满意度"（Post-hoc Satisfaction）的观点、理论和研究表明，心理效益的休闲和旅游体验来自两个动机因素的相互作用：摆脱常规与有压力的环境和寻求娱乐的机会。Hills，Argyle 和 Reeves（2000）通过对四种不同类型的休闲动机理论进行分析，认为不同动机理论下个体休闲满意度具有差异性。Bowen（2001）将旅游者满意度归为六个主要因素：期望、绩效、不一致、特性、情感和公平。Yoon 和 Uysal（2005）采用结构方程模型来分析"推—拉"动机、满意度与目的地忠诚之间的关系。Boscue（2006）等探讨了旅行社游客期望的形成过程、影响因素，以及期望、满意度与游客忠诚之间的关系，指出游客期望是影响游客满意度的重要前提变量。何琼峰（2011）通过 50 个样本城市的 23531 份国内游客现场调查问卷数据，采用结构方程模型方法，实证结果表明，游客满意度对游客忠诚度的影响路径系数为 0.64，具有高度的正向相关性。旅游消费者对产品或者服务不满意时会产生抱怨、离开、负面口碑三种不良后果。吴江等（2023）研究认为，游客在出游乡村旅游类景区过程中重点关注的景区属性为消费、自然风光以及商业化，这三类属性对游客出行的满意度影响最显著。

（四）旅游者满意度的测评

旅游者满意度是指旅游者对旅游产品和服务的期望与实际感知绩效相比较后形成的正差异或负差异的一种心理状态。由于旅游目的地类型的丰富性、旅游消费者的复杂性，旅游者满意度测评也具有多维性、动态性等特点。学者对不同类型的旅游目的地、不同种类的旅游者满意度进行了大量的研究。例如，匹赞姆（Pizam，1978）在研究美国麻省 Cape Cod 海滨旅游者满意度时，率先提出了由海滩、游憩机会、成本、好客度、餐饮设施、住宿设施、环境、商业化程度八个因子构成的测评体系。邓峰（2013）以湘西自治州民俗旅游为研究对象，采用游客满意度模型，建立游客满意度评价指标体系，认为基本服务设施体验、环境体验、活动体验、服务体验、观赏体验、配套设施体验对游客满意度具有显著影响。朱怡婷等（2024）以可可托海稀有金属国家矿山公园为案例地，构建国家矿山公园游憩满意度评价指标体系，认为游憩活动体验、空间布局规划、工业旅游资源、公共基础设施和园区景观环境这五个维度对国家矿山公园游憩满意度评价产生显著正向影响。目前，国际上大部分采用了美国的 ACSI 模型进行测评。未来还需要根据不同类型的旅游目的地，进一步探索和验证测评体系。

三、旅游消费者满意度的特点

（一）主观性

每个旅游者对于旅游目的地具有不同的观点、标准和看法。旅游者的满意与否经常基于主观印象，这些主观因素对旅游者自身十分重要。他们通过这些因素形成个人特有的判断。同样在 1996 年，对拉斯维加斯旅游者的调查指出：10% 的旅游者认为拉斯维加斯的人行为粗鲁、不友好；8% 的旅游者认为价格昂贵；7% 的旅游者认为很难赢钱；4% 的旅游者认为过于热情；3% 的旅游者提出拉斯维加斯不够整洁（斯沃布鲁克、霍纳，2004）。所有这些都是旅游者基于个人理解产生的主观意见。旅游业对这些具体问题很难有效做出反应。

（二）综合性

旅游活动包括吃、住、行、游、购、娱等各个环节，旅游消费者的满意度也具有综合性。在旅游过程中，某一个环节不满意可能导致整个旅游的不满意。例如，据文化和旅游部关于旅游市场秩序整治典型案例通报，2024 年 5 月，湖北省丫丫国际旅行社有限公司组织旅游者参加"芙蓉硒都五日游"行程，以虚构的"政府补贴"为噱头诱导旅游者参团，行程中该团导游向某某带旅游者进入三家购物店，通过虚构事实等方式诱骗、变相强迫旅游者购物，并获取购物回扣。在旅游过程中，就是对"购"这个环节的强烈不满，导致游客对整个旅游活动的不满意，以至于发朋友圈等引起网络媒体的高度关注。这对湖北省的旅游形象造成了较大的负面影响。

（三）相对性

旅游者满意度是由期望和感知绩效的相比较而形成的一种心理状态，它具有相对性。旅游者期望的高低也没有明晰界限。休吉斯（1991）认为，即使旅游者的实际体验未达到其期望，但旅游者仍然可以是满意的。

（四）动态可变性

随着经济和科技的发展，以及旅游市场环境、社会生活条件的变化，旅游消费者的满意程度也会发生变化。即使原来对某个旅游目的地的商品或服务是满意的，并且原来的商品或服务的水平并没有变差，但顾客的满意评价标准和期望提高了，对原有商品或服务也会不满意。因此，旅游消费者的满意度测量体系也要根据现阶段旅游者心理与动态进行调整和完善。

第二节　旅游消费者满意度的影响因素

旅游消费者满意度的影响因素具有复杂性和多样性，不同类型的旅游目的地、不同类型的旅游者，其满意度的主要影响因素也会有所差异。一般认为，旅游消费者满意度主要受期望、绩效、归因、情感和公平等因素的影响（Bowen，2001）。

一、期望

消费者期望是指顾客在购买产品或服务前对产品或服务的预期绩效所持有的看法（Spreng，MacKenzie 和 Olshavsky，1996）。期望是消费者评价产品或服务满意程度的标尺（Churchill 和 Surprenant，1982）。在消费过程中，消费者从做出购买决策到购后思考，都是基于期望对产品或服务进行评价（Ozturk 和 Qu，2008）。期望理论认为，满意度是感知服务质量与期望之间的差异函数，而顾客对服务质量的感知是基于服务绩效与期望的比较。根据消费者期望的定义，我们认为，旅游消费者期望是指旅游消费者在购买决策之前对旅游产品或服务的预期绩效所持有的看法。当旅游消费者认为旅游目的地提供的产品或服务绩效达到了之前的期望时，就会感到满意；否则，就会不满意。因此，旅游消费者期望对旅游产品或服务的满意度和消费决策起着重要作用。

旅游消费者期望主要受以下因素影响。一是旅游产品或服务自身。过去消费该类产品或服务的经验、旅游产品或服务的内涵及象征性意义都会影响旅游消费者的期望。二是语境。语境包含与旅游服务人员的交流和社会推介的内容，即旅游目的地的宣传和沟通方式。三是旅游消费者个人特征。例如，理解能力和认知失真都会影响期望。

根据 Ojasalo（2001）的顾客期望理论，旅游消费者期望可分为模糊期望、显性期望和隐性期望。模糊期望是指旅游者在旅游目的地获得某种感受或体验，但是并不清楚具体是什么期望，如"放松身心"期望；显性期望是指旅游消费者在到达旅游目的地之前就在心中形成了比较明确的期望，如"欣赏美景"期望、"娱乐刺激"期望等；隐性期望是指旅游目的应当提供的最基本的产品和服务，如"卫生"期望、"安全"期望等。模糊期望和隐性期望虽然没有直接表现出来，但都客观地存在于旅游者的潜意识中，如果这种期望不能得到满足，就会立即转化为显性期望，并形成不满。

二、绩效

为了更好地分析产品和服务的绩效对消费者满意度的影响，学者通常把绩效分为两个层面：工具性绩效和象征性绩效。工具性绩效与产品的物理功能的正常发挥有关；象征性绩效则与审美或形象强化有关。匹赞姆（1978）等人指出，多数旅游产品和服务的象征性绩效要比工具性绩效更重要。所以，旅游企业经常强调其产品的象征性绩效，如酒店的声誉、酒店房间的豪华，而不是强调房间的功能和价格。一般来说，工具性绩效是保证旅游消费者满意不可缺少的因素。如果工具性绩效令人失望，如通往目的地的交通设施无法运作，旅游消费者就会不满。即使工具性绩效符合消费者的期望，消费者也不一定满意。要旅游消费者完全满意，产品和服务的象征性绩效必须达到或超过旅游消费者的期望水平。当然，如果象征性绩效较差，例如交通设施不够豪华，交通服务的个性化程度不够高，也不一定导致旅游消费者不满意。

三、归因

一般而言，旅游消费者会对不满意事件进行归因，也就是判定谁应该为不满意事件负责。研究人员发现，如果旅游消费者把产品问题或责任归咎于旅游服务人员或景区，则有较大可能性产生抱怨。如果旅游消费者把不满意归因于自己或是环境上的不可控因素，则一般不会产生抱怨。例如，游客登上三清山，大雨连绵，雨雾锁山，游客欣赏不到美景而感到不满或遗憾。如果旅游服务人员工作到位，一般不会产生抱怨，只能归咎"天公不作美"或"来不逢时"。如果在此情境下，旅游从业人员的服务又做得不够到位，那就很可能引起强烈的不满。

四、情感

顾客的消费情感是指顾客对产品和服务消费过程中经历的一系列情感反应（Westbrook 和 Oliver，1991）。一切产品与服务的交易都会涉及情感因素（Maddock 和 Fulton，2004）。在消费场景中，面对面的互动交流是形成强烈情感最重要的来源（Bernd 和 Schmit，2004）。顾客在服务消费过程中可能会经历高兴、愉快、兴奋、满足等正面情感，也可能会产生失望、气愤、伤心、内疚等负面情感。旅游消费者在消费过程中，可能会体验到一种或多种情感。Westbrook（1987）首先采用实证研究发现消费情感直接影响消费者的满意度。Price（1995）等人研究也表明，和产品消费者相比，服务消费者与企业及员工的接触更紧密，感情投入更高，所以情感反应更为强烈。奥立佛也不断进行实证分析，结果发现消费者在消费过程中的情感是影响满意度的重要因素。温碧燕等（2003）对广州某高校的餐厅进行实证分析，结果表明顾客的消费情感对顾客感觉中的服务质量与顾客满意度有影响。鱼文英、李京勋（2010）以航空服务业为研究

背景，考察了航空服务质量、正面情感、负面情感、感知价值和顾客满意度的结构性关系，研究结果显示，负面情感对顾客满意度有负向影响，同时正面情感通过感知价值间接影响顾客满意度。罗盛锋等（2011）以桂林山水实景演出《印象·刘三姐》为例，通过结构方程模型的实证分析，结果表明情感因素对游客体验与满意度具有显著影响。范玉强等（2022）研究表明，游客怀旧情感对游客满意度具有显著影响。

持正面情感的旅游消费者会用一种积极的心态抵御或看待不利因素。心态积极的人在旅游消费中更容易感到满足；相反，负面情感比较强的人往往很难深层次体会美丽的风景和美味的饮食，因此满意度也更低。比如，某旅游目的地划竹排观赏风景，尽管风景优美，但是，如果旅游消费者在此游览拍照时，手机不小心掉进江河里捞不回来，那么也许对此次旅游活动评价不会高。一般而言，交通不畅、语言不通、健康出状况、与同伴旅游者相处不愉快、对旅游目的地习俗和饮食不适应、气候不适应等，都容易激发旅游消费者的负面情感，从而导致旅游消费不满意。旅游服务者应该妥善处理这些不便利因素，适当引导游客归因进而影响他们的满意度。

五、公平

公平理论由美国心理学家亚当斯（Adams）于 1965 年提出，他认为职工的积极性取决于他所感受的分配上的公正程度（即公平感），而职工的公平感取决于一种社会比较或历史比较。该理论侧重于研究工资报酬分配的合理性、公平性及其对职工生产积极性的影响。顾客对产品是否满意，不仅取决于期望和绩效之间的比较，还取决于顾客认为交易是否公平合理。当顾客感到自己获得的效益与投入之比和产品提供者的比例相同时，就会感到公平和满意。公平程度越高，顾客就越满意。反之，就不满意。"公平"的概念曾经常用于社会学、心理学和组织行为学中，随着满意度研究的发展，部分学者将公平作为一个自变量纳入顾客满意度的形成过程中。Bowen（2001）通过参与观察从英国到东南亚的一个长途旅游团，发现公平因素对旅游消费者满意度影响非常大。涂红伟和林丽清（2016）通过实证发现价格公平感在景区设施形象、景区服务形象和游客满意度之间具有的中介效应显著。

在旅游消费者看来，旅游企业提供的公平服务既要有服务结果的公平性，也要有服务过程的公平性。结果公平性是指旅游消费者对服务结果公平程度的判断。旅游企业提供了怎样的服务结果，会直接影响旅游者的满意度。例如，旅游消费者参加旅行团后，是否按照合同游玩了所有景点，游玩时间是否过少，酒店是否达到住宿要求，每个消费者是否得到相同标准的服务等。服务过程的公平性包括程序公平性和交往公平性两个方面，前者与旅游企业的政策、制度、服务程序有关，后者与消费者和服务人员之间的交往因素相关。根据欧洲商业管理学院教授 Kim 和 Mauborgne 的观点，如果消费者认为结果是公平的，但在获得服务过程中受到了不公平的对待，也会降低消费者感知的服务质量，导致满意度降低。

第三节　基于旅游消费者满意度的服务管理

如前文所述，旅游消费者满意度主要受期望、绩效、归因、情感和公平等因素的影响，因此，要想提升旅游消费者的满意度，就必须依据和重视这些影响因素来提升旅游企业的服务管理。

一、旅游宣传宜客观真实，形成合理期望

当代社会，旅游企业或相关单位为了提升旅游产品的知名度和品牌形象进行宣传推广具有必要性和重要性，但是要注意，旅游宣传应该客观真实。因为旅游宣传会对旅游者期望的形成产生重要影响。浮夸不实的宣传会提高旅游者的期望水平，而宣传不到位也会降低旅游者的期望。旅游者的期望过低，产品虽然可以满足顾客的需要，但不能吸引足够的消费者。相反，如果旅游者的期望水平过高，他们很可能失望。因此，有必要重视旅游宣传对客观真实度的把握，要加强旅游者的管理，对游客期望、行为、体验、感知、安全、责任、能力、权益等方面进行引导，帮助他们树立正确的旅游观，形成合理的旅游期望，缩小期望与实际体验水平的差异，从而提高旅游者的旅游质量和满意度（朱华，2014；黄子璇等，2018）。

二、提供良好的产品和服务绩效

良好的产品和服务绩效是旅游消费者满意度高的基础和保证。不仅需要保证工具性绩效，如交通基础设施、酒店设施、景区设施等的建设，还需要重视象征性绩效，如酒店装修、灯光的设计和酒店品牌声誉的打造等。旅游企业应该形成一套全面质量管理体系，认真执行到位，及时发现提供产品和服务的不足。也可以采用旅游消费者的视角，完成旅游产品和服务绩效的评估。评估可以根据既定标准进行加权评估，也可以根据最终使用者的意见进行评估。评估结果直接影响旅游者下次购买行为：继续购买或拒绝购买该旅游企业的产品和服务。因此，旅游企业营销人员要重视产品和服务绩效的评估，以便不断提高服务水平。

三、关注情感诉求，调动正面情绪

旅游产品供给方应当充分关注旅游者对旅游产品的情感诉求，强调产品宣传中的情感因素，同时注重消费过程中各种产品要素对情感的影响，调动旅游者积极性，促进旅游者正面情感体验，以最终提高满意度与忠诚度。旅游产品供给方应重视旅游产品文化的品位、精神的寄托、情感的满足，不断提高游客的审美体验与教育体验。通过提高产品文化内涵与地方民族特色等属性质量、注意产品体验的完整性、主题性与互动性，提

供优质服务和高品质体验以及创造令人难以忘怀的愉快经历，增加旅游产品的附加值，以进一步影响游客的满意度和忠诚度（罗盛锋等，2011）。满足游客的怀旧想象和期望，提供优质多元的怀旧产品和服务，使游客形成难忘的在场记忆，从而提高在场体验质量（范玉强等，2022）。

四、服务管理公平，创造公平机会

旅游消费者经常从等待服务的时间、服务的程序、企业满足顾客的特殊要求、服务效率、服务承诺、服务差错六个方面评估服务程序公平性，从服务人员的礼貌待客、不欺骗顾客、关心顾客利益、耐心服务等方面评估服务交往公平性。

国家需要倡导"人人有机会参与旅游"的公平目标。党的二十大报告反复强调公平的重要性。发展旅游在考虑经济性的同时，还应该关注其对国民素质和国民生活的重要性。旅游惠众是未来旅游发展的终极诉求，而政府是实现旅游公平的主导力量。国家应该建立社会长效机制，保障社会旅游公平的实现，适当扩大"免费旅游"的范围，加强乡村社区旅游公共产品建设，真正体现旅游发展的人本思想（黄秀琳，2011）。努力实现旅游资源享有公平、居民出游机会公平、旅游公共服务均等化、旅游利益分配公平和建立旅游权利保障体系（列晓静、梁留科，2015）。同时，景区管理方需通过明确旅游吸引物权，设计合规的旅游参与程序，增强与社区居民的人文沟通与情感关怀（柴寿升等，2024）。

【复习与思考】

1. 简述旅游消费者满意与不满意的形成过程。

2. 简述旅游消费者满意度的影响因素。

3. 论述如何提升旅游消费者的满意度。

【推荐阅读】

1. 戴斌，李仲广，何琼峰，等. 游客满意：国家战略视角下的理论建构与实践进路［J］. 旅游学刊，2014，29（7）：15-22.

2. 何琼峰. 中国国内游客满意度的内在机理和时空特征［J］. 旅游学刊，2011，26（9）：45-52.

3. 胡婷，张朝枝. 拥挤会唤醒游客负面情绪吗？基于泰山观日情境的实证研究［J］. 南开管理评论，2024，27（1）：98-107.

4. 黄子璇，孔艺丹，曹雨薇，等. 基于旅游质量中介变量的体育旅游中动机、期望与游客满意度关系研究［J］. 地域研究与开发，2018，37（6）：82-87.

5. 赖晓凡，谢嘉茜，王心蕊. 乡村旅游景区质量要素及其对游客满意度的影响——基于可解释神经网络的 Kano 模型［J］. 旅游科学，1-18.

6. 连漪，汪侠. 旅游地顾客满意图测评指标体系的研究及应用［J］. 旅游学刊，2004，19（5）：9-13.

7. 刘晓静，梁留科. 旅游社会公平及其评价指标体系研究［J］. 武汉科技大学学报（社会科学版），2015，17（8）：438-443.

8. 吴江，李秋贝，胡忠义，等. 基于 IPA 模型的乡村旅游景区游客满意度分析［J］. 数据分析与知识发现，2023，7（7）：89-99.

9. 朱怡婷，赵晨，曹开军，等. 国家矿山公园游憩满意度影响因素研究［J］. 干旱区地理，2024：1-11.

10.［英］约翰·斯沃布鲁克，苏珊·霍纳. 旅游消费者行为学［M］. 电子工业出版社，2004.

11. Oliver，R.L.. A Cognitive Model of the Antecedents and Consequences of Satisfaction Decisions［J］.Journal of Marketing Research，Vol.17，No.4（Nov.，1980），pp.460-469.

12. Pizam A..Tourism's impacts：The social costs to the destination community as perceived by its residents［J］.Journal of Travel Research，1978，（Spring）：8-12.

第八章

旅游消费者忠诚度

本章导读

　　旅游消费者忠诚度是指由于受质量、价格、服务等诸多因素的影响，消费者对某一旅游企业的产品或服务产生感情，形成偏爱，并长期重复购买或向他人推荐该旅游企业产品或服务的程度。顾客忠诚度是一种行为，而顾客满意度只是一种态度。当企业挽留顾客的比率增加 5% 时，获利便可提升 25%~100%。忠诚的顾客将是企业竞争优势的主要来源。由此可见，保有忠诚度的顾客对企业经营者相当重要。本章主要介绍旅游消费者忠诚度的概念、测量、影响因素及如何提升忠诚度。

【学习目标】

　　1. 知识目标：学习和把握顾客忠诚度的含义与分类，旅游消费者忠诚度的形成机制、影响因素等陈述性知识。

　　2. 能力目标：具备分析和测量旅游消费者忠诚度的能力，具备提升旅游消费者忠诚度的营销能力。

【导入案例】

"长白天下雪，千里觅奇缘"！

　　2024 年 11 月 29 日，长白山 2024—2025 新雪季新闻发布会召开。长白山将依托世界级冰雪旅游资源，深入实施"白雪换白银"战略，打造具有国际知名度和影响力的"长白天下雪"主 IP，尽显冰雪之美、生态之美、极限之美和运动之美，聚焦"真实感"

和"情绪价值"两大元素，推出"长白山冰雪七缘"系列产品，让粉雪文化"出彩"与冰雪旅游"出圈"双向奔赴……"长白山上雪纷飞，美人松下洒银辉"邀您共赏共享。

冰雪七缘一个都不可错过！

缘，妙不可言！冰雪七缘亦为冰雪奇缘。"落雪无声，观者有意，长白粉雪一相逢，便胜却人间无数！"长白山保护开发区党工委委员、管委会副主任徐鹏将"长白山冰雪七缘"娓娓道来，"总有一场长白天下雪落在了你我心头，邂逅一段曼妙的冰雪奇缘！"

天池探雪第一缘。天池是大自然予以长白山的点睛之笔，为让更多游客体验"应是天仙狂醉，乱把白云揉碎"，长白山科学地扩大了供给，将北景区承载量由上个雪季的1万人次提升至1.2万人次，西景区承载量由3000人次提升至4000人次。

神山纵雪第二缘。长白山是世界旅游名山、国家级滑雪旅游度假地，长白山围绕G331旅游大通道建设，全力支持和平、红松王、麓角村、漫江、南山、小禾6个域内滑雪场提质扩容，将日接待能力由3000人次提升至6000人次。联动万达度假区、华美胜地、梦都美民俗旅游度假区等滑雪场，日接待能力超过1.5万人次。

松间踏雪第三缘。长相守、到白头、山为证——是长白山的独特IP，广为游客所知。长白山美人松林见证诸多浪漫爱情，打造美人松爱情森林，开通长白山雪国专列，举办北景区森林徒步、雪谷溯溪、林海雪原穿越、冰雪马拉松等系列活动，祝您爱情、健康、体能"直上人间第一峰"。

温泉浴雪第四缘。长白山池南、池北、池西火山温泉各具特色，北以钠泉为主、西以氢泉为主，南以锶泉为主，北景区温泉最高温度可达82℃。在新雪季，长白山邀您享受飘雪温泉的寒天暖意，以皇冠假日、蓝景温泉、临溪火山温泉为代表的聚龙火山温泉部落，日均接待游客将突破3000人次。

白河听雪第五缘。长白山池北区二道白河旅游名镇是国家4A级旅游景区。以放松为主题，布置围炉煮茶，共话长白山野山参文化。升级改造雪绒花雪乐园，打造恩都里商旅度假社区，运营猫冬艺术街区，丰富长白山飞行体验，新增秘境全息影像馆，推广粉雪文化演艺、金街旅拍、特色巡游表演、泼雪嘉年华、"营动中国"冰雪研学等系列活动，使人畅想"晚来天欲雪，能饮一杯无"的意境。

云顶觅雪第六缘。《盗墓笔记》在大江南北广播"稻米"（《盗墓笔记》粉丝的简称），长白山的N个"十年之约"都是他们的心头好。新雪季，升级打造雪雕版云顶天宫、青铜门，将圆"稻米"心中之梦。在长白万巷商业步行街开设云顶市集，体验手作文创，寻味冰雪美食。开展"云顶长白·雪域秘境"创作活动，带游客感受艺术与心灵的碰撞。

小镇赏雪第七缘。长白山的酒店可开门望雪、推窗见景，驻足小镇赏雪，乐在其中。长白山全力提升住宿能力，接待新矩阵日渐形成。

七重缘，每一个都"新、奇、美、特"，哪个都不可错过。

服务、保障、体验一个都不可忽视！

景源于天然，事重在人为。服务好坏是游客口碑高低的关键，保障是否到位关乎游客的幸福指数。

新雪季，长白山在提升服务质量和服务品质方面有哪些举措？长白山保护开发区管委会副主任田炜介绍，当地升级了服务保障设施。包括新建换乘枢纽站、游客休息区和雪季防寒棚，对候车回廊进行冬季防寒改造，景点增加防寒门帘和热风幕，主峰运营车辆增加暖风系统，让游客温暖候车、温暖乘车。雪绒花雪乐园、云顶市集、美人松爱情森林等打卡地为游客提供暖屋保障设施。提升服务保障能力。组建"学雷锋爱心车队"，开通粉雪小镇巡游大巴，免费高铁接驳，增加网约车数量，以保障游客便捷出行；增加旅拍更衣室，更新便民服务台，为游客提供个性化、人性化、多样化的服务。优化服务保障水平。设立志愿者服务站，为游客提供避寒场所、暖心姜茶、行李存放等贴心服务。增设了实体和网络意见箱，以便及时收集整理游客意见，改进服务质量。

29日7时23分，C1303次动车从长春站驶往长白山站，21岁的王帅不时用手机拍摄沿途雪景，"真美呀，长白山会更美吧？"在北京从事烘焙工作的他，串休了5天假期，坐了一夜的卧铺赶到长春，停留半个钟头后登上这次动车，"事先做了攻略，这样乘车性价比更高，睡一夜还解乏，美中不足是今早收到景区预报，天池因天气原因关闭了，幸好我有准备，下午逛二道白河小镇吧。"晚上住哪？"住小镇上，我找了个民宿，才90元钱，网上看环境还不错。"

好山、好水、好景、好物、好口碑，游客自然蜂拥而至。面对纷至沓来的游客，如何做好旅游高峰期交通运力保障是每个景区的共性问题，更是必交的答卷。长白山保护开发区管委会交通运输局副局长刘涛表示，计划12月份增加景区内道路运输车辆120台，以确保雪季游客有序游览景区。计划开通34列"长白山号"雪国列车，每周5列。今年上半年上线运行的"T3出行"网约车平台，提供106辆网约车服务车辆。

游客是文旅领域阅卷人。游客满意度是最佳标尺。长白山市场监督管理局局长王大乐称，在新雪季，旅游领域将重点整治"黑旅行社""黑导游"，黄牛倒票，司机导游通过误导、胁迫等方式加价销售景区景点门票等。在交通运输领域，将重点整治"黑车"等，出租车甩客、拒载、中途加价，网约车擅自取消订单或索要高价等现象。在餐饮服务领域重点整治使用过期变质食材，低标高结，后厨用餐环境不合格等。在住宿领域重点整治经营者单方面取消订单，不按订单内容提供房源，变相大幅提高房价等。在商品流通领域，将重点整治销售"三无"产品、假冒伪劣的人参产品、鹿产品、伴手礼等旅游特色商品。

新项目新产品新点位一个都不可慢进！

逆水行舟，不进则退，慢进亦退。新雪季，长白山继续推行创新打造"长白山号动车组"高效能运行机制，加速长白山"二次创业"进程，以"一刻都等不得、一刻也慢不得"，带动各级党组织和广大党员干部全面提振"精气神"、激发"新担当"、砥砺

"新作为",新项目新产品新点位,不断取得新突破。

美人松学名长白松,是长白山的"迎客松","亭亭玉立美人松,峨峨云髻尽风情",松间踏雪第三缘提及的美人松爱情森林拥有怎样的浪漫?长白山保护开发区管委会旅游文体局局长耿德勇表示,当地以"长相守、到白头、松为证"为主题,精心打造美人松爱情森林。设有1314米的"美丽邂逅—炙热恋情—相濡以沫—相守白头"打卡线路,适合不同年龄、不同群体旅拍打卡。以9.9万株百年美人松为媒,深情祝愿天下有情人。

唐山医务工作者张杰和五个小姐妹"组团"前往长白山,大大的行李箱里装满了旅行装备,"我们也是坐了卧铺到长春换乘动车的,担心过一段时间冰雪游太火,我们错峰来的,沿途感觉树上的落雪好美。我们也看到天池关闭的消息了,正研究在山下玩"。

山上很美,山下也靓。新雪季雪绒花业态再升级,二道白河镇添亮点。新雪季,新业态,新亮点,新在何处?长白山旅游股份有限公司董事长王昆表示,当地建设扩容版雪绒花雪乐园,总面积约15万平方米,建设8条20米高、240米长的雪道,组成大型雪圈乐园,还有雪地长龙、雪地摩托车等项目,可同时容纳1万余人体验。继续打造广受游客喜爱的冰心岛、冰瀑布、雪人军团等。打造千人雪地蹦迪现场,开启与驯鹿的"亲密之旅",雪乐园将于12月末开放。

重点节庆、网文IP、特色产品为游客融合共生,"只要是合理需求,长白山宠粉向来不遗余力。"耿德勇说,第六届长白山粉雪节各项筹备工作正有序推进,计划于12月26日晚举办开幕式。开幕式将创新设置冰火舞台、创排特色节目、开展主题巡游等,同时,开展举办泼雪嘉年华,打卡闯关,并发布系列冰雪旅游主理人,带您玩转长白山十大主题百条精品旅游线路,21项节事活动丰富且独具创意。雪国列车也于同日首发,每日8时从长白山西坡松江河站发车,100分钟后抵达长白山高铁站,每日17时由长白山高铁站返回松江河站。列车外观以"长白山·我心向往之"为主题,车厢主题为"生态保护、粉雪资源、文化民俗、浪漫爱情"四大元素。列车运行过程中提供专业管家式服务,以及餐饮、会议、商务、演艺、旅拍等多场景服务。

备受"稻米"关注的云顶天宫和青铜门的建设进展如何?王昆介绍,长白山将围绕《盗墓笔记》再现故事场景,以雪雕方式再现"青铜门"和"云顶天宫"。其中,青铜门选址在云顶市集(稻米驿站旁),云顶天宫选在恩都里,雪雕占地约1.5万平方米,用雪量达到8万立方米,项目将于12月末建设完成,同时,将与《盗墓笔记》官方保持协同,共同开展活动联动。新雪季,诚邀"稻米"朋友赴一场长白山之约,体验冰雪王国的胜境之旅。

"曾有花似雪,今来雪如花"!长白山向全国、全世界的冰雪爱好者发出诚挚邀请,赴一场长白天下雪,缘在这里,缘来如此,长白山冰雪奇缘在等你!新雪季,我们不见不散!(黄维)

资料来源:吉林省长白山保护开发区管理委员会发布新闻《2024—2025新雪季长白山邀您"千里觅奇缘"》http://www.changbaishan.gov.cn/mtcbs/202411/t20241130_265465.html.

案例分析：

长白山保护开发区是通过怎样的方式，提升了长白山的知名度和吸引力，从而增强了游客的忠诚度呢？旅游消费者忠诚度如何测量呢？旅游消费者忠诚度受哪些因素影响？又怎样根据消费者旅游忠诚度理论做好旅游营销呢？本章将对这些问题进行探讨。

第一节　旅游消费者忠诚度概述

一、顾客忠诚度

（一）顾客忠诚度的含义

忠诚度研究开始于 20 世纪 50 年代，自从 Brown（1952）和 Cunningham（1956）对忠诚度进行了实证分析以后，该领域就越来越受到关注，概念也不尽统一。Newman 和 Werbel（1973）认为，顾客忠诚是指顾客不用收集其他品牌信息，直接重复购买某一产品或服务的行为。JcMtmd（1979）认为，顾客忠诚是指顾客长期选择某种品牌产品或服务的可能性。塔克（Tucker，1993）明确指出，对某种产品或服务连续购买三次即表示顾客忠诚。Boulding（1993）认为，顾客忠诚是顾客对某种品牌的产品或服务具有较高的推荐率。

Dick 和 Basu（1994）进一步发展了顾客忠诚度的概念，将相对态度概念引入运用。相对态度是指顾客对某一产品的评价高于对其他产品评价的程度。他们将顾客忠诚度视为个人对某个实体（品牌、服务、商店或卖方）的相对态度与重复购买之间的关系。

Jones 和 Sasser（1995）认为，顾客忠诚更多地表现为一种情感上的认同反应，它是顾客购买产品或服务之后产生的一种对于企业、产品或服务的归属感和认同感。顾客忠诚度是指顾客对某特定产品或服务的未来再购买意愿，根据忠诚内涵可分为长期忠诚和短期忠诚。长期忠诚是指顾客长期购买某一产品或服务的行为，选择长期不变；短期忠诚就是指顾客短期购买某一产品或服务的行为，当发现有更好的产品或服务时，选择容易改变。

Gremer 和 Brown（1996）对服务业顾客忠诚进行了界定，认为顾客忠诚度是指顾客对某个服务重复购买行为及其积极态度，当对该项服务的需求增加时，将该服务商继续作为唯一选择条件的倾向。

Oliver（1997）认为顾客忠诚度就是顾客对某个偏爱产品和服务的深度承诺，在未来也将对该品牌或该品牌系列产品或服务的重复购买行为，不管市场形势和竞争性营销力量如何变化，顾客的选择都不会发生转换的行为。Oliver（1999）又从心理学的角度出发，将顾客忠诚分为行为忠诚和态度忠诚。其中，态度忠诚又包括认知忠诚、情感忠诚和意向忠诚。他认为，在顾客忠诚的形成中，顾客会经历认知忠诚、情感忠诚、意向忠诚和行为忠诚等阶段，前一阶段形成的某种忠诚度会影响后一阶段的忠诚度。

从上述文献可以看出，学者对顾客忠诚度概念理解不尽相同，但归纳起来主要有三种视角：行为视角、态度视角和综合视角。从行为视角来看，顾客忠诚度被界定成相对态度的概念，即指顾客对某一产品或服务评价高于对其他产品或服务评价而重复购买的行为。其忠诚度可以通过购买份额、购买频率等指标来测量。从态度的视角来看，顾客忠诚被界定为对于某一产品或服务的某种偏好和依赖。顾客忠诚度不仅考虑顾客的实际购买，还需要考虑顾客的潜在态度和偏好，其主要通过购买意愿、偏好程度来测量。从综合的视角来看，顾客忠诚包含行为忠诚和态度忠诚。

（二）顾客忠诚的分类

顾客忠诚的类型多种多样，学者视角的不同，划分标准也多种多样，在这里介绍几种影响比较大、具有代表性的分类方法。

1. 基于"行为—态度"组合的分类

蒂克和巴素（Dick 和 Basu，1994）根据消费者在态度和行为上的一致与否，将顾客忠诚分为非忠诚（No Loyalty）、虚假忠诚（Spurious Loyalty）、潜在忠诚（Latent Loyalty）和忠诚（Loyalty）四个类型，模型如图 8.1 所示。

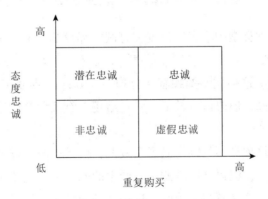

图 8.1　蒂克和巴素的顾客忠诚度模型

（1）非忠诚。顾客具有较低的相对态度与较低的重复购买行为。顾客对企业提供的产品或服务不能产生忠诚感，企业很难从他们身上获利。企业应避免将大量时间和精力投向这一类型的顾客。

（2）虚假忠诚。顾客具有较低的相对态度与较高的重复购买行为。这种类型忠诚度可能受外部因素影响，如价格、地点、垄断等。一旦外部因素发生了变化，顾客可能就不会再购买该产品或服务。

（3）潜在忠诚。顾客具有高的相对态度与较低的重复购买行为。这类购买者对企业的产品或服务较为偏爱，由于需求较小而购买次数并不多，但是他们愿意宣传并向亲朋

好友推荐。这类顾客对企业也具有很高的价值，能够提升企业的知名度和美誉度。

（4）忠诚。顾客的相对态度与重复购买行为之间的关系是相互一致，相对态度与重复购买都非常高。这种类型的忠诚是绝对的忠诚，既包括态度上的忠诚，也包括行为上的忠诚。这种类型的顾客不仅能带来长期稳定的经济价值，还能不断提升知名度和美誉度。这类顾客需要企业长期重视并致力追求。

2. 基于"满意—忠诚"组合的分类

琼斯和塞萨（Jones 和 Sasser，1995）从顾客满意和顾客忠诚两个维度出发，将顾客忠诚分为背叛者、唯利是图者、人质顾客和忠诚者四种类型，如图 8.2 所示。

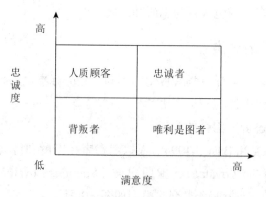

图 8.2　琼斯和塞萨的"满意—忠诚"模型

（1）背叛者。这种类型的顾客满意度和忠诚度都较低，很容易流失，也难以给企业创造价值。

（2）唯利是图者。这种类型的顾客十分理性，哪种产品对自己有利就选哪种产品。他们对产品满意度很高，但忠诚度较低，一旦市场上有某种替代品降价，他们往往就会转向选择购买替代品。

（3）人质顾客。这种类型的顾客满意度较低，但是忠诚度较高。尽管这种类型的顾客虽然对产品不太满意，但仍会继续购买，产生的原因可能是转换成本高、没有替代品或者被垄断等，没有办法又不得不接受。这种类型的顾客虽然能带来一些直接的经济价值，但是对于提升美誉度和品牌没有帮助，甚至会产生负面影响。

（4）忠诚者。这种类型的顾客满意度和忠诚度都很高，是企业创造价值的主要源泉，也是企业需要格外重视和培养的群体。

3. 基于顾客忠诚程度差异的分类

格雷姆乐和布朗（Gremler 和 Brown，1996）根据顾客忠诚程度不同，将顾客忠诚划分为三种类型：行为忠诚、意向忠诚和情感忠诚。行为忠诚是指顾客通过实际行动表现出来的对卖家的忠诚，是一种可观察的行为举止，如重复购买。意向忠诚是指顾客在未来的购买意向，体现在向别人的推荐意愿和价格接受度上。情感忠诚则是指顾客对企业产品或服务所持有的一种态度，体现在口碑宣传和购买首选上。

奥立佛（1997）根据格雷姆乐和布朗理论，进一步将顾客忠诚依据先后顺序分为认知忠诚、情感忠诚、意向忠诚和行为忠诚四个阶段。认知忠诚处于最底层，是顾客亲身感触产品或服务的各方面品质信息后所形成的。情感忠诚是指认知忠诚的下一阶段，是顾客获得持续性满意后而形成对企业所提供产品或服务的偏爱。意向忠诚是指顾客尚未付诸行动的再购意向。行为忠诚是指顾客将已形成的购买意向转变成实际的购买行为。

4. 基于顾客忠诚情感来源的分类

凯瑟琳（Kathleen，2000）根据情感来源的不同对顾客忠诚进行了分类，在这里将顾客忠诚细化为垄断忠诚、惰性忠诚、潜在忠诚、方便忠诚、价格忠诚、激励忠诚、超值忠诚，其具体特征如表 8.1 所示。

表 8.1　凯瑟琳的顾客忠诚分类

忠诚类型	特征描述
垄断忠诚	因为市场被唯一的供应商垄断，顾客的选择受约束，尽管顾客的情感依恋不高，但是又别无选择，在行为上依然表现出很高的重复购买
惰性忠诚	顾客由于惰性而懒于花费时间与精力去寻找其他供应商。这类顾客属于自己给自己设定选择约束，表现出低依态度和高重复购买的行为
潜在忠诚	顾客本身希望重复购买产品和服务，然而一些制约性因素限制了他们的购买行为。这类顾客是一种低依赖、低重复购买的顾客
方便忠诚	这种类型顾客与惰性忠诚有些类似，但是由于购买方便，他们在情感上往往乐于接受，这类顾客是低依恋、高重复的购买者
价格忠诚	顾客对价格的敏感而偏爱能提供最低价的供应商，他们属于低依赖度、高重复率购买者
激励忠诚	顾客在经常惠顾的条件下，由于享受到企业特别提供的积分回馈或奖励而表现出忠诚。这类顾客是低依恋、高重复的购买者
超值忠诚	具有典型的情感或品牌忠诚，是高依恋、高重复的购买者，是企业产品的传道者

二、旅游消费者忠诚度概述

（一）旅游消费者忠诚度概念内涵

虽然重复性的度假旅游现象较早地引起了旅游学者的关注，但是直接针对旅游消费者忠诚概念的研究却直到 20 世纪 90 年代才出现。这些研究基本上建立在品牌忠诚和消费者忠诚研究的基础上，也延续了忠诚度概念的多样性和不一致性。与顾客忠诚相对应，旅游消费者忠诚度概念理解也主要有三个视角。

基于行为学视角的学者认为旅游业中的态度忠诚难于测量，以实际行动才能体现旅游消费者的态度。例如，Backman 和 Veldkamp（1995）认为，旅游消费者忠诚是指旅游消费者长期参与某一游憩活动的行为。Oppermann（2000）也认为，多次购买而且在目的地停留较长时间的旅游消费者就是忠诚消费者。基于态度视角的学者，例如，Chen

和 Gursoy（2001）则认为，旅游消费者忠诚是旅游消费者对于某一旅游目的地可否推荐的感知程度；Forgas-Coll（2012）认为，旅游忠诚包括情感忠诚和认知忠诚。现在国内外学者大部分认同最初由戴（Day，1969）提出的"忠诚"，是一个包含"行为忠诚"和"态度忠诚"二维概念，基于综合角度去理解旅游消费者忠诚，认为旅游消费者忠诚也包含行为和态度的忠诚。例如，Baloglu（2001）认为旅游消费者忠诚包含认知形象、情感形象、信息搜集的态度忠诚和包含旅游次数及未来五年游览意向的行为忠诚。余意峰和丁培毅（2013）也认为旅游目的地忠诚度是由多个忠诚度维度构成的阶段性变量，在时间上呈现为周期性的连续演进过程。

（二）旅游消费者忠诚度的分类

目前关于旅游消费者忠诚度的分类，Backman、Crompton（1991）和 Oppermann（1999）的分类法具有广泛影响力和代表性。

Backman 和 Crompton 依据态度倾向的强弱和行为取向的高低相结合，将旅游消费者忠诚度分为四类。①低度忠诚（Low Loyalty）：购买频率和态度倾向都低；②潜在忠诚（Latent Loyalty）：购买频率低却有较高的情感偏好；③虚假忠诚（Spurious Loyalty）：情感上没有偏好却具有较高的购买频率；④高度忠诚（High Loyalty）：具有强烈的情感偏好和很高的购买频率。模型如图 8.3 所示。

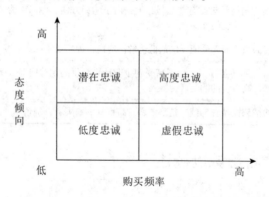

图 8.3 Backman 和 Crompton 的旅游消费者忠诚度模型

Oppermann 在品牌忠诚理论的基础上，根据游客的旅行经历，提出了目的地游客忠诚的七种类型。①非购买者（Non-purchasers）：从来不旅行或者未关注旅游目的地的人。②幻想破灭型（Disillusioned）：曾经有过不满意的旅游经历，进而导致他对整个旅游产生失望。③不稳定型（Unstable）：该游客不断努力地追求新事物或新体验，即使对某个旅游目的地有满意的体验也不会重游。④非忠诚型（Disloyal）：也追求新事物，经常转换旅游目的地，但他们可能会重游。⑤稍微忠诚型（Somewhat Loyal）：对某个旅游目的地有过两次以上的旅游经历，但尚未变成习惯性来游览的顾客。⑥忠诚型（Loyal）：比较有规律地定期地造访某个旅游目的地，可能每隔三四年来一次。⑦非常忠诚型（Very Loyal）：每隔一两年就会来该目的地造访一次，他们是固定的、习惯性的旅游消费者。

第二节　旅游消费者忠诚度测量

由于旅游产品的特殊性、旅游动机的复杂性，旅游消费者忠诚度测量的方法视角也具有一定的差异性。目前，旅游消费者忠诚度主要从行为忠诚度和态度忠诚度两个方面来测量。

一、行为忠诚度的测量指标

行为忠诚度的测量指标主要基于旅游消费者的实际购买行为，主要包括四种指标：购买次序（Purchase Sequence）、购买比率（Purchase Proportion）、购买概率（Purchase Probability）及以上三者的随机组合（Miscellaneous Measures）。

（一）购买次序

购买次序是指某个旅游目的地在旅游消费者某个时间段内或者某次的旅游决策及旅游过程中所占的位次和顺序。该位次和顺序反映的是旅游消费者对这些旅游目的地的重要程度和偏爱程度。从某种程度上也可以看作忠诚度的一种表现，因为忠诚度越高，该旅游目的地在旅游者心中的重要性就越高。

（二）购买比率

购买比率是指旅游消费者在一段时间内购买某个特定的旅游产品或服务所付费用或次数，与购买同类旅游产品或服务所付费用或次数的比率。比率越高，表明忠诚度越高。计算旅游消费者购买某旅游产品或服务比率的原因在于：市场上有多种类似旅游产品，可以选择的范围很大，不进行占有率的比较很难测定旅游消费者对某种特定产品或服务是否忠诚；并且从旅游消费者买某个产品或服务的比率分析入手，容易发现旅游目的地在顾客心中的主要竞争者有哪些，还可以此为依据，调查为什么旅游消费者比较忠诚于其他旅游目的地的产品或服务而不是本旅游目的地的产品或服务。

（三）购买概率

购买概率是指在某个时间段内，旅游消费者会选择某个特定旅游目的地的可能性。利用购买概率不仅能够让我们知道单个旅游消费者的价值，还能估计潜在市场的大小，以及努力改变旅游消费者购买概率会带来极大的收益。购买概率也常作为旅游消费者行为忠诚度的测量指标。

二、态度忠诚度的测量指标

（一）重游意愿

旅游产品作为一种需求弹性较大的服务性产品，不像生活必需品那样经常接触和购买，另外，旅游者普遍具有求新求异的心理，他们并不局限于只游览一个或者少数几个旅游目的地，而是希望可以尽可能多地接触其他旅游目的地，以此来增加他们的旅游体验，再加上旅游产品的消费需要付出比一般产品更多的时间、金钱和精力，所以，在短时间内实现旅游产品的重复购买对旅游者来说并非易事。即便是真正忠诚的旅游者，由于一些因素的限制也很有可能无法顺利实现重复游览的愿望。但他们内心又极度渴望再次前往自己中意的那个旅游目的地，这种渴望的心情就体现了他们对这个旅游目的地的忠诚，并且是发自内心的真实表现。因此，把重游意愿作为旅游者态度忠诚的测量指标具有普遍的实践意义。

（二）推荐意愿

前文提到旅游者行为忠诚度的一个重要体现是其对特定旅游目的地的正面宣传次数，这种正面宣传包括口碑宣传、向他人推荐、在公开场合进行的其他正面介绍等，其中向他人推荐是这种正面宣传中最有效、最可能产生影响并且可能为旅游目的地带来效益的一种形式。一个对旅游目的地绝对忠诚的旅游者，对于这个旅游目的地具有一种强烈的归属感和责任感，从内心将自己视为目的地的一分子，因此他们热衷于充当目的地的"免费宣传员"，向他人介绍和推荐这个目的地，这是他们与目的地之间深厚情感联系的一种体现。因此，调查旅游者的这种推荐意愿，是了解其对旅游目的地态度忠诚的一个重要角度。

（三）首选意愿

未来首选意愿这个指标揭示的是在未来各种实施条件具备的情况下，旅游者将某一特定旅游目的地作为自己游览时的首选的态度。"首选"一词体现的是旅游目的地在旅游者心中的重要程度，首选意愿表明了其在旅游者心中具有很高的地位，是旅游者迫不及待想要在未来实现的愿望。这种渴望的心情正是旅游者对目的地忠诚度的一种体现，因此可以作为衡量旅游者态度忠诚的指标。

第三节　旅游消费者忠诚度的影响因素

旅游消费者忠诚度的影响因素研究一直受到学者的关注，他们从不同的视角和层面，通过不同的实证方法研究，得出了许多具有借鉴性的结论。根据目前学者的研究，旅游消费者忠诚度主要受旅游消费者和旅游目的地两个方面九个因素影响，即满意度、旅游动机、感知质量、感知公平、感知价值、地方依恋、个人特性、目的地形象、服务质量。

一、旅游消费者方面

（一）满意度

奥立佛（Oliver）认为顾客满意度是指顾客的需要得到满足之后的某种心理反应，是顾客对产品和服务满足顾客需要的程度的一种判断。顾客满意度源于顾客对产品或服务的感知实绩与当初期望值的比较，如果实绩大于期望值则产生顾客满意，反之则不满意。满意度作为测量旅游者消费忠诚的前因变量，被很多成果研究所证实。张蓓（2012）以广州农业旅游景点游客进行调研，结果表明都市农业旅游游客满意度是游客忠诚度的重要前提，游客在都市农业旅游中获得需求满足，形成对都市农业旅游体验的良好评价，从而产生重游意愿和推荐意愿。周学军、杨勇（2014）基于 SEM 的休闲避暑地游客满意度及忠诚度关系研究结果也表明，游客满意度与忠诚度之间是显著的正相关关系，即满意度越高，游客对旅游目的地的忠诚度也越高。游客的旅游忠诚度表现为积极推荐、重复游览，休闲避暑度假目的地游客的忠诚度更倾向于积极推荐。刘德光和张洁（2023）在研究红色旅游中认为，游客满意度是游客忠诚度的充要条件。

高满意度将导致旅游消费者较高的重游意愿和较强的推荐意愿。满意度对忠诚度的两个指标——重游意向与推荐意愿的影响存在显著性差异。例如，有些旅游消费者具有很高的满意度，但他自己不愿再重游，却非常愿意向其亲朋好友推荐该旅游目的地。也有研究表明满意度和忠诚度并非线性关系，会通过其他因素产生间接影响。目前，越来越多研究表明，旅游消费者满意能够对忠诚度产生正向的影响。

（二）旅游动机

旅游动机就是激发人们外出旅游的内在驱动力（朱华，2014；龚胜生等，2024）。旅游行为的产生，其直接的心理动因是人的动机，而隐藏在动机背后的原因是人的需要。凡是引起个体去从事某项活动，并使活动指向一定目标以满足个体某种需要的愿望或意愿，都是这一活动的动机。不同的需要会产生不同的动机，不同的动机对某个特定旅游目的地的忠诚度也将产生不同的影响。

学者研究动机对旅游者目的地忠诚的影响时，主要从驱力和诱因理论、最佳刺激理论的角度去探讨。第一种视角，将旅游动机归纳为"推动"与"拉动"两个因素，其中，"推动"因素主要有放松、娱乐、消遣、追求新奇、家庭团聚、社会交流、逃避等。拉动因素主要包括目的地环境、历史遗迹、特色饮食、活动参与等。第二种视角，主要

体现在旅游消费者对最佳刺激物的追求程度，常把"寻求新奇"作为测量变量，但"寻求新奇"的动机对重游意愿具有一定负向影响（沈雪瑞、李天元，2013）。

（三）感知价值

感知价值是指消费者在对某产品或服务的获得（得到的利益，包括心理、情感、金钱等）与付出（在消费时的牺牲，包括时间、精力、金钱等）进行比较之后得到的一种心理上的价值判断，如果顾客觉得在消费时所获得的价值超过了他的付出（不论是金钱或是其他方面），他便会感到满意并再次光顾。伯尔丁（Boulding，1993）等的研究发现，顾客感知价值与顾客的推荐意愿、重复购买呈正相关关系。也有学者（Zeithaml，1988）指出，顾客感知价值与高价容忍度之间存在正相关关系，即可以容忍价格上涨而继续保持忠诚。帕拉体拉曼（Parasuraman，1988）等也提出，顾客感知价值是顾客忠诚的主要驱动因素之一，消费者在购买中总是期望以有限的资源获取最大的交换价值。白长虹、廖伟（2001）认为，顾客感知价值对顾客忠诚有直接或间接的影响，间接影响通过推动顾客满意来达成。游客感知价值对游客满意度与忠诚度也产生重要影响，游客的文化感知价值显著正向影响游客满意度，成本感知价值显著正向影响游客满意度与忠诚度（何琪敏、谈国新，2023）。对于旅游者来说，如果某次旅游经历让他觉得不虚此行或者有很多超出想象的额外收获，那么他对此次经历的印象就会加深，对该旅游目的地的满意度也会随之增加，进而对忠诚度产生影响。此外，这种正面的强化还会直接促使旅游者产生对目的地的忠诚感，对旅游者未来的选择行为产生影响。

（四）感知质量

感知质量是指消费者在使用或体验过某产品或服务之后对其质量的主观感受与评价。这种主观的评价与产品或服务的实际质量可能会存在某种程度的差距，但它却是影响消费者购后评价和满意度的重要因素。也就是说，消费者的感知质量越高，他们对该产品或服务的满意度就越高，而满意度又是影响忠诚度的重要条件。因此感知质量也就成为影响消费者忠诚度的因素之一。不少旅游学者的研究也证实，旅游者对旅游目的地的感知质量不仅对其忠诚度有着直接的正向影响，还通过顾客满意这一变量间接地对顾客忠诚起着作用。

（五）感知公平

学者对感知公平研究的方法也有差异。例如，Hutchinsona 等（2009）根据旅游消费者对是否受到公正与合理待遇来评价是否公平，结果表明，感知公平是满意度和感知价值的前因变量，也在服务质量与满意度之间具有中介作用。Panisa 等（2009）采用目的地意识和目的地形象两个指标测度感知公平，结果验证了感知公平不但是目的地忠诚的前因变量，而且在满意度和忠诚度之间具有调节作用。我国学者粟路军（2011）等人采用类似的方法，也发现服务公平性是服务质量、感知价值、旅游者满意的直接前因变量，进而间接影响目的地忠诚。徐虹等人（2018）认为，与其他服务行业的一线员工（高权力）相比，顾客的不当对待对旅游业一线员工（低权力）互动公平感的负向影响更弱，对程序公平感的负向影响更强。

（六）地方依恋

国外学者对地方依恋概念的研究始于20世纪80年代末90年代初。目前学界较为一致的观点是将地方依恋看作人与特定地方之间的情感性联系，认为地方依恋是人与地方之间基于情感（情绪、感觉）、认知（思想、知识、信仰）和实践（行动、行为）的一种联系，其中情感因素排第一位，地方依恋的情感成分在人地关系中起核心作用（吴丽敏，2015），依恋某地的个体能感知到该地比其他地区更能提供满足自己行动目标的条件；特定的环境能够促进旅游者对休闲经历的追求，以及与自然环境相关的身心和社会利益的追求，从而促进地方依恋的发展（Kyle，2004）。

段义孚认为，外在环境"不仅仅是人类的物质来源或者要适应的自然力量，也是人类安全和快乐的源泉、寄予深厚情感和爱的所在"，并将这种"人与场所或环境之间的情感联结"称为"恋地情结"（Tuan，1974）。现有研究表明，在户外游憩地情境下，具有强烈地方依恋感的旅游者更倾向于对目的地倾注时间、精力、金钱等资源，出现重复购买、传播正向口碑、积极参与目的地的环境保护等行为（Kely，Graefe和Manning，2005）。

国内旅游地地方依恋概念由黄向、保继刚（2006）等引入，并构建了旅游地地方依恋的CDEEM研究框架；唐文跃（2007）在探讨地方感的研究进展时，将旅游地地方依恋作为地方感的重要内容进行了阐述。杨昀（2011）也构建了地方依恋的PPCMA研究框架，并在研究现状的基础上提出了研究展望。白凯（2010）从环境心理和游客认知角度出发，通过结构方程对乡村旅游地"农家乐"游客的"场所依赖"和"忠诚度"进行了关联研究，结果显示：游客对乡村旅游地"农家乐"的"场所依赖"和"游客忠诚度"存在强正相关关系。贾衍菊、林德荣（2016）通过对国内休闲旅游地厦门进行实证分析，结果表明地方依恋直接影响忠诚度，而且在旅游者满意度和忠诚度的影响关系中起到中介作用。周晓丽、唐承财（2022）研究发现，地方依恋直接显著正向影响旅游者的红色旅游忠诚度和红色文化资源负责任行为。王屏、张冬良（2022）研究也表明，地方依恋在环境认知对度假者忠诚度的影响关系中具有中介作用。

（七）个人特性

个人特性指的是旅游者自身所具有的不同个性特征，这些个性包括旅游者的各项人口统计学特征、生活态度、重视时间的态度、风险厌恶的程度等。这些因素会影响旅游者对于旅游目的地的总体评价，进而影响其满意度，并最终作用于忠诚度。比如，一

个极度重视相关群体意见的旅游者，他在选择旅游目的地时更多地是参考周围人的意见和建议，而很少根据自己之前的旅游经验进行抉择。由于过多地受他人意见的影响而忽视了自己的经验和感受，他就很难对于曾经游览过的旅游目的地形成忠诚度。再比如风险爱好者和风险厌恶者之间，两者对于相同情境下旅游体验的感觉也是截然不同的。假如旅游过程中出现了某些意外的情况，风险爱好者可能会觉得这是额外的刺激因素，从而增加了他旅游的乐趣；而风险厌恶者会觉得这种意外破坏了他原本完整的旅游体验。发展到最后，风险爱好者会因为意外情况的出现增加了对旅游目的地的好感，对其整体印象和满意度也随之增加；而风险厌恶者很有可能会因此而产生不满意的情绪。乔光辉（2015）通过差异性检验分析发现，游客的人口统计学特征中的"性别""婚姻状况""受教育程度""职业""客源地"等，都是导致游客满意度与生态旅游目的地忠诚度之间存在显著差异的重要因素。

二、旅游目的地方面

（一）目的地形象

目的地形象影响旅游者个人主观感知，随之发生的行为及目的地的选择，自从Martintineau（1958）率先提出人们的行为取决于感知形象而不是客观存在，目的地形象现已成为旅游领域关注的焦点（王纯阳，屈海林，2013）。

目的地形象是指个人对一个目的地的信任、看法及印象的总和。而旅游形象是指旅游者对某一旅游接待国或地区旅游服务的总体看法。旅游目的地形象就是指旅游者、潜在旅游者对旅游地的总体认知和评价，是对目的地社会、政治、经济、生活、文化、旅游业发展等各方面认识和观念的综合，是旅游地在旅游者和潜在旅游者头脑中的总体印象（朱华，2014）。

目的地形象是旅游者评价某一旅游目的地时的一个重要因素，其好坏直接影响着旅游者对于该旅游目的地的感知质量，也会影响旅游者的满意度，而满意度又是一个影响忠诚的前因变量，所以它也就影响了旅游者对该旅游目的地的忠诚度。沈鹏熠（2012）通过实证方法，表明旅游目的地形象即认知形象和情感形象不但对游客忠诚产生直接影响，而且通过游客满意对游客忠诚产生间接作用。

（二）服务质量

服务质量是指旅游者在目的地体验到的旅游服务的好与坏，它是影响旅游者感知质量的根源，也是影响旅游者感知价值和满意度的根本因素。在很多实证研究中，服务质量被证明是满意度的前因变量，并通过满意度的中介作用影响旅游者的行为意向或者通过其他中介变量，如感知公平、感知价值等间接影响忠诚。例如，旅游者对目的地服务质量的肯定是其产生重游意愿的直接驱动因素，同时它也可通过满意度这一中介变量对

"向他人推荐"的意愿产生间接影响（Bigne，2001）。

三、其他因素

转换成本是指当消费者从一个产品或服务的提供者转向另一个提供者时所产生的一次性成本。这种成本不仅是经济上的，还包括时间、精力和情感上的。如果顾客从一个企业转向另一个企业，可能会损失大量的时间、精力、金钱和关系，因此即使他们对企业的产品或服务不是完全满意，也会三思而行。顾客的转换成本对顾客转移视线起阻碍作用，因此有利于维持与顾客的现有关系，从而提高顾客忠诚度。但是，也应该看到，转换成本带有某种强制性的因素。虽然这种产品或服务不是最好的，但是由于种种原因，消费者不得不继续使用该产品或服务，在这种情况下消费者会有一种被绑架的感觉，他们对该产品或服务并不是真正的认可。这种忠诚是一种短期的忠诚，并且存在很大的转移风险。一旦消费者找到更加满意的产品或服务，转换成本降低或消失，消费者的忠诚度也会随之消失。

以上介绍的旅游者忠诚度的影响因素是被大多数学者证实并得到普遍认同的因素，除了这些具有普遍意义的因素之外，还有一些其他因素也被学者们拿来进行了不同程度的探索。可以看出，对于影响旅游者忠诚度因素的探索一直处于不断发展之中，相信经过不断探索和实践，会有更多的因素被证实。

第四节　基于旅游消费者忠诚度的旅游营销

一、增加旅游消费者的感知价值，提升其满意度

要增加忠诚度，就需要提升旅游消费者的满意度，这就需要增加旅游消费者的感知价值。要培养忠诚的旅游消费者，旅游企业或旅游目的地就必须重视旅游消费者的感知价值，采用各种措施，让旅游消费者感知其所享受的旅游服务物超其值。提高感知价值最基本的途径就是提高感知质量，而感知质量源于良好的服务和产品。旅游目的地或企业应该从保证旅游基础设施、服务质量和良好的环境等几个方面入手，打造高质量的旅游服务产品。提升目的地本身形象，塑造自己的品牌，使旅游者感受到自己消费的旅游产品具有品牌价值，这可以增加他们对于旅游产品社会价值和心理价值的评价。此外，旅游目的地或旅游企业可以与旅游消费者之间建立一种独特的关系，从而使旅游消费者对目的地产生情感上的依恋和偏好。

二、提供高品质的旅游服务与产品，提升感知质量

旅游产品是一种服务性产品，旅游者购买的是一段经历和体验。因此，在这种无形

产品的提供过程中，服务是最主要和关键的因素。目的地提供的旅游服务越周到、贴心，旅游者对其整体感知质量就越高。感知质量的高低决定了旅游者对此目的地满意度，满意度又是忠诚度产生的前提。所以，为了培养忠诚的旅游者，旅游目的地必须提高其供应的旅游产品和服务的质量。

为了保证旅游者能够体验到高水准的服务质量，旅游目的地需要提前了解哪些因素会在旅游者的消费过程中对其产生影响，找到了这些因素之后，有针对性地进行改进。在这个过程中，尤其需要重视旅游者与服务人员的接触点。比如在一个特定的景区之内，旅游者购票、旅游者咨询、导游讲解，就是最需要注意的服务接触点。景区服务质量的提升重点也在这些接触点上。服务质量好坏与服务提供者有着密切联系，服务人员的态度、语言、行为举止和精神状态等都会直接影响旅游者的感知质量。优秀的旅游服务者可以让原本平淡无奇的旅游消费过程变得精彩纷呈；相反，不称职的旅游服务者可能会使原本美好的旅游体验过程变得一团糟。因此，对于旅游服务人员的培训和管理是保证旅游服务质量的一个重要环节，旅游目的地应该给予服务人员更多的关怀，给他们创造一个和谐的文化氛围，同时增加必要的技术培训，使他们成为忠诚的服务人员，从而为旅游者提供完美的服务。

除了上述两方面外，良好的旅游服务质量还有赖于目的地各个部门之间的合作和协调。不管是酒店、餐馆、景区、旅游交通部门、旅游管理部门，还是邮电、银行等其他支持部门，只要涉及旅游者活动的场所，都需要旅游组织进行统一协调和保障，以提供高质量的服务体验。

三、把握旅游消费者心理，激发其旅游动机

人的一切消费行为都受到其内在心理因素的影响，是心理过程的外在表现，旅游消费者行为也同样如此。旅游消费者的心理过程指旅游消费者对旅游产品的感觉、知觉、记忆、思维及意志等心理活动过程。旅游企业必须对旅游消费者进行调研和分析，把握旅游消费者心理，细分市场，激发其旅游动机。激发旅游者的旅游动机，可以从如下几点着手：

第一，增强旅游产品的吸引力。人们外出旅游的目的是要通过游览名胜古迹、欣赏田园风光、体验风土人情、参观古老建筑和享受优质服务来满足其身心的需要。人们能否得到这种满足，取决于旅游产品是否符合旅游者的需求。只有当旅游产品能满足旅游者的某一需要时，才会使需要转化成旅游动机。例如，庐山天下悠，三清天下秀，龙虎天下绝，泰山天下雄，黄山天下奇，风景秀丽奇峻的特征，无不令人向往。

第二，加大旅游宣传的力度。旅游宣传为旅游者提供信息，帮助他们认识旅游的价值，使其消除顾虑，唤起欲望，激发动机。旅游宣传应增加强度、加大对比、利用移动网络、不断重复等手段。而且旅游宣传的形式要多样，如刊登广告、散发印刷品、影视活动、派出宣传机构或小组、邀请记者来访、参加博览会和展销会等。此外，旅游宣传

应遵循异质性原则、形象性原则、独特性原则、针对性原则以及动态性原则。当人们受到某种较强的刺激时，他习惯的认知系统会失去平衡，其感官会集中认识这些刺激，从而在左脑皮层形成兴奋中心留下深刻印象，这种现象被称为异质性效应。

第三，倡导现代旅游观念，鼓励旅游消费。要激发旅游者和潜在旅游者的旅游动机，就要提倡和树立全新的旅游观念，使人们认识到旅游不是一种奢侈的消费行为，而是现代生活中不可缺少的一个组成部分，是一种现代生活方式，以此来促进旅游消费。

四、树立良好的旅游目的地形象，增强口碑效应

旅游目的地不是单一的旅游产品，而是一个由吃、住、行、游、购、娱等不同部分组成的复合产品。旅游目的地营销是一种在地区层次上进行的旅游营销方式，在这种方式下，地区将代表区域内所有的旅游企业，以一个旅游目的地的形象作为营销主体参与旅游市场的竞争。在目的地营销过程中，每一个旅游目的地都将以总体旅游产品（Total Tourism Product）的形式出现，即以旅游地整体而非若干独立景点作为旅游吸引因素推动市场。

人们心目中的旅游目的地形象的形成是一个复杂的过程。旅游目的地形象的形成过程也是人们对所有有关该旅游目的地的信息，脑海中对其的印象、感知进行加工、甄别、排列、整理的信息处理过程。按照旅游目的地形象与人们旅游行为之间的关系，旅游目的地形象的形成可以分成三个阶段，即旅游目的地初始印象阶段、深入印象阶段和实际印象阶段。旅游目的地形象的宣传和塑造是旅游目的地市场宣传促销的内容之一。针对旅游目的地形象形成的三个阶段，旅游宣传促销也可以划分为三个层次，其内容和侧重点也是不同的。

口碑效应是由于消费者在消费过程获得的满足感、荣誉感而形成对外逐步递增的口头宣传效应，客户满意并不仅是对结果满意，更多的是对过程的挑剔。只有满足客户的需求，他们才会为你自觉自愿地传扬口碑。人们往往从其家庭、亲朋好友、邻居、同事等处得到旅游口碑。这类口碑对旅游购买决策的影响较大。旅游企业应十分重视口碑效应，以优质产品、温馨服务的旅游目的地形象赢得旅游消费者的口碑，发挥影响潜在旅游购买者决策的作用。如一家酒店在宾客意见簿的扉页上写下这样一段耐人寻味的文字："如果您满意，请告诉您的亲朋好友；如果您不满意，请告诉我们。我们将努力做得更好，一直到您满意。"

五、保证整个服务的公平，强化旅游消费者的感知公平

Clemmer 和 Schneider（1996）发现，服务公平性对顾客满意度和顾客的再购意向有显著的直接影响。谢礼珊、龚金红和徐泽文（2009）认为，如果旅游服务企业不能给旅游消费者留下服务公平的印象，旅游消费者就没有足够的信心对旅游服务企业产生忠诚感，并且认为通过以下四点可以提升旅游消费者感知公平：

第一，重视各个层次的公平。公平不能仅仅体现在给予的结果上，还应该反映在服务流程的改进、交往过程中灵活性的提高、服务态度的改进和信息沟通的详细、真实等方面，服务性企业既要重视结果的公平，又要保持服务的程序、人员交往及信息沟通等高层次的公平。

第二，要真诚沟通，诚信营销。旅游企业在对外沟通中应传递真实、详细的信息，保持服务承诺与服务传递的一致性。当服务出现变更时，应及时告知顾客，并做好相应的解释工作，同时加强企业内部的信息沟通，保持信息沟通的一致性。

第三，改善服务人员的服务态度。在服务接触中，顾客大部分时间是在与企业的一线员工打交道。在顾客看来，服务人员的态度和行为就是企业形象的代表。因此，服务企业应该加强员工的培训，增强员工的服务意识，提高服务人员的素质。在服务交往过程中，服务人员应待客诚实、礼貌，尊重顾客，关心顾客的需要，设身处地为顾客着想；当服务出现失误时主动道歉，并积极尽力地帮助顾客解决问题。

第四，正确及时地进行服务补救。通过实证研究方法探寻服务补救中顾客自我调节导向心理特征对感知公平的影响，研究结果表明，服务失败背景下旅行社实物补救的确主要影响游客感知结果公平（陈国平等，2012）。服务企业可以通过正确的服务补救措施，来降低顾客对服务结果的失落感，以及对服务程序、交往方式和信息沟通的不公平感。为了实现这一目的，服务企业的补救行为首先要迅速及时，具有时效性。其次，补救措施还应合理有效。Tax（1998）等人指出，服务失误发生后，道歉会影响顾客对服务公平性的评价。其中，道歉者的态度尤为重要。态度良好的道歉行为能降低顾客对服务不公平的感知，而缺乏诚意的道歉则会加剧顾客的服务不公平感。除了及时的解释和道歉外，企业还可以通过折扣优惠或礼品赠送等形式，给予顾客以物质补偿。

六、关注情感变化，培育地方依恋

通过感知目的地各个层面的服务，旅游者产生满意情感并进而促使地方依恋形成，外在的行为表现便是多次造访目的地或口碑推荐。因此，旅游者忠诚行为的产生是正面情感累积的结果，旅游者的情感变化和相应管理需要引起目的地相关部门的关注，并有意识地培育旅游者的依恋情感。这种情感具有较高的稳定性和持久性。一旦形成，旅游者会表现出对这个空间的眷顾，并伴随多次重游行为的发生，成为目的地最为忠诚的客源市场。进一步表明，相比于地方认同，地方依恋对旅游者忠诚行为的影响更大，这暗示旅游地管理者需要重视旅游者地方依恋，且有效管理旅游者地方依恋情感的激发要素（贾衍菊，林德荣，2016）。要培育和提升旅游目的地忠诚度，不仅要关注服务品质和满意度等管理类变量，更要注重保护和塑造目的地的地方性，提升游客的涉入程度，培育和强化游客的地方依恋（龙江智等，2019）。

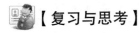【复习与思考】

1. 为什么要培养旅游消费者的忠诚度？
2. 请分析旅游消费者忠诚度的形成机制。
3. 请分析旅游消费者忠诚度的影响因素。

【推荐阅读】

1. 柴寿升，张雪唱，龙春凤. 社会公平感对景区—社区冲突的影响机制研究——基于政府信任的中介效应［J］. 经济问题，2024（3）：113-120.

2. 范玉强，陈志钢，李莎. 历史文化街区游客怀旧情感对游客忠诚的影响——以西安市三学街为例［J］. 西南大学学报（自然科学版），2022，44（4）：155-164.

3. 何琪敏，谈国新. 文化生态保护区游客非遗先前知识、感知价值与行为影响机制研究［J］. 旅游科学，2023，37（5）：98-119.

4. 胡田，郭英之. 旅游消费者在线购买旅游产品的信任度、满意度及忠诚度研究［J］. 旅游科学，2014（6）：40-50.

5. 刘德光，张洁. 红色旅游氛围对游客忠诚度的影响研究［J］. 科学决策，2023（10）：230-241.

6. 龙江智，段浩然，张方馨. 地方依恋对游客忠诚度的影响研究——基于凤凰古城的实证研究［J］. 北京师范大学学报（自然科学版），2020，56（1）：68-77.

7. 孙九霞，陈钢华. 旅游消费者行为学［M］. 大连：东北财经大学出版社，2022.

8. 徐虹，梁佳，李惠璠，等. 顾客不当对待对旅游业一线员工公平感的差异化影响：权力的调节作用［J］. 南开管理评论，2018，21（5）：93-104.

9. 周晓丽，唐承财. 地方依恋对旅游者红色旅游忠诚度和红色文化资源负责任行为的影响研究［J］. 地理与地理信息科学，2022，38（4）：130-136+144.

10. Backman S J, Crompton J L. The usefulness of selected variables for predicting activity loyalty［J］. Leisure Sciences，1991，13（3）：205-220.

11. Dick A S, Basu K. Customer loyalty: toward an integrated conceptual framework［J］. Journal of the academy of marketing science，1994，22（2）：99-113.

12. Jones T O, Sasser W E. Why satisfied customers defect［J］. Harvard Business Review，1995，73（6）：88-101.

第 九 章

社会群体与旅游消费者行为

 **本章导读**

　　人作为社会中的一员，其消费行为不仅受到内在因素的影响，还受到社会因素的影响。旅游消费者的行为是内因与外因相互作用的结果。我们每个人都生活在群体之中，同时，我们每天也都处在信息世界里，接收来自人际和非人际传播的各种信息，这一切都在影响着我们的价值观、态度和行为。所以，旅游者的出游，总是会受到诸多其他社会成员和因素的影响。那么，除了家族、亲朋好友外，影响旅游消费者行为的群体还有哪些？他们是如何影响旅游消费者行为的？如何基于不同的旅游消费者社会环境开展旅游营销活动？这些都是本章要探讨的问题。

【学习目标】

　　1.知识目标：了解社会群体的含义；把握与旅游消费相关的社会群体；把握参照群体、社会交往和家庭对旅游者消费行为的影响。
　　2.能力目标：学会利用社会群体基本原理来开展旅游营销活动。

【导入案例】

银发旅游市场升温

　　国庆假期过后，机票和酒店价格的回落为时间自由的老年游客提供了错峰出游的良机，银发旅游市场正展现出前所未有的活力。
　　随着老年人口的不断增加和人均预期寿命的延长，针对老年人的社会保障体系正在持续完善，老年旅游市场前景广阔。

国庆假期过后，旅游市场逐渐步入传统淡季。然而，机票、酒店价格的回落为拥有时间自由的老年游客提供了错峰出游的良机。去哪儿旅行网数据显示，国庆假期过后，老年人机票预订量显著增长，55岁以上旅客占比约为10%。途牛旅游网数据显示，10月8日至31日团期出游用户中，50岁及以上用户出游人次占比已接近40%，银发旅游市场正展现出前所未有的活力。

10月份，全国大部分地区天气宜人，为老年人提供了广阔的出游空间。成渝地区和苏浙沪地区成为老年游客的热门选择，北京、上海、成都、广州、重庆、厦门、西安、长沙、南京和杭州等城市凭借其独特的魅力，吸引了大量老年游客前来探访。

进入11月后，随着北方天气逐渐转冷，候鸟式养老的老年人开始南迁，温暖的南方城市如昆明、西双版纳、大理、三亚、海口、南宁、北海、珠海等备受老年游客青睐。

去哪儿旅行网数据显示，55岁至65岁的"年轻"老年人是出游的绝对主力军。他们游玩时间长，出行距离远，消费能力强，人均乘机频率较高。

最新发布的《2023年度国家老龄事业发展公报》显示，我国60岁及以上老年人口已超过2.96亿人，65周岁及以上老年人口超过2.16亿人。值得注意的是，老年人的消费需求也正在发生深刻变化。去哪儿大数据研究院研究员肖鹏分析，从平台预订情况看，老年人跟团游的数量正在逐渐减少，而自由行在不断增加。"现在'年轻'一些的老年人对互联网应用十分熟练，获取信息的能力显著增强，因此更愿意选择更自由、更个性化的自由行和定制小团游。"肖鹏说。

途牛国内度假产品业务三组负责人乔成伟表示，随着智能手机的普及和文旅企业的适老化改造，老年人咨询和预订旅游产品的线上化率正不断提升。老年人在选择旅游产品时，更加注重行程节奏、导游讲解能力、交通和住宿条件等，同时也十分关注是否提供无障碍设施等细节。此外，途家平台数据显示，"新银发族"在出游时更注重社交体验，多人预订场景占比同比增长了一倍。途家民宿高级副总裁胡阳注意到，"年轻"的银发族在选择民宿时，更倾向于选择能提供高品质服务、满足社交需求的特色民宿。

近年来，国家出台了包括《国务院关于促进服务消费高质量发展的意见》在内的一系列促进消费政策，大力发展银发经济。其中，涉及旅游领域的政策举措包括增开银发旅游专列、对车厢进行适老化改造、丰富旅游线路和服务供给等。

资料来源：张雪.银发旅游市场升温［EB/OL］.中国经济网，http://www.ce.cn/xwzx/gnsz/gdxw/202411/04/t20241104_39190653.shtml.

案例分析：

上述案例展现的情形说明，处在不同的社会群体，旅游者的旅游行为是完全不一样的。

第一节　社会群体概述

一、社会群体的含义

马克思的人性观认为，人有两种属性：一是人的自然属性，二是人的社会属性。人的社会属性使我们不可避免地与群体联系在一起。人一出生，就存在于形形色色的群体中，并与这些群体共同成长。在整个生命过程里，我们也会不断地进入或者离开各种群体。因此，整个社会都是由群体组成的，群体是我们社会存在理所当然的一部分。

社会群体，是指通过一定的社会关系结合起来，相互作用、相互依赖的集体。社会群体具备三个基本特征。一是群体成员需以一定纽带关系联系起来。例如，以血缘为纽带组成的氏族和家庭，以地缘为纽带组成的邻里群体。二是成员之间有共同目标，并保持持续的相互交往。三是群体成员之间有共同的群体意识和规范。

社会既为人的社会化提供了场所和手段，又为满足个体各种社会需要提供了条件和保障。离开了家族、邻里、朋友和其他各种类型的群体，人的很多需要无法得到满足，人的社会化也无从谈起。社会群体对旅游消费者的作用体现在以下几个方面。

（一）社会群体对旅游消费者有非常大的影响

群体成员在接触和互动过程中，通过心理和行为的相互影响与学习，会产生一些共同的信念、态度和规范，这些对旅游消费者的行为将产生潜移默化的影响。例如，在家庭、学校等群体的经历教会我们做什么和不做什么，包括如何用餐、如何欣赏音乐、如何欣赏画展，如何观看体育竞赛等。在许多情况下，这些社会信息产生的影响力甚至比消费活动本身提供的客观信息更有力。

社会群体的规范和压力会促使旅游消费者自觉或不自觉地与群体的期待保持一致，即使那些个人主义色彩很重、独立性很强的人，也无法摆脱社会群体的影响。

很多旅游产品的购买和消费是与群体的存在密不可分的。例如，加入某一登山协会，不仅要参加该协会的登山活动，还要购买与该协会其他成员相一致的产品，如印有某种标志的帽子、旗帜或某个品牌的登山器材等。

（二）社会群体对旅游消费者影响的途径

社会群体成员资格为旅游消费者对他人施加影响提供了途径，包括影响群体内其他成员及影响群体外与群体活动相关的人。这种影响常常能够给群体成员带来明显的自尊感。在群体内部，人们有机会充当领导者，或向其他成员施展自己的技能和才干。在群体外部，群体成员资格使旅游消费者享有特定的权利，从而影响其他群体或社会。

人们之所以加入各种社会群体，主要是因为社会群体能满足他们的某些需要。一个群体只有对其成员起着重要甚至是必不可少的作用，才能长期维持下去。这些需要主要包括：归属感，即与他人共处的需要；自我认同和自尊需要，即由个体在群体中的身份决定个人的角色、价值观和立场；安全感，群体成员相互支持以控制焦虑，减少不确定性的需要；参照需要，群体对其成员而言，具有直接的参照作用，有助于问题的解决。

二、与旅游消费者密切相关的社会群体

（一）家庭

人一生中的大部分时间是在家庭里度过的，家庭成员之间的频繁互动对个体行为产生广泛而深远的影响。尽管远离家园，旅游消费者的价值观、信念、态度和言谈举止，无不打上家庭影响的烙印。此外，家庭还是一个购买决策单位。一方面，家庭生命周期、家庭规模和结构、家庭购买决策的模式影响和制约家庭成员的旅游消费行为；另一方面，家庭成员又对家庭购买决策施加影响。

（二）朋友

朋友构成的群体是一种非正式群体，它对消费者的影响仅次于家庭。追求和维持与朋友的友谊，对大多数人来说是非常重要的。个体可以从朋友那里获得友谊、安全感，还可以与朋友互诉衷肠，与朋友讨论那些不愿对家人倾诉的问题。不仅如此，结交朋友还是一种独立、成熟的标志，因为与朋友交往意味着个体与外部世界建立联系，同时也标志着个体开始摆脱家庭的单一影响。例如，在我国，"在家千日好，出门一日难"的观念深入人心，一些自助游者为了避免家人的担心和反对，往往不向家人吐露其真实的行程，但他们会与朋友商讨"旅行攻略"，将路途中的风险降到最低。

同时，朋友的意见和建议，对旅游消费者选择旅游目的地、入住哪家旅店、购买何种产品和品牌、怎样评价购买的产品均有重要影响。这些影响随个体与朋友相似程度的增加而增强。

（三）工作群体

人们有许多旅游消费行为与工作群体有着密切的联系。例如，商务游客代表企业参加展销会，公司为销售人员提供的奖励旅游等。影响旅游消费者行为的工作群体可以分为两种类型。一种是正式的工作群体，即由一个工作小组里的成员组成的群体，如同一个办公室里的同事，同一条生产线上的装配工人等。一般情况下，正式工作群体对与公事相关的旅游消费活动的影响较大。另一种是非正式工作群体，即由在同一个单位但不一定在同一个工作小组里工作，且形成了较密切关系的一些朋友。由于在休息时间或下班时间成员之间有较多的接触，所以非正式工作群体与正式工作群体一样，都会对所属

成员的消费行为产生重要影响。

（四）参照群体

在旅游消费活动中，参照群体实际上是指旅游消费者在形成其购买或消费决策时，用作参照和比较的个人或群体。

三、群体压力与从众心理

从众是社会影响个人的方式之一。所谓从众，是指个体在群体的引导或压力下，在知觉、判断、观念及行为上表现出与群体中大多数人一致的现象。从众有不同的表现形式。有时，个体没有自己的意见，抱着无所谓的态度，随大流。有时，个体虽有自己的看法，但与大多数人的看法不同，只好在群体压力下转变态度和立场。有时，个体采取了与众人一致的行为，但内心依然坚持自己的意见，并没有改变态度。这些情形都可视为从众。

实际上，群体压力可以导致从众，群体优势也会对人的行为造成影响。同时，消费者在很多购买决策上都会表现出从众倾向。例如，我们在家里可以试穿各种新买的奇异服装，但在决定是否穿出去时，则要考虑大多数人的反应。

从众心理产生的原因主要如下：

（一）行为参照

任何一个人，无论多么聪明，多么富有知识，都不可能熟悉和了解每一种生活情境。在情境不确定时，其他人的行为最具有参照价值。从众所指向的是多数人的行为，自然成了最可靠的参照系统。例如，在陌生的旅游地，人们更愿意到人多的餐馆去吃饭，到人多的商店去购物，选择人多的路走。采用从众方式可以帮助我们最大限度地转移风险，适应未知世界。

（二）对离群的恐惧

任何群体都有维持群体一致性的倾向和机制。群体通常会接纳和优待与群体保持一致的成员，疏远、排斥和制裁偏离者。"木秀于林，风必摧之""枪打出头鸟"等说法或多或少地反映了不从众带来的风险。为了避免被其他成员排挤，人们会产生从众行为。例如，与别人一起购物时，人们往往会购买许多计划外的商品，以赢得群体中其他人的认可。

（三）群体的凝聚力

如果群体有着共同的目标和利益，个人就可能为了实现集体的理想和目标，自觉与其他成员保持一致。群体凝聚力越强，群体成员就越愿意采取与群体相一致的行为。

第二节 参照群体与旅游消费者行为

一、参照群体概述

（一）概念

1942 年，美国社会学家海曼提出了参照群体这一概念，用以描述个人心目中想要加入或理想中的群体。人们通过与参照群体的对比来确定自己的地位，并把参照群体的价值和规范体系视为个人的目标或标准。例如，想考入大学的中学生往往把大学生群体作为参照群体。

参照群体，是指一群与消费者紧密相关，同时对消费者的评估、期望和行为产生影响的群体。在旅游消费活动中，参照群体实际上是旅游消费者在形成其购买或消费决策时，用以作为参照、比较的个人或群体。参照群体在帮助成员形成信仰、态度、价值观和人格方面有着特殊的意义。

参照群体的含义随着时代的变化而变化。这个术语最初是指家庭、朋友等与消费者直接打交道的群体。现在，参照群体不仅包括直接与消费者互动的群体，还包括电影明星、体育明星、政治领袖和其他公众人物等与消费者没有直接接触，但对个体行为产生影响的个人或群体。同时，不同的参照群体在不同的时间内或不同的环境下，消费者的信念、态度和行为也不同。例如，一个女大学生在购买服装时，倾向于选择与同龄人的服饰相一致的服饰，但看病时则与父母一样选择看老中医。也就是说，虽然消费有许多的参照群体可供选择，但在某种具体的情境下，消费者一般只会使用一个群体作为参照群体。

【相关链接】

跟着明星游漳州 "同款打卡"成"爆款"

《旅行任意门》综艺节目在东山录制。明星引流带动，漳州古城人气爆棚。

在明星效应的影响下，龙海后港古街成热门打卡地。

2024 年 5 月 11 日晚，漳州古城人山人海。古力娜扎、陈哲远、张云龙、杨迪等明星现身古城录制旅行综艺节目，引得众多粉丝、游客来此"偶遇"明星。特地从福州赶来漳州的游客游雨欣说："我是陈哲远和张云龙的粉丝，这次跟着偶像来到漳州，也逛逛漳州古城。这里很有韵味，下次带家人一起来。"

最近，像游雨欣这样，跟着明星的脚步到漳州旅游打卡的游客越来越多。今年

以来，一大批影视、综艺节目到漳州取景。人气明星畅游千年古城漳州，领略山海，寻味美食。在偶像的"种草"下，许多粉丝、游客掀起"同款打卡"热潮，走进漳州，深度体验城市的文化与魅力。

魅力四射热门影视取景地

2023年"五一"节前，明星毛晓彤到漳州取景拍摄福建文旅宣传片。在宣传视频中，毛晓彤漫步漳州古城，品尝海蛎煎、土笋冻、四果汤等美食；入住南靖土楼民宿，静享悠闲时光。短短不到2分钟的视频，便将漳州小城的烟火气、慢生活体现得淋漓尽致。

视频发出后，在抖音、微信视频号、微博、小红书等平台收获了数十万的点赞和转发。各地网友纷纷在视频评论区表示："漳州是个宝藏城市，一定要去一次。"

据不完全统计，近年来，电视剧《深海1950》《仁心俱乐部》《炽道》《你好，检察官》，电影《沙漏》《你的婚礼》《一闪一闪亮晶晶》《左耳》，以及综艺节目《旅行任意门》《追星星的人》《日食记》等均到过漳州取景。于和伟、魏晨、吴奇隆、林峰、丁禹兮、辛芷蕾、金晨、王安宇、单依纯、陈立农等明星都曾到漳州打卡。

漳州山川秀美，滨海风光迷人，闽南文化韵味十足，这无疑是吸引众多影视剧组、明星艺人前来拍摄打卡的主要原因。漳州古城、东山岛、南靖土楼、漳浦火山岛等地，也因此成了热门取景地。"漳州古城之所以频频作为取景地，迎来一众明星打卡，与漳州古城自身深厚的文化底蕴、浓厚的人文气息是分不开的。"漳州市凌波景区管理集团有限公司芗城分公司负责人李丹表示。

走明星走过的路，游明星游过的景点，品尝明星吃过的美食……如今，与明星"同款打卡"成了众多粉丝、游客旅行的目标。

今年"五一"假期，厦门游客刘芸竹来漳州听偶像陈立农的演唱会，顺便到漳州旅游。5月2日，她来到陈立农取景过的竹器店，打卡偶像的同款拍摄机位，并将照片分享到朋友圈。"顺利拍到了偶像同款，好多朋友点赞、评论，还向我要拍照攻略，真的很开心。"刘芸竹的喜悦之情溢于言表。

"在明星效应的影响下，来自全国各地的粉丝和游客纷纷来到漳州，热衷于打卡和偶像同款的美食、景点和拍照姿势，并在各社交平台上分享这些美好的瞬间。'同款打卡'为这些年轻粉丝带来更丰富的旅行体验感，同时她们热衷于'晒圈'分享，享受打卡带来的情绪价值和社会认同感。"闽南师范大学旅游系副教授郑春霞分析说。

资料来源：王怡婧.跟着明星游漳州"同款打卡"成"爆款"[N.]闽南日报，2024-5-14.

（二）参照群体的类型

参照群体可根据不同的标准分为不同的类型。

1. 按照群体组成形式划分：正式群体与非正式群体

正式群体指有一定的规章制度，有既定的目标，有固定的编制和群体规范，成员占据特定的地位并扮演一定角色的群体。非正式群体指以个人好恶兴趣等为基础自发形成，无固定目标，无成员间的地位及角色关系的群体。

2. 按照群体接触特性划分：成员群体和渴望群体

成员群体指个人是其成员的参照群体；渴望群体指消费者想要成为其成员的非成员群体。

3. 按照隶属关系和影响划分：交往群体、向往群体、否认群体和躲避群体

交往群体，是指个体与其交往群体具有经常的、面对面的交往形式，并赞同该群体其他成员的价值观、态度和行为标准。因此，交往群体对个体的态度与行为都具有积极的影响作用。

向往群体，是指个体不是该群体的成员，与该群体没有面对面的交往，但对这个群体极为赞赏，所以，这个群体对该个体也会有积极的影响作用。

否认群体，是指个体是这个群体中的一员，也与该群体有面对面的交往，但反对该群体的价值观、态度和行为，因此，这个人会倾向于接受与该群体规范相对立的态度和行为模式。

躲避群体，是指个体不是某群体的成员，与该群体无法面对面的交往，同时反对这个群体的价值观、态度和行为方式。这样，他会倾向于接受与该群体相反的价值观、态度和行为。

二、参照群体对旅游消费者行为的影响

人们总是希望自己富有个性和与众不同，然而群体的影响又无处不在。不管是否愿意承认，每个人都有与各种群体保持一致的倾向，而且通常情况下，我们都是无意识地和群体保持一致。因此，参照群体在信息、规范和价值三方面对旅游消费者的行为产生影响。

（一）在信息方面影响旅游消费者

主要是指参照群体成员的行为、观念、意见被个体作为有用的信息予以参考和仿效。当消费者对所购产品缺乏了解，凭眼看、手摸又难以对产品的品质做出判断时，别人的使用和推荐便被视为非常有力的证据。在旅游消费决策中，旅游者通常会向旅游专家咨询关于目的地和旅游企业的信息，或向旅游企业员工打听与产品和服务相关的信息，或向朋友、邻居、亲戚、同事中对特定旅游活动有经验的人，征询相关的知识和

经验。

参照群体对个体消费者在信息方面的影响，主要取决于被影响者与群体成员的相似性，以及施加影响的群体成员的专长性。

（二）在行为规范上影响旅游消费者

规范，是指在一定社会背景下，群体对其成员行为合适性的期待，它是群体为其成员确定的行为标准。群体内的期待或规范可能不为外人所觉察，但置身其中的成员却能明显地体验到。同时，规范往往与一定的奖励和惩罚相关联。为了获得群体的奖赏或避免惩罚，个体成员会按群体的期待行事。因此，只要群体存在，不用经过任何语言沟通和直接思考，规范都会迅速对个体的行为产生影响，使个体遵从群体接受和赞许的行为标准。例如，为了迎合同事的期望，个人购买某一特定的品牌决策时，往往会受到同事偏好的影响。以参团方式出游的旅游者通常都会自我约束，在旅途中提高时间意识，约束自己的行为，以免耽误大家的行程。

（三）在价值表现形式上影响旅游消费者

在价值表现形式上影响旅游消费者，主要是指个体自觉遵循或内化参照群体所具有的信念和价值观，从而在行为上与之保持一致。例如，同属于汽车俱乐部的会员，为了维持与特定群体的同一性，会经常对照其他成员的偏好和购买行为，参加俱乐部组织的自驾游活动等。个体之所以在不需要外在奖惩的情况下自觉依参照群体的规范和信念行事，主要是基于以下两种力量的驱动：一方面，个体可能利用参照群体来表现自我，来提升自己在别人心目中的形象；另一方面，个体可能特别喜欢该参照群体，或对该群体非常忠诚，并希望与之建立和保持长期的关系，从而视群体的价值观为自己的价值观。

第三节　社会交往与旅游消费者行为

一、社会交往的概述

交往是社会的黏合剂，是社会生活的重要驱动力。在实际的社会群体中，社会交往既是习俗的基础，也是变革的源泉。人类在其发展过程中总是自觉或不自觉地寻找着交往的机会，发展着交往的能力。在现代社会中，旅游成为一种十分重要的交往方式。社会交往是指在一定的历史条件下，人与人之间相互往来，进行物质、精神交流的社会活动。从不同的角度，把社会交往划分为个人交往与群体交往、直接交往与间接交往、竞争、合作、冲突、调适等。

社会交往是人的本质的内在要求。人的本质是在物质生产劳动的基础上形成的一切社会关系的总和。与此相适应，社会交往可以分为物质交往、精神交往和两性交往。社会交往具有重要的意义，社会交往有利于个人成长，是文化传播的手段，也是社会构成与发展的基础。

二、旅游消费者社会交往的特点与层次

旅游消费者的社会交往，在时间上起始于旅游体验过程的开始，终止于旅游体验过程的结束。在旅游消费者的社会交往期间，由于交往对象一般是脱离原社会系统职能约束的平等的旅伴（其他旅游者）、旅游目的地居民或旅游业的从业人员，所以彼此的沟通多为平行的方式，并以感情上的沟通或物品交易为主要内容。

（一）旅游消费者社会交往的特点

与人们日常交往相比，旅游消费者的社会交往有以下特点：

1. 超越功利性

日常生活交往或多或少带有一些功利的目的，旅游消费者的社会交往则是出于情感的需要而发生的，鲜有功利性目的。

2. 交往关系的单一性

旅游消费者的社会交往在本质上只有两种：一种是买卖关系的交往，买卖双方的地位并不平等，是一种服务与被服务的关系，而且经常导致两者的不和与冲突，是导致消极体验的主要人际互动形式；另一种旅游者之间的交往，这种交往基于平等地位，其发生和发展几乎完全由交往主体的意愿来决定，因此这种交往主要带来积极的情感体验。

另外，旅游消费者的社会交往还具有暂时性的特点。旅游者的社会交往，大部分局限于本次的旅游体验活动。

（二）旅游消费者社会交往的层次

旅游者的社会交往的程度，是指旅游者交往的距离和交往的密切程度。交往的距离并不是指参与交往的人相处的空间距离远近，而是指人际交往的深度和密切程度。交往质量的高低反映了交往者之间心理上的吸引力和满足程度，即取决于交往的人而不是交往本身。因此，旅游消费者的社会交往是有层次差异的，主要表现为隔离、潜在、示意、互动、互助、竞争六个层次。

1. 隔离性交往

隔离属于否定性的交往，是交往处于零水平的状态。处于严格隔离状态的人不仅人身活动自由受到限制，还可能失去与他人进行交流、联络的权利，甚至个人的成员归属资格也被剥夺。由于旅游活动以旅游者个人的人身自由为前提条件，因此在旅游者身上一般不会发生隔离性的交往。但是，我们也确实能够发现个别旅游者在旅游过程中极力避开与人接触，独来独往，如有些特定文化背景下的背包客在目的地就喜欢独来独往。

这种情况可以说仅仅是部分内容上的隔离，因为旅游者总要与他人发生信息交换及信息沟通。

2. 潜在性交往

这种交往虽然没有发生现实的接触，但已经是一种存在。旅游者在动身之前，已经"身未动，心已远"，凭借旅游目的地营销部门散发的小册子或耳闻目睹的其他社会媒介材料，已经在揣摩旅游接待行业的经营者的服务特征和旅游目的地居民的接待态度了。只要一个人想外出到某地旅游，他与该旅游目的地的居民、旅游企业的经营者以及其他的旅游者便已经产生了一种潜在的交往关系。潜在性交往是形成旅游期望时的一个重要因素。在潜在性交往阶段，旅游者要充分了解交往对象的文化特点，了解其社会经济方面的背景，这样才能使潜在性交往变成协调旅游期望与旅游偏差的积极先导因子。

3. 示意性交往

示意以向交往的伙伴做出某种姿态而不介入对方的活动为特征。旅游者的示意比较集中地表现在以下两个方面。一方面，对于意欲结伴出游的人而言，意味着向可能同行的人做出的启发、鼓吹或探讨行为。这种示意的特点是向交往对象传达自己的先行经验，但不介入对方的活动。另一方面，示意也发生在旅游者向旅游经营者提出的各种旅游信息咨询上，这种咨询尽管还不是旅游决策，但极有可能转化为旅游决策。因此，聪明的旅游经营者，不会对这种示意淡然处之。示意与隔离和潜在性交往相比，其特点是已经有了现实的交往对象。但是，示意只能是现实的交往的前奏，示意对象的被动性质决定了示意还不构成真正意义上的交往。

4. 互动性交往

互动是人与人之间直接的社会交往活动，主要体现为心理交往和行为交往的过程。典型的互动方式就是我们平时所说的交往，它在旅游者的旅游过程中占有重要的地位，具有不可忽视的意义。对于旅游者个人而言，愉快有效的交往是获得期望的旅游体验的前提。

5. 互助性交往

互助是集体当中的一种常见现象。旅游过程是需要互助的，尤其是现代社会的旅游。这种互助不仅体现在旅游者的很多活动要依赖于他人提供的以物质设施或设备的形式存在的产品，还体现在旅游过程中很多直接的旅游者与旅游者之间、旅游者与目的地居民之间、旅游者与旅游服务企业员工之间的相互理解、支持和帮助。在同行的旅游者之间，人们是共同目标的追逐者，因此常常需要同舟共济；旅游者与旅游接待业的经营者之间由于经济利益而拴到了一起，没有互助，旅游过程可能在任何环节中断；旅游者与目的地居民对目的地的资源越来越负有相同的责任，因此相互的理解与支持是不可少的。

6. 竞争性交往

竞争是最高水平的交往，与互助一样，它也广泛见于各种生物个体或种群之间，它是生物进化的普遍规律。就人类社会而言，人为了生存、繁衍和发展，不仅要与其他生物竞争，还要与同类竞争。这看似残酷的事实，在现代社会里得到了淋漓尽致的发挥。在旅游过程中，竞争现象大量地存在着。旅游者之间对于某种旅游产品的竞争，不仅会最终影响该产品的可得性及为之付出的代价，还会影响到旅游体验的质量；旅游群体内部对于利益或权力的竞争可能导致群体结构的变化；旅游者与旅游目的地居民之间的竞争最终有可能引发暴力或冲突事件；而旅游者与旅游经营者之间的竞争可能破坏彼此进一步交往的基础。然而，竞争在旅游过程中是一种伴生现象，甚至可以说是一种必然现象。

三、旅游者与旅游目的地居民之间的主客交往

（一）旅游体验中主客交往的行为

1. 交往行为特征

旅游消费者的社会交往具有双向性和互动性的特征，在旅游消费者的社会交往期间，由于对象一般是脱离了原社会系统职能约束的平等旅伴、交易者，彼此之间的沟通多为平行的方式，并以感情上的沟通或物品交易为主要内容，不受原有组织规范的约束。因此，主客交往的特征主要有：

（1）主客之间的关系是短暂的。客人在接待地停留时间很短，任何主客之间的交往都只能是偶然的和表面的。

（2）主客交往存在着时间和空间上的限制。客人的到来通常都有季节性，而且一般不会再来。

（3）随着大众旅游的发展，旅游消费者个人缺乏与当地居民自发性的接触。通过包价旅游，大部分与居民的接触是事先安排好的，甚至一些聚会也是事前计划好的，这种聚会是旅游活动的组成部分，且往往带有商业性质。

（4）主客之间的接触通常是一种不对称和不平衡的过程。在与外来旅游者接触时，与旅游消费者的阔绰富裕相比，当地人显得寒酸。

（5）旅游消费者是在度假休息，享受新奇的经历，对当地居民来说，这种活动和接触、会见已经成为他们的日常工作，因此容易缺乏兴趣。但随着深度旅游的发展，旅游体验中的主客交往也会发生一些变化。

2. 良好交往的条件

有效的交往是指能达到愉悦而有益交往的效果。良好的主客交往应当是在互动、有利的社会氛围下，在合作而不是竞争的背景下，交往双方地位基本相同，而且有着相同的价值观，才能实现。交往参与者享有高度的共同活动、兴趣和目标，才会产生亲密、深入而不是随意、表面的交往效果。因此，要达到一种良好的社会交往效果，参与者必须达到以下四个条件：

（1）参与者享有平等地位；

（2）交往发生于多数群体的成员与少数群体中具有较高地位的成员之间；

（3）接触双方是自愿的；

（4）在合作、亲密的关系下追求共同目标，并有一定制度保障。

（二）旅游体验中主客交往的过程

1. 宏观过程

旅游体验中的主客交往，受旅游产品的生命周期理论及主客关系演变理论的影响，表现为以下几个过程。

（1）在旅游开发初期，旅游地的旅游者以少量的探险旅游者为主，外来者对当地基本没有影响，主客关系融洽，当地社会文化并未发生变化。

（2）在旅游发展时期，随着旅游开发力度的加大，大量的散客（个体大众旅游者）自发来到旅游地，当地人有机会同旅游者大量接触，旅游者的行为和文化对当地人产生较大影响，当地人对旅游者的到来习以为常。

（3）在旅游发展巩固时期，大量有组织的旅游者到来，旅游发展的负面效应开始显现，当地居民从旅游业中获得收益小于付出，于是将对旅游业的愤怒转移到旅游者身上，产生恼怒情绪。

（4）旅游发展衰退时期，随着主客之间的矛盾进一步激化，当地人收益不足以抵消其愤怒，对抗的主客关系应运而生，当地社会文化系统逐渐走向崩溃。

2. 微观过程

旅游者一次完整的旅游经历包括六个阶段：旅游需要的产生和准备的阶段、离开常住地进入旅游世界的旅途阶段、在一个时间和空间都区别于日常生活的旅游地的畅游阶段、不可避免的回归阶段、重新汇入主流生活并结束旅游活动阶段和旅游者离开常住地到回归主流生活期间居住地继续运转的生活阶段。从旅游经营者的角度出发，审视主客交往的微观过程可发现，旅游体验中的主客交往分为三个阶段。

（1）准备阶段。在该阶段，旅游者产生旅游需要与期望，影响旅游主客交往态度的诸多因素在此阶段已经存在，并且存在一部分以主客交往为主要动机的旅游者。准备阶段的旅游目的地居民既受自身社会文化的影响，又受到以往同旅游者接触经验的影响。

（2）交往阶段。该阶段是主客交往发生的阶段，对主客双方产生影响的行为在该阶段发生。主客双方在设定的各种情境下进行交流，是涉及表层和深层、行为和心理等方面的复杂过程。

（3）影响阶段。该阶段产生主客交往对旅游者和旅游目的地及其关系和文化的影响。旅游者离开旅游地后，会把旅游地的经历同旅游前的期望值进行比较，做出满意或不满意的评价，旅游地的经历会对旅游者产生不同程度的影响。对旅游目的地居民而言，这种影响是旅游者影响又一次量的积累，也是另一次循环的开始。当这种影响达到一定程度时，便实现了质的改变，会对下一次的主客交往行为产生影响。

第四节　家庭与旅游消费者行为

家庭是社会生活的基本单位，家庭对个体行为的影响是直接的、深刻的和长远的。家庭的环境条件，父母的生活方式、价值观念、社会地位等都会在一定程度上影响着家庭成员的观念，对家庭成员的行为有着潜移默化的作用。不同的家庭形态以及不同的家庭生命周期阶段，都会对旅游消费者个体及其家庭成员产生影响。

一、家庭的概述

一般认为，家庭是指以婚姻关系、血缘关系等为纽带而结成的，进行共同生活活动的群体。完整意义的家庭，至少由两个人组成。社会学家一般将家庭分为以下四种典型形态。

一是核心家庭，即由一对夫妇（含一方去世或离婚）与他们的未成年子女组成的家庭（丈夫、妻子和子女），以及只由夫妇两人构成的家庭（丈夫和妻子）。

二是主干家庭，指至少由两代人组成，而且每代只有一对夫妇（含一方去世或离婚）的家庭（祖父母或外祖父母、丈夫、妻子和子女）。

三是联合家庭，指由父母（含一方去世或离婚）与多对已婚子女组成的家庭，或兄弟姊妹婚后仍不分家的家庭。

四是其他类型的家庭，指上面三种类型以外的家庭，如由未婚兄弟姊妹组成的家庭。

在不同的文化背景下，甚至同一文化背景下的不同地区，占支配地位的家庭形式是有差别的。例如，在美国，核心家庭比较多见，而在宗族色彩比较浓厚的泰国，主干家庭居多。我国由于计划生育政策推行，在城市，核心家庭的比重日益增加，而农村则以祖父母、父母及子女三代同堂的主干家庭为主。当然，随着经济社会的发展，在一些发达国家，单亲家庭、未婚同居家庭、同性家庭等非传统家庭形式大量涌现，独居人口上升。

二、家庭生命周期

随着时间推移，大多数家庭都会经历一系列不同的阶段，从结婚成家、生儿育女到儿女成人自立门户，然后是夫妻退休、丧偶，到最后一个配偶死亡。家庭发展过程中所经历的这一系列不同阶段，被称为家庭生命周期（FLC），是反映一个家庭从形成到解体呈循环运动过程的范畴。在家庭生命周期的不同阶段，家庭的人数、家庭成员的生理状况与心理需求都具有不同的特点，由此使家庭消费呈现不同的模式。

家庭生命周期各阶段的划分方法有许多，本书采用美国学者格里克于1947年从人口学角度提出的家庭生命周期，并对一个家庭所经历的各个阶段所做的划分。

（一）青年单身期

青年单身期指从参加工作到结婚的时期。这一时期的收入比较低，消费支出比较大。同时，这个时期也是提高自身能力、投资自己的最好时期。这个时期的重点是培养未来的获得能力。财务状况是资产比较少，可能还有负债（如贷款、父母借款），甚至净资产为负。

（二）家庭形成期

家庭形成期是指从结婚到新生儿诞生时期。这一时期是家庭的主要消费时期。经济收入增加而且生活稳定，家庭已经有一定的财力和基本生活用品。为提高生活质量往往需要较大的家庭建设支出，如购买一些较高档的用品，对于贷款买房的家庭来说，还有一笔较大的开支——月供款。

（三）家庭成长期

家庭成长期是指从小孩出生一直到上学前。在这一阶段，家庭成员不再增加，家庭成员的年龄都在增长，家庭的最大开支是保健医疗费、学前教育、智力开发费用等。同时，随着子女的自理能力的增强，父母精力充沛，又积累了一定的工作经验和投资经验，投资能力大大增强。

（四）子女教育期

子女教育期是指子女接受高等教育的这段时期。这一阶段里子女的教育费用和生活费用猛增，财务上的负担通常比较繁重。

（五）家庭成熟期

家庭成熟期是指子女参加工作直到家长退休为止这段时期。在这一阶段，自身的工作能力、工作经验、经济状况都达到高峰状态，子女完全自立，家庭债务逐渐减轻，理财的重点是扩大投资。

（六）退休养老期

退休养老期是指退休后的那一段时期，这一时期的主要内容是安度晚年，投资和花费通常都比较保守。

三、家庭成员在旅游消费过程中的角色

在旅游购买决策和消费过程中，不同家庭成员往往扮演着不同的角色，对决策产生不同的影响。一般而言，家庭旅游消费决策过程中至少涉及以下五种角色。

（一）倡议者

倡议者是指提出购买旅游产品的建议，使其他家庭成员对此产生兴趣的人。例如，少年儿童往往积极向家长建议去游乐场或郊野风景区游玩。一般来说，倡议者和使用者多为同一人，但是，倡议者所提出的信息与建议，却不一定总是被采纳，这主要取决于他或她在家庭中的地位和影响力。

（二）影响者

影响者是指为购买提供评价标准以及哪些产品或品牌适合这些标准之类的信息，从而影响旅游目的地和旅游方式选择的家庭成员。影响者决定了家庭在一次购买活动中接触到的信息。他们对信息做出的分析处理，是其他人做出决定的重要依据。

（三）决策者

决策者是指有权决定是否旅游、去哪里旅游、何时旅游以及购买什么旅游产品的家庭成员。例如，在夏令营、修学旅游等青少年旅游市场上，尽管青少年是顾客，但他们的家长通常是最终做出决策并支付费用的人。

（四）购买者

购买者是指实际进行购买的家庭成员。购买者与决策者可能不同。例如，青少年可能被授权决定是否参加以及参加何种暑期旅游团，但父母才是实际与旅行代理商议价并付款的人。

（五）使用者

使用者是指在家庭中实际消费或使用由自己或其他家庭成员所购买产品的人。家庭旅游消费中的购买者不一定是参与旅游活动的使用者。例如，在中国出境游市场中，老年夫妻或青年夫妻的组合形式在旅游者中占多数，而大部分老年夫妻的费用都是子女全部或部分赞助的。

四、家庭旅游消费行为的影响因素

影响家庭旅游消费行为的因素有很多，主要集中在以下四个方面。

（一）文化和亚文化

文化或亚文化中对性别角度的态度，很大程度上决定了家庭决策是由男性主导还是女性主导。在我国不发达的农村地区，由于家庭中的封建思想和重男轻女意识还比较严重，家庭多以男性为核心。男性比女性有更多的受教育机会和更高的收入水平，因此在家庭中的地位较高，通常对家庭旅游决策的影响自然较大。而在上海、北京等大城市，人们传统家庭观念的影响相对较小，家庭成员的地位较为平等，因此家庭决策过程中出现自主型、联合型、妻子主导型等形式多样的决策方式。当然，文化并非一个地理概念，即使生活在同一个城市，由于文化背景的不同，人们对于性别角色地位的认识会有相当大的差别，由此导致男女在家庭决策中的影响力也是不同的。

（二）角色专门化

随着时间的推移，夫妻双方在旅游决策中会逐渐形成专门化角色分工。传统上，丈夫通常负责开车、买机票、预订和登记酒店，而妻子则负责整理和购置旅途中各种必备物品、收集旅行费用、住宿状况和线路安排等信息，并决定在旅途中如何安排孩子的活动。随着社会的发展和职业女性数量的增加，婚姻中的性别角色不再像传统家庭中那样鲜明，丈夫或妻子越来越多地从事以前被认为应由另一方承担的活动。虽然如此，家庭旅游决策中的角色专门化仍然是不可避免的。从经济和效率的角度来看，家庭成员在每件产品上都进行联合决策的成本太高，而专门由一个人负责对某些产品进行决策，效率会提高很多。

家庭中的角色分工与家庭发展所处的阶段密切相关。比起建立已久的家庭来，年轻夫妻组成的家庭会更多地进行联合型决策。之后，随着孩子的出生和成长，家庭内部会形成较固定的角色分工。当然，随着时间的推移，这种分工也会发生相应的变化。在我国，由于父母越来越重视孩子的感受与意见，独生子女参与家庭消费决策的比例也越来越高，有些时候子女甚至起着决定性的作用。目前，我国城市家庭中的典型模式是：成年男性是最主要的创收者，并且担任名义上的家长；成年女性是最主要的家务承担者和家庭开支流向的决定者；青少年是家庭资源配置时优先考虑的对象。家中的青少年，尤其是18岁以下的未婚青少年，承担的是高享受、低自主型的角色，对家庭消费与家庭文化决策有特殊影响力。

（三）家庭生命周期

家庭生命周期，对家庭旅游决策的模式也有重要影响。在不同的家庭生命周期阶段，夫妻或者其他家庭成员参与决策的程度和重要性是不一样的。例如，在有小孩的家庭中，当孩子还比较小的时候，主要的旅游消费决策是由父母做出的；子女一辈长大成人，有了决策能力和需求时，家庭出游的决策权可能就开始掌握在他们手中。

（四）个人特征

家庭成员的个人特征，对家庭旅游决策方式具有重要影响。个人特征中，收入状况对旅游决策产生重要影响。夫妻双方，谁拥有更多的收入，谁就更容易在家庭旅游决策中占据主导地位。家庭成员的受教育程度也会影响旅游决策。如果妻子受教育的程度越高，她参与旅游决策越高，拥有旅游决策的权力越多。除此之外，家庭成员的其他个人特征，如以前的旅游经历、年龄、能力等，也都会直接或间接地影响其在旅游购买中的作用。

第五节　基于社会群体的旅游营销

一、基于参照群体的旅游营销

现有的研究成果表明，与生活必需品相比较，参照群体对消费者购买特定非必需品的影响较大；与床垫、热水器等他人可见度较低的产品相比较，在购买他人可见度较高的产品和服务时，参照群体对消费者在品牌选择上的影响更为显著。大多数旅游消费活动属于可见度较高的非必需消费，因而，旅游消费者在购买旅游产品和服务时受参照群体的影响较大。一个可信的、有吸引力的或有权威的参照群体，能够影响旅游消费者的态度和行为。所以，许多旅游营销活动通过社会名流、权威人士、专家或满意的游客对旅游产品的推荐，来突出旅游产品所能提供给消费者的切实的和与众不同的利益。因此，基于参照群体的旅游营销，必须发挥参照群体的名人效应和专家效应。

（一）发挥参照群体的名人效应

如果一个人羡慕某个人或某个群体，他就会效仿其行为，并以此作为自己消费偏好的指导。影视明星、歌星、体育明星等名人对公众，尤其是对崇拜他们的人具有巨大的影响力和号召力。对很多人来说，名人代表了一种理想化的生活模式。消费者对名人总有一种相信的心理，消费者会潜意识地去模仿名人。

因此，社会名人的推荐满足了消费者模仿名人、追求名人效应的心理需求。但旅游企业在聘请名人做广告时，首先应考虑产品或服务形象与名人形象的一致性，并不是任何名人都适合为企业产品做宣传。其次，要考虑名人在受众中的公信力。公信力主要由名人的专长性和可信度决定。名人的专长性是指名人对所宣传的旅游企业、旅游产品和服务是否熟悉，是否有使用体验。名人的可信度是指名人所做宣传、推荐是否属实，是否值得信赖。如果旅游消费者认为名人对旅游企业的推荐明显是受金钱驱动，他的可信度就会打折扣。

（二）发挥参照群体的专家效应

专家，是指在某一专业领域受过专门训练，具有专门知识、经验和特长的人。专家所具有的丰富知识和经验，使其在介绍、推荐产品与服务时较一般人更具权威性，从而产生专家所特有的公信力和影响力。例如，2009 年，为了开发工业旅游，山东省举办了工业旅游成就展暨工业旅游商品展示会，并邀请专家设计了"好客山东——山东工业游"旅游线路。

（三）"普通人"效应

运用满意顾客的证词来宣传旅游企业和旅游产品，是旅游营销常用方法之一。人们往往把自己和与自己相似的人做比较，所以常常被与自己相似的人的生活方式所打动。顾客的满意反馈来自广大旅游消费者，他们的亲身经历能增加营销活动的可信度。旅游消费者的口碑宣传，会使潜在的旅游者感到亲切，引起他们的共鸣。例如，迪士尼经常在各类广告中展示普通消费者如何从旅游消费活动中获得家庭团聚的欢乐等，更容易得到消费者的认可。

二、基于社会交往的旅游营销

旅游消费者的社会交往是一种个人之间暂时性的非正式的平行交往，它是旅游者体验的重要组成部分。特别是对部分类型的旅游者而言，社会交往已然成为他们的主要出行动机。例如，中国背包客的主要出行动机之一就是社会交往，中国背包客中有一部分就是社会交往型背包客。此外，随着普通旅游者出游经历的丰富和成熟，他们也越来越渴望在旅游过程中，体会目的地城市、社区的生活方式，与当地人互动、与其他的旅游者互动。因此，基于社会交往的旅游营销，必须大力凸显旅游目的地、旅游企业的社会交往因素。

（一）展现目的地居民热情、好客的态度

"没有满意的旅游目的地居民，就没有满意的旅游者"，旅游目的地居民态度直接决定了游客体验的好坏和当地旅游业的发展深度与广度。在旅游过程中，如果当地老百姓热情高涨，游客的吃、住、行、游、购、娱各个环节都很顺畅，旅游者就会对整个旅游产品做出满意的评价。相反，如果旅游目的地居民的态度冷漠，甚至敌对，无论当地自然风景如何优美，也会让旅游者的满意程度大打折扣。

（二）强调旅游企业的社会交往元素和机会

如国际青年旅舍联盟在中国的总部——中国国际青年旅舍总部的官方主页就一直强调："国际青年旅舍不是经济型酒店，我们提倡文化交流、社会责任，实践环保、爱护

大自然，简朴而高素质生活、自助及助人。"

（三）展示原真性的地方生活方式以及主客良性互动平台

随着全球流动性的日益加强与复杂化，人们对"他者"生活的地方以及他们的生活方式越来越感兴趣且愿意身体力行长期驻留。因此，在丽江、大理、阳朔等地，可以发现许多来自国内外的"生活方式型旅行者"。正如戴斌教授所一直强调的"景观之上是生活"，越来越多的普通民众愿意走进旅游目的地居民的日常生活场景中，体验他们的生活方式。因此，旅游营销部门必须充分展示原真性的地方生活方式，展现并搭建主客良性互动的平台。

三、基于家庭的旅游营销

（一）识别目标市场所处的家庭生命周期阶段

现有研究表明，处于不同家庭生命周期阶段的家庭，一方面会有不同的家庭类型与结构。例如，在家庭形成期，家庭通常由夫妻两人组成，此时可能尚无子女。另一方面，处于不同家庭生命周期阶段的家庭也对应着不同的旅游态度。例如，青年单身期人群，看重旅游设施和关心身心健康的表现低于其他阶段人群，家庭成熟期、退休养老期人群关注身心健康的表现高于其他阶段人群，家庭成长期、子女教育期人群向往体验的表现高于其他阶段人群。因此，识别出目标市场所处的家庭生命周期阶段是有效市场营销的第一步。

（二）识别目标市场旅游消费行为的影响因素

在熟知目标市场所处的家庭生命周期阶段后，还应该更加具体地了解处于特定家庭生命周期阶段的目标市场的旅游消费行为影响因素。因为，在不同的家庭生命周期阶段，有着不一样的影响旅行消费行为的因素及影响因素之间的关系。例如，家庭成长期、子女教育期，子女可能正在读幼儿园、小学、中学和大学。因此，子女在家庭出游决策中的地位也不尽相同。此外，家庭成长期、子女教育期也正是夫妻双方经济关系、权力关系不断变动的时期。因此，识别出家庭决策到底是"丈夫主导型""妻子主导型"还是"双方民主协商型"，对旅游营销尤其重要。

总之，家庭发展过程中经历了收入和闲暇时间的变化，而这两者是决定是否能外出旅游的必备条件。随着人们生活质量的提高，旅游也逐渐由非必需品向必需品转化，对于旅游营销来讲，将市场按照家庭生命周期进行细分，抓住每一个阶段的心理、收入和时间特点，就可以较准确地把握旅游市场的需求特点，有针对性地进行市场开发，提供个性化的旅游产品，满足不同家庭生命周期阶段旅游者的心理需求，获得旅游者和旅游企业双赢的市场效果。

【复习与思考】

1. 旅游经营者如何有效利用参照群体对消费者个人的影响？设计一个营销方案。

2. 旅游者与旅游目的地居民之间的主客交往会怎样影响旅游者的消费行为？

3. 请分析无子女夫妇、有学龄前儿童的夫妇、孩子已上学的夫妇三类群体在旅游消费上的主要差别，讨论孩子如何影响丈夫及妻子对度假选择的决策。

【推荐阅读】

1. 白凯. 旅游者行为学 [M]. 科学出版社，2015.

2. 马凌，保继刚. 感知价值视角下的传统节庆旅游体验——以西双版纳傣族泼水节为例 [J]. 地理研究，2012（2）：269-278.

3. 江娟丽. 我国发展体验旅游的背景、开发思路及对策研究 [J] 西南大学学报（人文社会科学版），2006（1）：126-129.

4. 曾蓓，崔焕金. 旅游营销的新理念——旅游体验营销 [J] 社会科学家，2005（2）：129-135.

5. 张海燕. 基于参照群体的旅游目的地形象感知和旅游意向——以张家界市为例 [J]. 吉首大学学报（自然科学版），2019（1）：84-92.

6. 罗蓉彭，楚慧，李勇辉. 互联网使用会促进家庭旅游消费吗？——基于"两阶段消费者意愿—行为转换理论"的分析 [J]. 消费经济，2020（10）：57-67.

第十章

文化、亚文化与旅游消费者行为

 **本章导读**

　　文化是旅游的灵魂，文化不仅影响旅游资源开发，还深刻影响旅游消费者行为。本章分析文化的概念、特征和作用，分析亚文化的概念和分类，并在此基础上论述文化、亚文化对旅游消费者行为的影响，阐述旅游文化营销的概念和分类，对旅游文化营销的运作模式进行系统分析。

【学习目标】

　　1.知识目标：了解文化的概念与特征、亚文化的概念与分类、旅游文化营销的概念；熟悉文化的作用、旅游文化营销的分类；掌握文化、亚文化对旅游消费者行为的影响，掌握旅游文化营销的运作模式。

　　2.能力目标：运用文化、亚文化的基础理论知识来分析其对旅游消费者行为的影响，具有运用旅游文化营销的运作模式来策划旅游文化营销的能力。

【导入案例】

2024年中国入境旅游高质量发展报告

　　2024年9月10日，安徽省合肥市中国旅游研究院课题组发布《中国入境旅游高质量发展报告》，报告以"增长与创新"为主题。

　　一、政策保障：入境旅游重归国家战略体系

　　中央政府多措并举提升入境旅游便利化。入境旅游作为我国现代旅游服务业的开端，是衡量我国旅游竞争力水平的重要标尺。当前，推动入境旅游振兴，促进入境旅游高质量发展是建设旅游强国的题中之义。2023 年 9 月，国务院办公厅印发了《关于释放旅游消费潜力推动旅游业高质量发展的若干措施》，提出加强入境旅游工作，开展和落实签证、国际航班、在华旅行便利度等方面的入境旅游促进措施。

我国采取了前所未有的入境签证便利化政策。在签证方面，分别在 2023 年 12 月、2024 年 3 月中旬和 6 月底逐步扩大单方面免签国家范围。截至目前，我国对 16 个国家实行单方面免签入境政策，加上与我国全面互免签证的 24 个国家，这意味着来自 40 个国家的公民可持普通护照免签入境中国。我国还对 54 个国家实行 144 过境免签政策，扣除其中已享受免签入境的 22 个国家，有 32 个国家的公民可以持普通护照通过该政策免签进入规定的区域。自 2024 年 5 月 15 日起，乘坐邮轮来华并经由境内旅行社组织接待的外国旅游团可从我国沿海 13 个邮轮口岸免签入境。在继 2023 年 10 月开始实施港澳地区外国人组团入境广东（10 个城市）144 小时免签政策后，2024 年 7 月底开始，这一政策的适用范围扩展到海南省。

国际航班持续进一步恢复。据统计，2024 年上半年，我国通航 73 个国家以及我国港澳台地区，基本与 2019 年同期持平。我国国际客运定期航班的恢复量已达到 2019 年同期的七成左右，较 2023 年年底六成的恢复水平又有一定提升。

外国游客在华支付消费、住宿登记等方面的便利度进一步提升。2024 年 3 月，国务院办公厅印发《关于进一步优化支付服务提升支付便利性的意见》，增加布设外币兑换业务网点和外卡刷卡设备，提升入境游客支付便利度。2024 年 7 月，商务部等 7 个部门联合印发《关于服务高水平对外开放便利境外人员住宿若干措施的通知》，便利境外人员住宿登记，改善境外人员住宿体验。

各地方政府积极响应，促进入境旅游高质量发展。上海正在建设入境旅游第一站。北京、海南、安徽等各省市举办入境旅游会议或活动，密切与国际旅行商的联系与合作，政产学研各界共商入境旅游发展趋势。此外，包括安徽省在内的多个省市提出要建设世界级旅游目的地，安徽省正在全面推进大黄山世界级旅游目的地建设，为入境旅游高质量发展做好底层建构。

二、市场基础：入境旅游正在步入繁荣发展新阶段

入境旅游市场恢复发展态势持续向好。根据国家移民局的最新数据，2024 年上半年，全国移民管理机构查验中国港澳台居民和外国人出入境总人次恢复到 2019 年同期的 92%，第一、二季度的数据均超过 2023 年的各个季度，且第二季度的表现均好于一季度。2024 年上半年，我国入境外国人 1463.5 万人次，扣除工作、留学、交通乘员等非旅游人群后，初步估算来华外国游客约 1100 万人次，恢复到 2019 年同期的七成左右。

从北上广深四个一线城市最新的统计数据来看，2024 年上半年，四个城市的入境游客接待规模较 2019 年同期平均恢复到 70% 以上，高于一季度的 65%。其中，北京和深圳的恢复水平达 80% 以上，恢复步伐稳步加快。

结合已有的统计数据及旅行商调查反馈，入境旅游市场呈现出以下几个特征：

散客化趋势愈加凸显。由于受免签、支付等入境便利化政策推动，以及国际游客普遍对个性化、高品质体验的更高追求，加之社交媒体让广大海外民众对中国和中国旅游更加了解，入境旅游散客化的趋势日益明显。

在以上影响因素的助推下，入境游客体验内容更有深度、更加生活化。很多旅行商在既有线路产品中持续更新或增加文化体验活动，带领入境游客深入社区，与非遗传承人等一起开展文化体验活动。也有旅行商反映，越来越多的入境游客选择旅拍服务，甚至到社区的美甲店定制自己喜欢的美甲图案。

更多入境游客进入相对小众的目的地。同样受签证便利、需求变化、社交媒体信息传播等因素的影响，叠加全球经济增长放缓，国际游客倾向于避开热门旅游目的地，选择前往人流较少或费用较低的替代性目的地。有入境旅行商反映，来北京旅游的外国游客会主动提出要增加承德行程的要求。

国际游客旅游决策更多地受社交媒体的影响。全球各国居民通过 Facebook、YouTube、Instagram、TikTok 等社交媒体对中国和中国旅游有了更深入的了解。近期，很多外国博主将"China Travel"视为流量入口，进一步助推我国入境旅游市场散客化、体验内容生活化、目的地"下沉"等趋势。客观上，也促使国内和入境游客的偏好更加趋同，外国游客熟悉的 City Walk，City Ride 等为更多中国游客所喜爱，中国游客喜爱的古装造型旅拍等体验项目也为越来越多的入境游客所选择。

三、创新驱动：入境旅游高质量发展的基石

入境旅游高质量发展要全面贯彻新发展理念，走创新发展之路。创新不是盲目尝试，目的地管理部门和市场主体应在深刻洞察入境旅游市场需求趋势的基础上，在政策制度、产品服务、品牌营销等方面不断创新。

继续提升入境旅游便利化。在签证、支付、住宿登记、票务预订、多语种服务、离境退税等方面继续探索政策制度创新，进一步提高入境游客来华旅行便利度。在签证便利化方面，面向年假时间普遍较长的远程客源市场，建议将单方面免签政策的停留时间从 15 天延长至 30 天。进一步发挥 144 小时过境免签政策的辐射效果，降低外国游客理解以及国内执行该政策的难度，建议允许过境游客 A 口岸进 B 口岸出，不再单独规定停留区域。

各类市场主体应围绕用户需求持续颠覆现状，推陈出新。克里斯坦森教授在《创新者的任务》一书中提出了"用户目标理论"，认为成功创新的关键在于，跳出自己的产品来看用户在某个场景下需要达成什么样的目标，达成这些目标需要什么样的产品或者品类，这为颠覆式创新提供了思路。例如，对于来合肥出差的商务客人，商务活动之后，他们可能希望利用半天或者一个晚上的休闲时间在周边转转。这种场景下他更需要的是碎片化或者定制化的旅行服务，可能是去安徽博物院逛一逛，也可能是晚上在当地看个演出，如果他是个美食爱好者，他会希望美食达人带他去一次性品尝当地的各种美

食。满足这一场景下的用户目标带来了产品创新。

在某个场景下用户目标的满足往往涉及多元甚至跨品类的产品服务，旅行服务尤其如此。旅行服务商在满足游客目标的过程大都伴随着跨界合作，与各个行业的专家、技术人员、资深玩家合作开发，落地新的线路产品。与此同时，境外各类社群组织，典型如各类户外俱乐部等成为重要的获客渠道。对大部分入境旅行服务商来说，除了去尝试颠覆式创新，还可以基于已有的主力产品去开发新的市场，实现建筑性创新，如开发"一带一路"沿线市场，面向欧洲免签入境国家，跟境外合作伙伴开发"日本＋中国"或者"东南亚＋中国"的跨境旅行产品。当然，也可以在已有产品上修修补补，持续聚焦于渐进式创新。创新始于模仿，不妨先从模仿我们的竞争对手开始，在模仿的过程中发现创新灵感，实现产品服务创新。

对于旅游目的地的众多住宿、餐饮、购物、娱乐等供应商而言，服务入境游客可能要付出更多的人员培训、设施设备、语言沟通等方面的成本，他们往往更倾向于服务国内游客，这就形成了我们所谓的国内旅游市场对入境旅游市场的"挤出"。除了目的地管理部门要积极引导支持旅游供应商服务入境旅游发展战略外，供应商自身也要认识到，在这个用户更多参与生产的时代，服务的用户群体越多元，他们的需求差异性越大，这就越能从服务游客的过程中发现创新灵感，找到新的业务增长点或者开拓新业务、新模式，实现基业长青。

各级旅游目的地要不断创新目的地管理和营销工作。旅游目的地一般分为国家、省级（区域）和城市三级，各级目的地之间要相互协调配合，国家主要在品牌层面开展国家形象宣传，联合省市旅游目的地，尤其是城市旅游目的地和市场主体推出旅游新线路、新产品，开展具体的推广活动。在宣传内容上，同样基于用户目标理论，我们需要跳出自身旅游资源看目的地宣推，增加可让境外游客更好地了解中国当代生活的内容。此外，借助在海外出圈的"中国风"影视、游戏、网文、视频等内容，典型如近期爆火的《黑神话：悟空》，整合营销内容，引导和打造在线热点话题，推出新的旅游体验空间和场景。在宣传渠道上，重视年轻用户普遍使用的主流社交媒体，如 Instagram、TikTok 等，通过这些平台，尽可能最大化信息传递触达率。在销售渠道上，要与各国主要旅行商/OTA 建立密切合作关系，通过他们链接目的地高品质的住宿、餐饮、购物、娱乐等供应商，以及提供高品质综合服务的旅行服务商、会议服务商等，以更大程度触达终端旅行消费者。最后，继续在体制机制方面创新，建议组建由专业人员构成的国家旅游推广机构，各省市根据自己的情况组建旅游目的地管理机构（DMO），提升目的地管理和营销工作的专业化水平。

资料来源：中国旅游研究院（文化和旅游部数据中心）。

案例分析：

（1）"中国游"的火热，为中国提供了全面展示文化软实力的机遇。"中国游"是中国文化软实力和国际竞争力全面提升的见证，更让世界看到一个开放自信、充满活力的中国市场。外国游客使用中国移动支付时，感受到的是中国金融科技水平的不断提升；惊叹于即时配送的便捷时，是在体验中国消费新模式的创新；坐着高铁畅游广阔大地，是在体验中国完善的基础设施和先进的机车制造技术。越来越多的外国游客以全新的视角观察中国，体验中国经济高质量发展的点滴，感受真实、充满活力的中国市场。

（2）中国文化和美好生活体验构成目的地的核心吸引力。根据中国旅游研究院入境游客满意度专项调查，超过六成的受访者将体验中国文化作为来华旅行的主要目的。美食、医疗保健、购物等构成的美好生活也是来华游客的主要体验内容。

（3）推动入境旅游高质量发展具有重要的现实意义。一是以人为媒，推动入境旅游发展。顺应全球化趋势，充分发挥中国海外移民在地化、流动性和跨国性的优势。二是以商促旅，重视国家间经济差异。以中国海外移民为纽带，正视经济发展与入境旅游之间的正向联动，使其成为推动入境旅游高质量发展的重要着力点。以入境旅游视角而言，与欧美等经济发达国家更多的经贸往来，更能够增进入境旅游规模。三是以文塑旅，提高国家旅游吸引力。中国海外移民的文化效应，对入境旅游发展乃至国家形象都具有深远影响，充分发挥中国海外移民作为展示中华文化窗口的辐射作用。针对文化产业实力相对较弱的国家，根据移民国的社会文化语境进行文化调适，进一步加强同各国官方和民间的文化交流活动，提高文化认同和旅游吸引力。四是精准营销，关注潜在入境旅游者特征。旅游者特征是中国海外移民影响入境旅游的重要因素。因此，在引导入境旅游发展时，将旅游者特征纳入精准营销范畴，制定针对性政策[①]。

（4）亚文化对旅游消费者行为影响差异不同。根据2024年各类平台报告[②]，一是携程调研了近一年具有外出旅行经历（不含商务出行）用户的报告表明，以"70后""80后"为代表的中年女性占比62.2%，成为旅行消费人群的"绝对主力"，消费力遥遥领先；以"90后""00后"为代表的青年女性占比28.5%紧随其后，消费潜力初现；"50后""60后"银发族群体占比9.3%，消费"品质化"升级，旅行消费金额领跑，不输年轻人。二是途牛的报告显示，"80后"和"90后"女性展现出更强烈的出游意愿，在女性中的出游人次占比分别为38%和30%。她们大多拥有较高的经济收入和经济自主权，在出游意愿、决策权及消费能力方面也普遍高于男性。三是同程旅行数据显示，在文旅消费方面，女性的消费频次相对更高，特别是在多人出游行程的实际预订中，尤其是亲子家庭行程，主要由女性完成预订。在同程旅行的平台上，超过2人次的景点门票预订中由女性用户完成的订单占比平均约为53%，其中，亲子家庭类出游的预订由女性完成的订单占比平均约为54.4%。三是途牛数据也显示，从过去一年的预订数据来看，多人出游订单中预订者为女性的订单占比达60%。而在旅游消费能力上，女性预订的度假产品人均订单价格高出男性21%。消费频次方面，年度打包旅游产品预订中，64%的女

① 郑鹏，赵月光，刘壮，等.中国海外移民主体对入境旅游影响的多元差异研究[J]人文地理，2024，39（04）：148-159.

② 齐鲁壹点微信公众号发布.报告：女性撑起旅游市场"半边天"，带父母旅行占比为男性的2倍，2024-03-08.

性有过至少 2 次的出游经历，其中，有过 2 次出游经历的女性出游人次占比为 25%，此外，也有 13% 的女性出游频次为 5 次及以上。四是从民宿预订上看，女性用户也占据着民宿预订的主导位置。途家民宿数据显示，平台女性用户占比达 58.6%，55% 的预订由女性完成。松一点，不忙着赶行程；吃得好一点，本地化特色餐；不走寻常路，包车或者定制服务。

第一节　文化与旅游消费者行为

一、文化的概念

我国辞（词）典中关于文化的概念：它是指人类在社会历史发展过程中所创造的物质财富和精神财富的总和，特指精神财富，如文学、艺术、教育、科学等。它分广义和狭义的概念，广义是指人类在社会实践过程中所获得的物质、精神的生产能力和创造的物质、精神财富的总和。狭义是指精神生产能力和精神产品，包括一切社会意识形态，如自然科学、技术科学（姚庆，2014）。文化在不同学科中的定义侧重点也各不相同，但其核心是人，人与文化之间影响是相互的。文化使我们继承同一种文化遗产群体中的个体拥有共同的知识、信仰、价值观、生活方式、行为方式、思维方式方法、道德规范等（严明，2014）。

【知识链接】

文化的分类

可以从不同的角度、依据不同标准对文化进行分类。主要按人类社会生活类型、人类社会活动类型、文化的载体、文化存在的时空、文化所属主体和文化的价值等标准，对文化现象做出基本的类型划分。

1. 按人类社会生活类型分为政治文化（人类社会政治生活的精神信息）、经济文化（社会经济生活的精神信息）、军事文化（人类社会军事生活的精神信息）、日常文化（人类日常生活的精神信息）。

2. 按人类社会活动类型分为认识文化（人类认识活动的精神信息）、实践文化（人类实践活动的精神信息）、管理文化（社会管理活动的精神信息）、审美文化（人类审美活动的精神信息）、交往文化（人类交往活动的精神信息）、评价文化（人类评价活动的精神信息）。

3. 按文化的载体分为物质形态的文化（以物质为载体的文化）、制度形态的文化（以制度为载体的文化）、活体形态的文化（以人为载体的文化）。

---

4. 按文化存在的时间划分为原始文化、古代文化、近代文化、现代文化、当代文化；传统文化、新文化等。

5. 按文化存在的空间分为世界文化、国内文化、民族文化、地域文化、城市文化、乡村文化。

6. 按文化所属主体划分为民间文化、官方文化；大众文化、精英文化；阶级文化、阶层文化、政党文化、企业文化、个体文化、集团文化、社会文化、人类文化。

7. 按文化的价值分为先进文化、落后文化、腐朽文化；主流文化、亚文化、反文化；雅文化、俗文化等。

资料来源：姚庆.文化交往学［M］.北京：人民日报出版社，2014：16.

二、文化的特征

（一）文化的习得性

文化无法通过基因传承来获得，而是一方面自小通过与社会环境、家庭环境的接触获得；另一方面随着年龄的增长，通过教育和媒体的接触，接触的范围不断扩大，包括直接和间接的接触。人们通过学习获得文化，而学习方式主要包括"文化继承"和"文化移入"，前者是学习自己民族或群体的文化，后者是学习外来文化。

（二）文化的共享性

文化具有群体性，不仅同一群体可共同享有文化，而且不同群体也能共享许多文化成果。文化也通常被视为社会成员联系在一起的纽带，每个群体都会形成不同的文化，从而构成各自独特的社会群体文化。所以，在特定社会的共享性上，文化不仅成为不同群体的边界，而且成为区别于其他文化的标志。

（三）文化的动态性

文化不是静止的，而是随着社会发展进行缓慢的动态变化。技术创新、人口变动、资源短缺和外来的文化侵蚀等原因，都可能使人们的价值观念、行为方式、生活习惯、偏好和兴趣发生适应性改变。

三、文化的作用

纵观人类社会发展的历史，文化既表现在对文明的传递作用上，又表现在对社会的规范、调控作用上，还表现在对社会的凝聚作用和社会经济发展的驱动作用上。文化的作用主要如下。

（一）文化具有传递文明的作用

文化不同于器物。器物都是适应当时，一旦被毁后无法传承，而文化既可适应当时又能够延续并泽及后人。从这个角度来看，文化具有传承与传递文明的功能。文化的这种传递文明的功能，可以使上代流传下来的长期积累的各种经验、知识和价值观念被人们短时间接受，并影响人们的生活。

（二）文化具有规范人的行为的作用

人既有社会属性，又有自然属性；既有理性的方面，又有非理性的因素。文化的作用是通过道德、正义和公平等社会规则来约束人的行为，从而控制人的冲动的非理性行为，引导人们对待社会现象、解决面临的问题更加符合社会规范，来让理性主导人的行为。每一种文化都提供具有约束性、普遍起制约作用的行为规范。

（三）文化具有凝聚社会力量的作用

作为价值体系和行为规范，文化提供着关于是与非、善与恶、美与丑、好与坏等社会标准，并可以通过社会教育而内化为个人的是非感、正义感、羞耻感、审美感、责任感等，从而提高人们的道德情操、认识水平和人生境界，凝聚社会力量。社会的发展离不开社会力量的凝聚，文化通过对全部社会生活的渗透力、凝聚力和引导力来发挥凝聚作用①。

（四）文化具有助推经济发展的作用

文化对经济的支撑作用主要表现在三个方面。一是文化的导向赋予经济发展以价值意义，经济制度的选择、经济战略的提出，经济政策的制定，无不受到社会文化背景的影响以及决策者文化水平的制约。文化给物质生产、交换、分配、消费以思想、理论、舆论的引导，在一定程度上规定了经济发展的方向和方式。二是文化赋予经济发展以极高的组织效能。人作为文化的单元，不但受文化熏陶，而且也依一定的原理相互感通，相互认同，从而形成社会整体。文化的这种渗透力是人的社会性的体现，它能够促进社会主体之间相互沟通，保证经济生活与社会生活在一定的组织内有序开展。三是文化赋予经济发展以更强的竞争力。经济活动所包含的先进文化因子越厚重，其产品的文化含量以及由此带来的附加值也就越高，在市场中实现的经济价值也就越大②。

四、文化对旅游消费者行为的影响

文化是旅游者的出发点和归结点，文化对旅游活动的影响和制约是全方位、多层次

---

① 杨耕．文化的作用是什么［N］．光明日报，2015-10-14．
② 顾伯平．文化的作用［N］．光明日报，2005-03-02．

的。从总体上来讲，文化影响着旅游者的生活方式，制约着旅游者的行为，决定着旅游者的消费观念和行为准则，影响着旅游者的消费结构和消费方式，主导着旅游者需求，因而，文化对旅游者消费行为具有强大的影响力。另外，从本质上来说，旅游者消费行为是旅游者对旅游产品和旅游服务的决策、购买与评价的全过程，因此，旅游者消费可以分为以下几个阶段：旅游准备阶段的消费、旅游过程中的消费、回到目的地后深化旅游体验的消费。所以，以下将分别从旅游者消费过程中的三个阶段分析文化对旅游者消费行为的影响（高玉玲，2008）。

（一）旅游准备阶段

在这个阶段，文化对旅游者消费行为的影响主要表现为：潜在旅游者所具有的文化素养、所秉承的价值观念对于激发旅游需要和旅游动机、形成旅游偏好、做出旅游决策具有重大的影响作用。

1. 在不同文化背景下形成的文化价值观念决定着产生旅游需要的强度

由于地区文化的差异，人们在此基础上建立起来的文化价值观念也存在着明显的差异。这在分别以传统和现代文化特色为文化特征，以及经济性差异大的地区尤为明显。一般情况下，在现代观念浓厚、经济较发达的地区，人们会普遍地产生旅游需求，且随着程度的加深，产生旅游需求的强度也会增加。

2. 潜在旅游者自身的文化修养、价值观直接影响着旅游政策

即使在促成旅游的客观条件全部相同的情况下，文化修养较高的潜在旅游者也会有高于常人的旅游欲望。此外，由潜在旅游者不同的文化修养决定的个人性格、价值取向、行为方式等具体表现，是形成旅游偏好，并进行旅游决策的重要依据。比如，知识层次较低的潜在旅游者往往倾向于观光型旅游；知识层次较高的潜在旅游者往往倾向于选择符合个人知识情趣的旅游活动（如历史文化古迹旅游、民俗风情旅游、宗教文化旅游甚至探险旅游等）。

（二）旅游过程中

在这个阶段，文化对旅游者消费行为的影响可以从旅游供给和旅游者需求两个方面来阐释。在旅游过程中，旅游者以文化消费的方式参与到旅游客源地与目的地的文化交流中，通过自身的消费活动影响双方文化交流的程度和文化变迁的进程。因而，文化与旅游者消费行为的影响是相互影响、相互制约的。

1. 从供给的角度来讲，旅游地文化通过调节旅游供给制约旅游者消费行为

地域上的差异使社会风俗、宗教信仰、价值观念等文化要素在不同国家和地区呈现出明显的差异性，这就决定了在文化差异或禁忌的制约下，旅游地必然要通过调节旅游供给，制约旅游者的消费行为来保护自身文化。

2. 从需求的角度，旅游者自身文化因素影响旅游者消费行为

（1）旅游者的文化素养决定着旅游者个性和行为标准。一般情况下，文化素养较高的旅游者在旅游过程中的消费行为较为理性，冲动型购买的次数少、频度较低，较多地注意个人旅游行为对旅游资源、社会、环境产生的影响，因而，文化素养较高的旅游者在旅游消费的过程中能够在满足其自身旅游需求的同时较好地保护资源，减少对旅游资源尤其是比较脆弱的旅游资源（如生态环境、濒危的历史文化遗产等）的利用和破坏，能与他人保持良好的关系，尊重他人也容易得到他人的尊重，懂得享受生活中的乐趣等。因此，高素质旅游者的旅游活动是自觉自律的，往往能够产生可持续性旅游的效果。

（2）客源地文化对异文化的态度决定了旅游者消费行为中文化交流的比例和强度。不同国家和地区的文化传统、价值取向等都有很大的差异，这表现在旅游消费行为中也是不同的。客源地文化对异文化的态度与当地的开放程度紧密相关。一般而言，开放性较强的地区比较容易接受外来文化，通过文化融合与交流促进自身文化的发展与繁荣。一个来自主张兼容并蓄、社会经济开放、人们思想比较开放地区的旅游者往往比来自经济闭塞、文化单一、人们思想保守的国家或地区的旅游者更能客观地看待旅游地的异文化，更注重旅游消费活动中的文化交流，更乐于通过旅游消费活动加强与旅游地居民的交流，通过文化的交流和碰撞深化旅游体验。

（3）旅游者个性对旅游期望的影响。生活在不同文化背景下的旅游者拥有不同的文化价值观，这种价值观上的差异会随着旅游者在日常学习中的文化习得逐渐强化，成为旅游者文化个性的重要组成部分。在这种不断强化的旅游者文化个性指引下，旅游者往往能形成客观的旅游期望，并且能够在旅游过程中出现期望偏离时，能够灵活地对旅游期望做出调整，从而更容易获得相对满意的旅游体验。

（4）文化因素影响旅游者的消费习惯和具体的旅游消费行为。由于文化上的差异，不同国家、不同地区、不同阶层的人们，在价值观、消费观、道德观和生活方式上存在着明显的差异。这构成了不同的旅游消费群体，在惯常消费心理和消费习惯的指引下，旅游者在旅游过程中的具体消费行为也具有明显的差异性。

（5）文化因素通过社会风气、参照群体影响旅游消费行为的发展方向。文化因素对一定时代和地域的社会风气起着关键性的作用，而任何一个相关群体的旅游消费趋向和潮流都与当时的文化背景密切相关。例如，生态旅游的发展，与可持续发展理念逐渐为人们接受具有密切的关联性。

（三）旅游者回到居住地

旅游者回到居住地是旅游活动在空间上的完结，但是旅游者消费行为的完结不一定是同步的，旅游者消费行为完结与否取决于旅游者的思维方式、价值观念、行为方式等，这些从根本上讲还是取决于文化的影响力。也就是说，旅游者是否在回到居住地后通过消费行为来进一步深化旅游体验（如冲洗照片、刻录光盘等）取决于其文化修养决定下的思维方式、消费习惯等。

第二节 亚文化与旅游消费者行为

一、亚文化的概念

亚文化又称"集体文化"或"副文化"，指在主文化或综合文化的背景下，属于某一区域或某个集体所特有的观念和生活方式（王晓玉，2014）。亚文化受经济社会、自然环境的影响而形成区域与群体的差异性文化现象。如因阶级、阶层、民族、宗教以及居住环境的不同，都可以在统一的民族文化之下，形成具有自身特征的群体或地区文化即亚文化。每个消费者可以同时属于几个亚文化群体，形成不同的亚文化成员身份，这影响着旅游消费者行为。

二、亚文化的分类

目前，亚文化比较有代表性的分类方法是根据地理、宗教、民族、年龄、性别、社会阶层等进行划分（如表 10.1 所示）。一个消费者往往同时属于多个亚文化。每一种亚文化影响人们生活方式和行为的不同方面，影响程度也不尽相同。通常，亚文化成员在多大程度上拥有某一亚文化的独特行为，取决于他认同该亚文化的程度。例如，人们对新产品的接受程度受地区亚文化的强烈影响，对音乐和服装的偏好则受时代亚文化的影响，对食品的偏好受种族亚文化的影响等。

表 10.1 主要亚文化的分类

亚文化分类	代表
地理亚文化	西南、华南、西北；城市、乡村
宗教亚文化	佛教、伊斯兰教、基督教
种族亚文化	汉族、满族、壮族
年龄亚文化	"80后""90后"
性别亚文化	男、女
社会阶层亚文化	高、中、低层

三、亚文化对旅游消费者行为的影响

（一）民族亚文化对旅游消费者行为的影响

民族亚文化群体是指在其繁衍和发展的过程中形成自己独特的语言、文字、仪式、风俗、习惯、民族性格、民族传统与生活方式的一群人，也是因为共同的文化或遗传纽带而联系在一起的消费者群体。因此，民族身份，通常是消费者自我意识的重要组成部分。

民族文化特性对旅游者行为有决定性作用。许多研究也表明，不同的民族具有不同的性格，不同国家旅游者的行为各不相同，这种差异主要源于民族文化的熏陶和感染。日本民族受集体主义和长时间工作的文化传统的影响，日本人喜欢团队旅游或自行组织集体出游，更偏爱短期休假。日本旅游者既是不知疲倦的摄影者，也是大手大脚的消费者。阿拉伯人同样喜欢集体出游，但他们旅游的主要动机是绝对放松的娱乐型旅游者，旅游目的地偏爱高纬度、凉爽的多山地区。受美国主流文化中喜新乐奇、亲近自然、自由流动、个人主义等特质的影响，美国人喜欢在受保护的自然环境中简单地度假，游览国家公园或观赏历史文物，绝大多数美国人都偏爱在国内度假。欧洲文化非常丰富多样，旅游者的消费行为差异也比较大。德国人非常喜欢到国外度假，荷兰人偏爱野营旅游和生态旅游，英国人更喜欢购买长距离包价旅游产品。以上分析表明，旅游者的消费行为是其民族文化积淀的产物，不同国家的旅游者在价值取向、出游目的、出游方式、对目的地的偏好、与当地居民的接触程度、逗留时间等方面均有一定的差别，也表明民族文化差异不是影响旅游者行为差异的唯一因素。

（二）宗教亚文化对旅游消费者行为的影响

不同的宗教群体具有不同的文化倾向、习俗和禁忌。每种宗教的信仰者都有各自的信仰、生活方式和消费习惯，深刻影响人们思想意识、生活习俗等各个方面。宗教旅游的旅游动机主要是对宗教的虔诚。另外，宗教文化能影响宗教旅游者的价值观、休闲和消费行为。

（三）地理亚文化对旅游消费者行为的影响

地理亚文化是在特定的地理空间、地域范围内的亚文化，它影响着一个地区人们的生活方式、购买力、消费习俗、消费结构和消费特点，从而形成不同的消费文化。如中国闻名的川菜、鲁菜等八大菜系，风格各异，这表明美食文化差异与地域不同有密切关系，不同美食文化影响旅游者饮食消费行为。另外，城市与乡村是由于地理位置不同而造成文化差异。城市旅游者偏向大自然旅游，也更容易选择现代旅游项目。乡村旅游者动机由主到次可归结为"缓解压力""交际""求知""怀旧"四大类（胡绿俊、文军，2009）。

（四）年龄亚文化对旅游消费者行为的影响

不同年龄群体表现出特殊的需求与行为模式，形成相应的儿童、少年、青年或老年等不同年龄段群体的消费行为模式，进而相应地形成不同的群体文化。另外，不同年龄群体的消费行为模式不完全由生理因素决定，而是受其所处的社会与文化深刻影响。因此，由于年龄的差异和亚文化群体的不同，旅游者还可进一步划分为不同类型的群体。

不同年龄亚文化表现出不同的文化差异，也影响着其旅游消费者行为。如"80后"消费心理特点归纳为追求时尚和新颖、表现自我和体现个性、容易冲动和注重情感等三个方面，而"80后"旅游消费行为特征是偏爱山水风光类（如黄山、西湖）和主题公园类（如嘉年华、迪士尼）等旅游资源，旅游信息获取主要是网络，出游时间以寒暑假或法定休假日为主。"90后"消费行为特征主要表现如下（陈春，2008）：①易接受新事物，消费需求旺盛；②网络购物现象普遍，超前消费多有发生；③注重时尚，突出个性；④喜新厌旧，情感消费突出，追求消费附加值；⑤消费心理不健全，存在盲目、攀比、炫耀性消费。"90后"最喜欢自然风光、人文古迹和民族风情三类旅游景点，该群体倾向于观光娱乐、体验和探险刺激的旅游体验项目。出行方面，最看重安全、自由和畅通，价格次之。购物方面，最看重物品迎合个人喜好、具有纪念意义或收藏价值以及质量好，而物品的价格和购物体验过程次之。另外，老年人因年龄、人生阅历和社会文化的影响，老年旅游消费行为具有关注旅游费用、旅游目的地偏好旅游观光型、享受人生的旅游动机强和旅游消费偏好景区质量的特征（黄凌云，2015）。

（五）性别亚文化对旅游消费者行为的影响

性别差异不仅体现在生理方面，还体现在思维方式、生活方式、消费方式等行为方面，从而形成一种独特的性别文化。在旅游活动中，性别文化的差异深刻影响旅游者消费行为。从旅游动机来看，女性旅游消费者偏好享受自然、健身疗养、休息度假、休闲娱乐、游览观光、陪家人，而男性游客喜欢体育旅游和探险旅游；从游伴选择来看，男性旅游消费者更倾向于选择男/女朋友、"驴友"作为游伴或者独自出游，而女性旅游消费者选择同家人亲戚一起出游的比例明显高于男性（李蕾，2012）；从旅游方式的选择来看，男性旅游者偏爱参加所在单位组团和自助游，而参与旅行社组团和半自助游的女性旅游者高于男性。从旅游消费支出来看，在饮食方面，女性旅游偏好特色小吃店和自备食品；在购物方面，女性旅游消费者相对于男性更偏好于买品牌服饰/丝绸类、化妆品/护肤品、钟表类旅游纪念品，而男性更偏好于买酒/香烟类旅游纪念品（李蕾、卫奇琦，2014）。

（六）社会阶层亚文化对旅游消费者行为的影响

社会阶层由具有相同或类似社会地位的社会成员组成的相对持久的群体，它产生最直接的原因是个体获取社会资源的能力和机会的差别，从而形成一种特殊的亚文化现象。由于价值观念、生活方式的相似，同一阶层的社会成员在行为表现上也具有共同的倾向。不同阶层的社会人群在服装消费、饮食消费、闲暇时间消费上呈现出不同的特征（如表 10.2 所示）。

表 10.2　不同消费阶层家庭及其成员（被调查者）的消费偏好（%）

		最贫困阶层	贫困阶层	中下阶层	中间阶层	中上阶层	富裕阶层	最富裕阶层
	样本数 N	121	154	236	260	202	124	88
服装偏好	方便舒适	46.3	55.2	61.4	57.7	49.5	50.8	44.3
	体现个性	4.1	6.5	7.6	8.5	11.4	16.1	11.4
	款式新颖	2.5	4.5	4.2	6.9	7.4	7.3	6.8
	名牌时髦	0	0	2.1	1.2	2.0	2.4	4.5
	面料质地	9.1	6.5	4.2	7.3	9.4	6.5	9.1
	保暖实惠	26.4	18.8	10.2	8.5	8.4	8.1	9.1
	价格合适	5.8	5.8	7.6	7.7	7.9	6.5	6.8
	做工讲究	0	0	0.4	1.2	0.5	0	1.1
饮食偏好	吃饱就行	62.8	57.1	63.6	43.8	43.1	40.3	31.8
	讲究营养	28.1	33.1	27.5	44.2	41.1	33.9	40.9
	方便省事	4.1	5.2	4.7	6.2	5.4	10.5	4.5
	山珍海味	0	0	0.4	0.8	2.5	2.4	3.4
	饮食文化	0	0	1.3	0.8	1.0	3.2	1.1
	满足新奇	0	0.6	0.8	0.4	2.0	1.6	4.5
	其他	1.7	1.9	0.4	0.8	0.5	0.8	5.7
闲暇消费	娱乐	66.4	65.4	64.6	71.6	60.9	64.2	53.5
	学习	10.1	10.4	11.1	10.1	11.8	9.0	18.5
	运动	3.4	3.2	6.4	4.5	5.5	5.2	7.6
	旅游	0.8	1.1	3.0	3.0	4.1	5.2	5.4
	社交	3.4	3.1	4.7	3.7	6.4	6.7	5.4
	其他	16.0	16.7	10.1	7.1	11.4	9.7	9.8

资料来源：李培林，张翼.消费分层：启动经济的一个重要视点［J］.中国社会科学，2000（1）：52-61.

在旅游消费行为过程中，不同的社会阶层有不同的旅游消费行为方式。一般来讲，上层社会成员偏爱远距离旅游和出国旅游，旅游消费乐于购买艺术品、古玩等商品，偏爱参加高尔夫球、网球等活动。中层社会成员更爱冒险和承担风险，也是所有旅游者中数量最多的群体，该群体偏爱公园、博物馆等商业性休闲场所。低层社会成员受文化教育水平和收入的限制，旅游方式主要选择国内短途旅游观光或到某个旅游点短期度假，在旅游购物时，他们比较注重实用性，喜欢色泽鲜艳的产品外观。另外，根据一项研究表明（Lin，Mao 和 Song，2015）：人们对旅游产品的消费，较显著受收入水平的影响。由于家庭人均年收入水平的差异，可简单地将中国家庭划分为四组：低于 17972元、17972~27498 元、27498~42452 元、42452~1539312 元。从该研究结果可知：随着收入的增多，人们的旅游活动会变得越来越频繁，旅游总消费也会越来越多，无论是团体旅游还是非团体旅游，旅游消费会随着收入的增加而增多。另外，在中国收入最高的家庭，已经非常注重通过带孩子出去旅游，来达到教育的目的，以拓宽孩子的视野和见识。

第三节　基于文化的旅游营销

现代旅游活动本质上是一种文化活动。旅游活动既渗透了丰富的文化内涵，又反映了旅游主体的文化需求和文化体验，也折射出旅游客体的文化价值、旅游中介的文化素质。同时，旅游消费本质上是文化消费，旅游行为是一种文化消费行为，旅游的经营者提供的应是能满足旅游者文化享受的旅游文化产品。因此，旅游营销以分析文化的内涵为基础，以满足旅游者的文化和情感需求为目的，将文化与旅游营销紧密协同，创新旅游文化营销运作模式，提高旅游产品、旅游企业的市场竞争力，促进旅游产业的持续发展。

一、旅游文化营销的概念

（一）旅游文化的内涵

文化是旅游的灵魂，旅游是文化的表现。无论是旅游产品，还是旅游景观，最具吸引力的是其所蕴含的独特的文化性。这些文化特质通过景观化、故事化的方式，以旅游为载体向旅游者传播和扩散，以此来满足旅游者的精神文化需求。旅游和文化的相互融合，可以更好地促进旅游业不断发展壮大。

旅游文化所涵盖的内容丰富而复杂，对旅游文化的概念尚没有统一的定义。其中最有代表性的如冯乃康（1991）认为，旅游文化是旅游者和旅游经营者在旅游消费或经营服务过程中所反映、创造出来的观念形态及其外在表现的总和；贾祥春（1997）认为，

旅游文化是一种新的文化形态，是通过旅游活动形成的物质与精神文明的总和；邹本涛和谢春山（2010）认为，旅游文化是人们的旅游体验与介入过程及其精神产品的总和。旅游文化是在旅游活动中，旅游主体、旅游客体和旅游介体之间相互作用而产生的物质财富和精神财富以及各种文化现象、文化关系的总和（2010）。

（二）旅游文化营销的概念

旅游文化营销是指旅游业经营者运用旅游资源通过文化理念的设计创造来提升旅游产品及服务的附加值，在满足和创造旅游消费者对真善美的文化需求中，实现市场交换的一种营销方式。从市场需求角度讲，文化是指旅游者的文化心态的深层结构意识部分，主要包括价值观念、审美情趣、行为取向等；从产品角度讲，文化指的是产品的文化内涵与特征，是旅游产品的核心属性。旅游文化营销是一种营销战略，它的核心功能是实现旅游者最高层次的文化满足，实现旅游产品价值的最大化，最终使旅游者达到高度和谐的文化体验（程艳，2005）。旅游文化营销的基本框架归纳如图 10.1 所示。

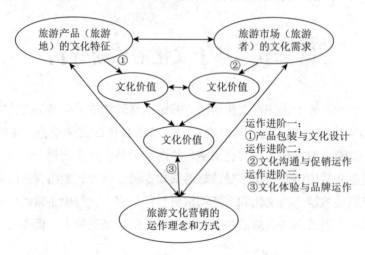

图 10.1　旅游文化营销的基本框架

资料来源：程艳.旅游文化营销运作模式研究［D］.上海：华东师范大学，2005.

二、旅游文化营销的分类

基于文化的旅游营销包含的文化因素范围广、内容丰富，为了更好地体现旅游文化营销中文化元素，根据文化结构的要素将旅游文化营销分为以下六种主要类型。

（一）知识文化营销

此类营销是指在旅游产品开发过程中，突出将知识隐含于其中，会使旅游者在消费旅游产品的过程中增长见识，深刻体会到自我成长、自我实现的满足感，同时，将自身文化素质提升看成全民素质整体提高的重要组成部分。

（二）精神文化营销

该类旅游营销活动主要向旅游者传播企业正面独特的企业形象，以及旅游景区和旅游产品所承载的积极向上、孝道等文化故事，还附加文明行为举止等思想意识和价值观念，这当中所表现的思想道德观念是精神旅游文化营销的核心和灵魂。

（三）时尚文化营销

时尚文化营销具有感性化、情绪化、美学化和符号化并且多变易变的特点，因此，求新、求奇、求变永远是时尚文化的主题，它要求企业随时追踪时代的脉搏趋势，不断创造新的时尚新的流行来保持产品服务的永续魅力。

（四）情感文化营销

情感是人类最具有文化意味的东西，最能起到沟通人心灵世界的作用，更是维系人与人之间关系的纽带。情感营销就是把人类的各种感情融入市场营销活动中，以情感人，用情沟通，来打动人、感染人，从而引发消费行为。

（五）审美文化营销

此类文化营销运用戏剧、绘画、书法、故事、诗歌、传说、文学、艺术等为审美素材，赋予营销活动以美学的意义，使营销成为一种审美创造活动，让消费者在美的熏陶和艺术的氛围中欣赏体验，最终接受产品服务。

（六）娱乐文化营销

旅游是旅游者享受快乐、放松心情、调节情绪的过程。娱乐文化最具代表性的体育明星和娱乐明星成为旅游文化营销的重要载体，通过重大的体育赛事和明星娱乐文化演艺活动来刺激旅游者消费，满足其娱乐文化的体验需求。

一个完整的基于文化的旅游营销活动，必然包括以上六种旅游文化营销，并且是互相渗透互相交融的。

【延伸阅读】

旅游文化营销的特征

1. 时代性

旅游文化营销作为一种价值性活动总是反映和渗透着自己的时代精神，体现出时代的新思想新观念。每一个时代都有自己时代的精神文化特征，旅游市场的需求一刻不停地产生着。旅游文化营销只有不断适应追随时代的变化，汲取时代精神的精华，才能把握住社会需求和市场机会，才能赢得消费者，否则就会被时代淘汰。

2. 区域性

旅游文化营销的区域性指在不同的地区国度因文化差异造成的营销对象、营销方式等的差别。它与民族、宗教、习俗、语言文字等因素有着深刻的关系。比如，东方人把红色作为喜庆色，结婚生子都要穿红衣服，用红被子，吃红鸭蛋，送红色礼包，而在德国、瑞典，红色被视为不祥的颜色。营销活动的这种区域性表明在营销活动中一定要考虑到区域文化特点，做好不同文化之间的沟通交流，消除障碍，才能实现文化营销。

3. 开放性

旅游文化营销由于侧重于一种理念的构建，具有极大的开放性。一方面对其他营销方式能产生强大的文化辐射力，从理念价值的角度提升其他营销方式的品位。比如，关系营销中亲缘关系、地缘关系、文化习俗关系、业缘关系等的建立都跟"文化"有着深刻的联系，旅游文化营销中的文化理念、文化资源等对处理上述多种营销关系都有实际指导的意义，有助于在文化这个深层次上建立起更稳固的关系。另一方面它又不断吸收其他营销活动的思想精华保持其创新的活力。比如，旅游文化营销可以吸收绿色营销观念开展绿色旅游文化营销；吸收政治营销观念开展政治旅游文化营销；吸收道德营销观念开展道德旅游文化营销等。这种开放性有助于旅游文化营销向纵深拓展，丰富自己的内涵。

4. 导向性

旅游文化营销的导向表现在两个方面。一是用文化理念规范引导营销活动过程，从深层次上同社会以及消费者进行价值沟通；二是引导旅游文化需求的满足朝向健康自我完善的方向。不可否认，现实社会中存在一些以不健康的心态来解读文化的旅游者。如果一味迎合他们的需求，只会助长偏见和误解，降低本地文化的品位，失去未来的可持续发展的可能性。而旅游文化的根本目的是完善旅游者人性，达到与自然社会和谐的内心平和。人性化的回归应该指向真、善、美，这也是旅游文化营销的根本目的。

5. 个性化

美国旅游权威麦金托什教授曾说："文化是决定旅游地区总体魅力的唯一因素，其内涵极其丰富并充满多元化特点。一个地区的文化元素是极其复杂的，它能够反映人们的生活、工作和娱乐方式。"从世界范围来看，文化分为东西方两大类型，东方文化注重和睦、统一，西方文化偏好冲突、变化，两种文化形成鲜明的对比。而大一统的中华文化内部也具有五彩斑斓、万紫千红的内蕴。比如，齐鲁文化的朴实、吴越文化的秀雅、楚文化区的绚烂，清文化区的宏大……区域文化的分布从空间角度呈现地理的马赛克拼图一般的多元性，而从历时的角度又可以挖掘出文化沉积岩若干层面的内涵，纵横交错的排列组合中，展现出无限的拓展空间和可能性，而每种情况下都是独特的、不可替代的。从营销指向看，在旅游者的文化需求日益多元化、个体化的情况下，如果不进行文化的挖掘提升，极少有旅游资源能够天然地具有垄断性，大部分旅游产品将落入雷同的案例，丧失价值链中标新立异的来源。

资料来源：程艳.旅游文化营销运作模式研究［D］.上海：华东师范大学，2005.

三、旅游文化营销的运作模式

（一）文化创意型的旅游文化营销模式

文化创意是以文化为元素、融合多元文化、整合相关学科、利用不同载体而构建的再造与创新的文化现象。文化创意型的旅游营销是以文化为核心，以创意为手段，以技术为支撑，以市场为导向，创造多元化的旅游产品载体。从产品包装上来看，将最具区域性、民族性的文化元素，进行现代技术手段，融入旅游产品包装设计当中。这不仅突出旅游产品独特的区域性与民族性文化特色，提升其文化品位，提高旅游产品的竞争力，还满足旅游者深度体验异国或异地文化风采的心理需求。同时，既继承优秀的传统文化，又要创新发展融合时代文化风貌，巧妙地利用文化差异增添旅游产品的魅力。

（二）文化传播型的旅游文化营销模式

该模式通过整合文化行为的手段来达到营销的传播目的，借助文化传播的理念识别系统（Mind Identity System，MIS）、行为识别系统（Behavior Identity System，BIS）和视觉识别系统（Visual Identity System，VIS），和以文化为核心的广告和促销方式来提高旅游产品的市场吸引力，并通过旅游者带着自己的文化到异域文化圈中交流的过程，实现旅游文化传播营销。这不仅可以快速传播旅游产品的文化内涵，增加文化旅游市场的占有率，还可以快速地吸引旅游者的注意力，刺激旅游者购买旅游产品或服务，迅速地获得注意力经济效益。

（三）文化体验型的旅游文化营销模式

体验旅游是以体验为主要诉求目标的旅游活动，是旅游者通过活动和感受产生比较大、比较深、比较强烈的心理印象。在文化体验的旅游营销建设过程中，文化元素必须渗透整个流程，起着核心的作用。文化体验的展示过程突出当地文化元素并可互动，塑造文化体验的旅游品牌可以借助现代高科技声、光、电等手段，突出文化元素的故事化、场景化、动态化的表达，让游客获得身临其境的文化体验，获得难以忘记、畅爽的

文化旅游体验。这可以提升旅游品牌文化元素附加值，提升基于文化元素的旅游产品竞争力。而且因游客获得难忘的愉快旅游体验，旅游产品也会获得游客的满意评价，游客对旅游产品的忠诚度极大地提高，旅游产品于游客间口碑效应更显著，旅游产品形象出现扩散效应。

【复习与思考】

一、名字解释
文化　亚文化　旅游文化营销

二、简答题
1. 简述文化的特征与作用。

2. 简述亚文化的分类。

3. 简述旅游文化营销的分类。

三、论述题
1. 结合案例论述文化对旅游消费者行为的影响。

2. 论述各类亚文化对旅游消费者行为的影响。

四、实务题
通过案例详细论述旅游文化营销运作模式的实施流程与内容。

【推荐阅读】

1. 周春发. 旅游、现代性与社区变迁：以徽村为例［M］. 北京：社会科学文献出版社，2012.

2. 张宏梅，赵忠仲. 文化旅游产业概论［M］. 北京：中国科学技术大学出版社，2015.

3. 钟晟. 旅游产业与文化产业融合发展研究［M］. 北京：中国社会科学出版社，2015.

4. 邹本涛，谢春山. 旅游文化学［M］. 3版. 北京：中国旅游出版社，2016.

5. 宋章海. 从旅游者角度对旅游目的地形象的探讨［J］. 旅游学刊，2000（1）：63-67.

6. 罗卉，苏思晴，梁增贤. 如何提高淡季新媒体营销的有效性？——基于贝叶斯模型的旅游景区公众号注意力研究［J/OL］. 旅游科学，1-13［2024-12-28］.

7. 张跃先，王雪莹. 旅游短视频营销对顾客融入的影响机制研究［J］. 管理学报，2024，21（2）：261-268.

8. 陈文君. 节庆旅游与文化旅游商品开发［J］. 广州大学学报（社会科学版），

2002（4）：51-54.

9.肖刚，肖海，石惠春.非物质文化遗产的旅游价值与开发［J］.江西财经大学学报，2008（2）：107-111.

10.邓明艳.培育节庆活动营销西部旅游目的地［J］.旅游学刊，2002（6）：32-35.

11.李萌.基于文化创意视角的上海文化旅游研究［D］.复旦大学，2011.

12.王雪野.旅游产品感验营销的模型构建及应用［J］.经济管理，2013（6）：123-131.

参考文献

中文文献：

［1］白凯.旅游消费者行为学［M］.北京：高等教育出版社，2020.

［2］白凯.乡村旅游地场所依赖和游客忠诚度关联研究：以西安市长安区"农家乐"为例［J］.人文地理，2010，114（4）：120-125.

［3］保继刚，楚义芳.旅游地理学［M］.北京：高等教育出版社，1999.

［4］柴寿升，张雪唱，龙春凤.社会公平感对景区—社区冲突的影响机制研究——基于政府信任的中介效应［J］.经济问题，2024（3）：113-120.

［5］陈春."80后"旅游动机与旅游消费行为关系研究［D］.杭州：浙江大学，2008.

［6］陈国平，边二宝，李呈娇.服务补救中自我调节导向对顾客感知公平的调节作用：基于旅行社的实证研究［J］.旅游学刊，2012（8）：53-59.

［7］陈虎.后现代视角下韩国旅游消费者行为特性分析［J］.旅游学刊，2014，29（8）：11-14.

［8］陈嘉伦.高尔夫旅游者消费行为特征研究［D］.广州：暨南大学，2014.

［9］陈健昌，保继刚.旅游者行为研究及其实践意义［J］.地理研究，1988，7（3）：44-51.

［10］陈楠，乔光辉.大众旅游者与生态旅游者旅游动机比较研究：以云台山世界地质公园为例［J］.地理科学进展，2010，29（8）：1005-1010.

［11］谌永生，王乃昂，范娟娟，等.敦煌市居民旅游感知及态度研究［J］.人文地理，2005，20（2）：66-71.

［12］程冰，朱锦晟.俄罗斯来华旅游者消费行为的影响因素研究［J］.旅游论坛，2013，6（3）：92-96.

［13］程绍文，张捷，徐菲菲，等.自然旅游地社区居民旅游发展期望与旅游影响感知对其旅游态度的影响：对中国九寨沟和英国NF国家公园的比较研究［J］.地理研究，2010，29（12）：2179-2188.

［14］程艳.旅游文化营销运作模式研究［D］.上海：华东师范大学，2005.

［15］崔痒，黄安民．居民家庭旅游消费行为初探［J］．人文地理，1995（2）：37-42.

［16］戴斌，李仲广，何琼峰，等．游客满意：国家战略视角下的理论建构与实践进路［J］．旅游学刊，2014，29（7）：15-22.

［17］邓峰．湘西自治州民俗旅游游客满意度影响因素与优化对策研究［J］．经济地理，2013，33（7）：187-192.

［18］杜炜．旅游消费行为学［M］．天津：南开大学出版社，2009.

［19］段艳玲．体育赛事景观质量对游客目的地形象感知和行为意向的影响——基于上海马拉松的实证研究［J］．中国体育科技，2024，60（2）：72-80.

［20］樊雅琴．旅游市场营销［M］．北京：中国发展出版社，2009.

［21］范玉强，陈志钢，李莎．历史文化街区游客怀旧情感对游客忠诚的影响——以西安市三学街为例［J］．西南大学学报（自然科学版），2022，44（4）：155-164.

［22］冯乃康．首届中国旅游文化学术研讨会纪要［J］．旅游学刊，1991（1）：57-58.

［23］冯淑华．古村落旅游客源市场分析与行为模式研究［J］．旅游学刊，2002，17（6）：45-48.

［24］符全胜．旅游目的地游客满意理论研究综述［J］．地理与地理信息科学，2005（5）：90-94.

［25］付邦道．浅析旅游动机的激发［J］．开封教育学院学报，2003，23（4）：11-13.

［26］高军，李涛，田洪伟．质量管理教程［M］．北京：北京航空航天大学出版社，2011.

［27］高玉玲．旅游文化［M］．成都：电子科技大学出版社，2008.

［28］葛梅．国有商业银行服务质量与顾客忠诚度研究［M］．北京：中国经济出版社，2014.

［29］顾伯平．文化的作用［N］．光明日报，2005-03-02.

［30］郭文茹，甘萌雨．福州周边乡村旅游者消费行为研究［J］．云南地理环境研究，2010（6）：34-39.

［31］何琪敏，谈国新．文化生态保护区游客非遗先前知识、感知价值与行为影响机制研究［J］．旅游科学，2023，37（5）：98-119.

［32］何琼峰．中国国内游客满意度的内在机理和时空特征［J］．旅游学刊，2011，26（9）：45-52.

［33］胡丽花，杨晓霞．国外旅游目的地游客忠诚研究综述［J］．桂林旅游高等专科学校学报，2007，18（6）：899-903.

［34］胡绿俊，文军．乡村旅游者旅游动机研究［J］．商业研究，2009（2）：153-

157.

［35］胡田，郭英之.旅游消费者在线购买旅游产品的信任度、满意度及忠诚度研究［J］.旅游科学，2014（6）：40-50.

［36］胡婷，张朝枝.拥挤会唤醒游客负面情绪吗？基于泰山观日情境的实证研究［J］.南开管理评论，2024，27（1）：98-107.

［37］胡小玲，张俐俐.浅析现代女性旅游动机［J］.经济研究导刊，2010（25）：173-175.

［38］黄静波.香格里拉国内旅游者行为特征的经济学分析［J］.求索，2006（12）：39-41.

［39］黄凌云.老年旅游消费行为及市场开发对策［J］.南方论刊，2015（11）：23-25.

［40］黄秀琳.惠众与公平未来旅游发展的终极诉求［J］.中国软科学，2011（3）：65-71.

［41］黄子璇，孔艺丹，曹雨薇，等.基于旅游质量中介变量的体育旅游中动机、期望与游客满意度关系研究［J］.地域研究与开发，2018，37（6）：82-87.

［42］霍淑芳.旅游心理学［M］.青岛：中国海洋大学出版社，2010.

［43］吉良新.旅游文化［M］.青岛：中国海洋大学出版社，2010.

［44］贾祥春.旅游文化的特点及其在旅游业中的地位和作用［J］.复旦学报：社会科学版，1997（3）：83-87.

［45］贾衍菊，林德荣.旅游者服务感知、地方依恋与忠诚度：以厦门为例［J］.地理研究，2016，35（2）：390-400.

［46］江进林，陈梦.入境游客对颐和园的旅游目的地形象感知——基于语料库的研究［J］.海南大学学报（人文社会科学版），2023，41（1）：162-174.

［47］赖晓凡，谢嘉茜，王心蕊.乡村旅游景区质量要素及其对游客满意度的影响——基于可解释神经网络的Kano模型［J］.旅游科学，2024（10）：1-18.

［48］李凤娇，张书颖，刘家明，等.京津冀和长三角城市群的旅游形象感知对比研究［J］.经济地理，2023，43（4）：194-205.

［49］李桂莎，张海洲，陆林，等.旅游宣传片影响下的目的地形象感知过程研究——巴厘岛案例的实验探索［J］.人文地理，2019，34（6）：146-152.

［50］李享.旅游出行方式研究：消费行为视角［M］.北京：旅游教育出版社，2011.

［51］李志飞.旅游消费者行为［M］.3版.武汉：华中科技大学出版社，2024.

［52］连漪，汪侠.旅游地顾客满意度测评指标体系的研究及应用［J］.旅游学刊，2004，19（5）：9-13.

［53］刘纯.旅游心理学［M］.上海：上海科学技术文献出版社，1987.

［54］刘纯.走向大众化旅游的社会：论现代旅游行为［J］.内蒙古大学学报：人文社会科学版，2000，32（4）：98-102.

［55］刘德光，张洁.红色旅游氛围对游客忠诚度的影响研究［J］.科学决策，2023，（10）：230-241.

［56］刘俊，马风华，苗学玲.基于期望差异模型的RBD顾客满意度研究：以广州市北京路步行商业区为例［J］.旅游学刊，2004，19（5）：14-19.

［57］刘雷，史小强.新冠肺炎疫情背景下体育旅游消费行为影响机制——基于S-O-R框架的MOA-TAM整合模型的实证分析［J］.旅游学刊，2021，36（8）：52-70.

［58］刘力，吴慧.旅游动机及其对游客满意和游后行为意向的影响研究：以九华山韩国团体旅游者为例［J］.旅游论坛，2010（2）：147-152.

［59］刘力.老年人旅游动机与制约因素［J］.社会科学家，2016（3）：91-95.

［60］刘晓静，梁留科.旅游社会公平及其评价指标体系研究［J］.武汉科技大学学报：社会科学版，2015，17（8）：438-443.

［61］龙江智，段浩然，张方馨.地方依恋对游客忠诚度的影响研究——基于凤凰古城的实证研究［J］.北京师范大学学报（自然科学版），2020，56（1）：68-77.

［62］龙潜颖，徐彤.旅游同伴对个体旅游体验影响机制研究［J］.旅游科学，2022，36（05）：38-58.

［63］龙睿，吴旭云.消费者社交网络嵌入对旅游态度的影响——基于江浙沪部分城市的实证数据［J］.社会科学家，2020（9）：45-51.

［64］娄世娣.旅游动机及其激发［J］.经济经纬，2002（1）：70-73.

［65］陆利军，廖小平.基于UGC数据的南岳衡山旅游目的地形象感知研究［J］.经济地理，2019，39（12）：221-229.

［66］罗卉，苏思晴，梁增贤.如何提高淡季新媒体营销的有效性？——基于贝叶斯模型的旅游景区公众号注意力研究［J/OL］.旅游科学，1-13［2024-12-28］.

［67］罗明义.旅游经济分析：理论、方法、案例［M］.昆明：云南大学出版社，2001.

［68］罗蓉彭，楚慧，李勇辉.互联网使用会促进家庭旅游消费吗？——基于"两阶段消费者意愿—行为转换理论"的分析［J］.消费经济，2020（10）：57-67.

［69］罗盛锋，黄燕玲，程道品，等.情感因素对游客体验与满意度的影响研究：以桂林山水实景演出"印象·刘三姐"为例［J］.旅游学刊，2011，26（1）：51-58.

［70］蒙睿.短程文化旅游客源市场行为模式研究［J］.经济地理，2004（24）：128-131.

［71］宁士敏.中国旅游消费研究［M］.北京：北京大学出版社，2003.

［72］齐佳音，万岩，尹涛.客户关系管理［M］.北京：北京邮电大学出版社，

2009.

　　［73］乔光辉.生态旅游目的地形象、游客满意度与忠诚度结构模型研究：以云台山世界地质公园为例［J］.经济经纬，2015（6）：6-10.

　　［74］秦俊丽，城市居民游憩行为研究［M］.太原：山西人民出版社，2014.

　　［75］邱扶东.旅游动机及其影响因素研究［J］.心理科学，1996（6）：367-369.

　　［76］瞿佳佳.家庭旅游消费者行为的实证研究［D］.杭州：浙江师范大学，2007.

　　［77］沈涵.游客的旅游地选择与购买决策模型分析［J］.旅游学刊，2005，20（3）：43-47.

　　［78］沈鹏熠.旅游企业社会责任对目的地形象及游客忠诚的影响研究［J］.旅游学刊，2012，27（2）：72-79.

　　［79］沈雪瑞，李天元.国内外旅游目的地忠诚的文献回顾及研究展望［J］.北京第二外国语学院学报，2013（1）：18-28.

　　［80］时蓉华.新编社会心理学概论［M］.上海：东方出版中心，1998.

　　［81］苏馨.俄罗斯旅游者在三亚旅游消费行为研究［D］.昆明：昆明理工大学，2015.

　　［82］粟娟.旅游消费经济学［M］.成都：西南交通大学出版社，2014.

　　［83］孙洁，姚娟，陈理军.游客花卉旅游感知价值与游客满意度、忠诚度关系研究：以新疆霍城县薰衣草旅游为例［J］.干旱区资源与环境，2014（12）：203-208.

　　［84］孙九霞，陈钢华.旅游消费者行为学［M］.大连：东北财经大学出版社，2015.

　　［85］孙喜林.旅游心理学［M］.广州：广东旅游出版社，2002.

　　［86］谭红日，刘沛林，李伯华.基于网络文本分析的大连市旅游目的地形象感知［J］.经济地理，2021，41（3）：231-239.

　　［87］谭颖.长沙地区自驾车旅游者消费行为特征研究［D］.湖南师范大学，2012.

　　［88］唐文跃.地方感研究进展及研究框架［J］.旅游学刊，2007，22（11）：70-77.

　　［89］田里.旅游经济学［M］.2版.北京：高等教育出版社，2006.

　　［90］田里.旅游学概论［M］.天津：南开大学出版社，1998.

　　［91］汪侠，刘泽华，张洪.游客满意度研究综述与展望［J］.北京第二外国语学院学报，2010，177（1）：22-29.

　　［92］王承云，戴添乐，蒋世敏，等.基于网络大数据的上海红色旅游形象感知与情感评价研究［J］.旅游科学，2022，36（2）：138-150.

　　［93］王纯阳，屈海林.旅游动机、目的地形象与旅游者期望［J］.旅游学刊，2013，28（6）：26-37.

　　［94］王娟，李婷，魏荣杰.共睦态视角下旅行同伴对旅游体验质量的相互影响研

究 [J]．西北大学学报（自然科学版），2024，54（4）：639-649.

［95］王伟．乡村旅游者消费行为模型研究 [J]．商场现代化，2009（31）：51-52.

［96］王晓玉．消费者行为学 [M]．上海：上海财经大学出版社，2014.

［97］王馨，白凯．临场感对虚拟旅游参与者情感体验的影响——基于时间失真的中介作用和视觉感知的调节效应 [J]．旅游科学，2023，37（2）：155-174.

［98］王雪映．互联网对旅游者消费行为的影响 [J]．学周刊，2011（18）：205.

［99］王亚峰．信息技术对旅游者消费行为影响的研究 [J]．内蒙古大学学报：哲学社会科学版，2010，42（2）：102-106.

［100］王莹，徐东亚．新假日制度对旅游消费行为的影响研究——基于在杭休闲旅游者的调查 [J]．旅游学刊，2009（7）：48-52.

［101］王祖莉，曹银玲．旅游心理学 [M]．济南：山东大学出版社，2007.

［102］韦志慧．旅游消费者行为学研究综述 [Z]．旅游学研究，2010：66-69.

［103］吴必虎．上海城市游憩者流动行为研究 [J]．地理学报，1994，49（2）：107-127.

［104］吴江，李秋贝，胡忠义，等．基于 IPA 模型的乡村旅游景区游客满意度分析 [J]．数据分析与知识发现，2023，7（7）：89-99.

［105］吴津清．旅游消费者行为学 [M]．北京：旅游教育出版社，2006.

［106］伍蕾，湛琪．旅游者社交媒体分享对旅游体验的影响研究——网络社会支持和积极情绪的中介作用 [J]．四川旅游学院学报，2024（6）：78-86.

［107］肖洪根．旅游时空模式与目的地选择 [J]．资源开发与市场，1998，14（1）：32-34.

［108］谢礼珊，龚金红，徐泽文．顾客感知的旅游服务不公平事件研究：基于关键事件分析法 [J]．旅游学刊，2009，24（9）：67-72.

［109］谢彦君，谷明．旅游者度假选择行为分析 [J]．桂林旅游高等专科学校学报，1998，9（3）：11-14.

［110］谢彦君．旅游体验研究：一种现象学的视角 [M]．天津：南开大学出版社，2005.

［111］徐虹，梁佳，李惠璠，等．顾客不当对待对旅游业一线员工公平感的差异化影响：权力的调节作用 [J]．南开管理评论，2018，21（5）：93-104.

［112］许琦．农村观光旅游服务质量、游客满意度与游客忠诚度关系及实证研究 [J]．哈尔滨商业大学学报：社会科学版，2013（4）：113-119.

［113］许秋红，单纬东．女性旅游者的旅游行为及营销策略 [J]．信阳师范学院学报，2001，21（2）：58-61.

［114］许振晓，张捷，WALL G，等．居民地方感对区域旅游发展支持度影响：以九寨沟旅游核心社区为例 [J]．地理学报，2009，64（6）：736-744.

［115］薛玉梅.民族村寨村民旅游态度与汉语、文化程度的多因素方差研究：以贵州镇山村为例［J］.贵州民族大学学报：哲学社会科学版，2014（1）：12-17.

［116］严明.大学英语自主学习能力培养教程［M］.4版.哈尔滨：黑龙江大学出版社，2014.

［117］杨耕.文化的作用是什么［N］.光明日报，2015-10-14.

［118］杨珮.服务营销［M］.天津：南开大学出版社，2015.

［119］杨瑞，白凯.大学生旅游消费行为影响的实证分析——以西安市大学生为例［J］.人文地理，2008（5）：104-107.

［120］杨万福，宋保平，胡志斌.西安城镇居民旅游消费行为调查分析［J］.经济地理，2002（S1）：258-261.

［121］杨新军，牛栋，吴必虎.旅游行为空间模式及其评价［J］.经济地理，2000，20（4）：105-108.

［122］杨雁.旅游动机和旅游行为研究［J］.渝州大学学报：社会科学版，2002，11（4）：91-93.

［123］杨一翁，孙国辉，童泽林.消费者敌意、善意和矛盾态度对消费者出国旅游意向的影响机制：文化接近性的调节作用［J］.中央财经大学学报，2018（6）：94-105.

［124］姚庆.文化交往学［M］.北京：人民日报出版社，2014.

［125］姚云浩，栾维新.基于 TAM-IDT 模型的游艇旅游消费行为意向影响因素［J］.旅游学刊，2019，34（2）：60-71.

［126］尹郑刚.旅游态度的调查研究［D］.郑州：河南大学，2001.

［127］于文文.事件旅游的居民感知和态度研究［D］.青岛：中国海洋大学，2009.

［128］余凤龙，黄震方，侯兵.价值观与旅游消费行为关系研究进展与启示［J］.旅游学刊，2017（2）：117-126.

［129］余凤龙，黄震方，侯兵.苏南地区农村居民旅游消费行为的影响路径研究［J］.旅游学刊，2018，33（8）：68-82.

［130］余禾，消费者行为学［M］.成都：西南财经大学出版社，2010.

［131］余意峰，丁培毅.旅游目的地忠诚度：一个历时态的概念模型［J］.旅游科学，2013，27（5）：1-9.

［132］余意峰，熊剑平.国外旅游目的地忠诚度研究进展［J］.世界地理研究，2010，19（2）：69-77.

［133］鱼文英，李京勋.航空服务质量和消费情感对顾客满意度的影响研究.旅游学刊，2010，25（10）：49-56.

［134］袁忠霞.旅游心理学［M］.北京：国防工业出版社，2012.

［135］约翰·斯沃布鲁克，苏珊·霍纳.旅游消费者行为学［M］.北京：电子工业出版社，2004.

［136］张蓓.都市农业旅游游客满意度与忠诚度实证分析：基于广州农业旅游景点的调查［J］.中国农村经济，2012（12）：80-92.

［137］张恩碧.体验消费论纲［M］.2版.成都：西南财经大学出版社，2015：187.

［138］张海燕.基于参照群体的旅游目的地形象感知和旅游意向——以张家界市为例［J］.吉首大学学报（自然科学版），2019（1）：84-92.

［139］张宏梅，陆林.近10年国外旅游动机研究综述［J］.地域研究与开发，2005，24（2）：60-69.

［140］张可，许可，吴佳霖，等.网红短视频传播对消费者旅游态度的影响——以丁真走红现象为例［J］.旅游学刊，2022，37（2）：105-119.

［141］张卫.旅游消费行为分析［M］.北京：中国旅游出版社，1993.

［142］张跃先，王雪莹.旅游短视频营销对顾客融入的影响机制研究［J］.管理学报，2024，21（2）：261-268.

［143］赵新民.对旅游的本质、动机、作用的再认识：由生态旅游引发的思考［J］.陕西经贸学院学报，2000，13（4）：90-93.

［144］郑宗清，赖正均.基于推力—拉力因素理论的大学生旅游动机实证研究：以华南师范大学学生为例［J］.华南师范大学学报：自然科学版，2008（2）：121-128.

［145］钟媛媛.基于旅游消费行为视角的“90后”旅游体验研究［D］.重庆：重庆工商大学，2015.

［146］周成，冯学钢.基于“推—拉”理论的旅游业季节性影响因素研究［J］.经济问题探索，2015（10）：33-40.

［147］周寒琼.杭沪苏旅游目的地形象比较研究：以韩国旅游者为例［J］.中南林业科技大学学报：社会科学版，2014（6）：19-22.

［148］周晓丽，唐承财.地方依恋对旅游者红色旅游忠诚度和红色文化资源负责任行为的影响研究［J］.地理与地理信息科学，2022，38（4）：130-136+144.

［149］周学军，杨勇.基于SEM的休闲避暑地游客满意度及忠诚度关系研究：以重庆市黄水镇为例［J］.资源开发与市场，2014（2）：231-234.

［150］周杨，何军红，荣浩.我国乡村旅游中的游客满意度评估及影响因素分析［J］.经济管理，2016，547（7）：156-166.

［151］朱华.旅游学概论［M］.北京：北京大学出版社，2014.

［152］朱怡婷，赵晨，曹开军，等.国家矿山公园游憩满意度影响因素研究［J］.干旱区地理，2024（6）：1-11.

［153］邹本涛，谢春山.旅游文化新论［J］.北京第二外国语学院学报，2009，31（11）：20-24.

英文文献：

［154］BACKMAN S J, CROMPTON J L.The usefulness of selected variables for predicting activity loyalty［J］.Leisure Sciences, 1991, 13（3）: 205-220.

［155］BAKER D A, CROMPTON J L.Quality, Satisfaction and Behavioral intensions［J］.Annals of Tourism Research, 2000, 3（27）: 785-804.

［156］BEARD J B, RAGHEB M G.Measuring leisure satisfaction［J］.Journal of Leisure Research, 1980（12）: 20-33.

［157］BOSCUE I R, MARTIN H S, COLLADO J.The role of expectations in the consumer satisfaction formation process: Empirical evidence in the travel agency sector［J］. Tourism Management, 2006, 27（3）: 410-419.

［158］BOWEN D.Antecedents of consumer satisfaction and dis-satisfaction（CS/D）on long-haul inclusivetours: a reality check on theoretical considerations（participant observation）［J］.Tourism Management, 2001, 22（1）: 49-61.

［159］CADOTTEe ERNEST B, WOODRUFF ROBER B, Jenkins Roger L.Expectation and norm in models of consumer satisfaction［J］.Journal of Marketing Research, 1987: 305-314.

［160］CHURCHILL Jr G A, SURPRENANT C.An investigation into the determinants of customer satisfaction［J］. Journal of marketing research, 1982: 491-504.

［161］CLEMMER E C, SCHNEIDER B.Fair service［A］.// SWARTZ T A, BOWEN D E, BROWN S W. Advances in Services Marketing and Management（5）［C］. JAI Press, Greenwich, CT, 1996.

［162］DANN G. Anomie, ego - enhancement and tourism［J］.Annals of tourism Research, 1977, 4（4）: 184-194.

［163］DICK A S, BASU K.Customer loyalty: toward an integrated conceptual framework.Journal of the academy of marketing science, 1994, 22（2）: 99-113.

［164］GURSOY D, JUROWSKI C, UYSAL M.Resident attitudes a structural modeling approach［J］.Annals of Tourism Research, 2002, 29（1）: 79-105.

［165］HILLS P, ARGYLE M, REEVES R.Individual differences in leisure satisfactions: An investigation of four theories of leisure motivation［J］.Personality and Individual Differences, 2000, 28（4）: 763-779.

［166］HUTCHINSON J, LAI F, WANG Y.Understanding the relationships of quality, value, equity, satisfaction, and behavioral intentions among golf travelers［J］.Tourism management, 2009, 30（2）: 298-308.

［167］KELY G, GRAEFE A, MANNING R.Testing the dimensionality of place attachment in recreational settings [J].Environment and Behavior, 2005, 37 (2): 153-177.

[168] KO D, STEWART W P.A structural equation model of residents' attitudes for tourism development [J].Tourism Management, 2002, 23 (5): 521-530.

[169] KYLE G T, MOWEN A J, Tarrant M.Linking place preferences with place meaning: An examination of the relationship between place motivation and place attachment [J].Journal of environmental psychology, 2004, 24 (4): 439-454.

[170] LEE C K, LEE Y K, LEE B K.Korea' s destination image formed by the 2002 World Cup [J].Annals of Tourism Research, 2005, 32 (4): 839-858.

[171] LIN V S, MAO R, SONG H.Tourism expenditure patterns in China [J]. Annals of Tourism Research, 2015, 54 (C): 100-117.

[172] LO A S, LEE C.Motivations and perceived value of volunteer tourists from Hong Kong [J].Tourism Management, 2011, 32 (2): 326-334.

[173] MANNELL R C, ISO-AHOLA S E.Psychological nature of leisure and tourism experience [J].Annals of tourism research, 1987, 14 (3): 314-331.

[174] MARTINEAU P.The personality of the retail store [J].Harvard Business Review, 1958, 36 (1): 47-55.

[175] OJASALO J.Managing customer expectations in professional services [J]. Managing Service Quality: An International Journal, 2001, 11 (3): 200-212.

[176] OLIVER R L.Whence consumer loyalty? [J].The Journal of Marketing, 1999: 33-44.

[177] OLIVER R L.A Cognitive Model of the Antecedents and Consequences of Satisfaction Decisions [J].Journal of Marketing Research1980, 17, 4 (11): 460-469.

[178] OPPERMANN M.Predicting destination choice—A discussion of destination loyalty [J].Journal of Vacation Marketing, 1999, 5 (1): 51-65.

[179] OZTURK A B, Qu H.The impact of destination images on tourists' perceived value, expectations, and loyalty [J].Journal of Quality Assurance in Hospitality & Tourism, 2008, 9 (4): 275-297.

[180] PANISA M, SIRIVAN S, NAK G.An examination of tourists' attitudinal and behavioral loyalty: Comparison between domestic and international tourists [J].Journal of Vacation Marketing, 2009, 15 (2): 129-147.

[181] PARASURAMAN, A, ZEITHAML V A, Berry L L.A Conceptual Model of Service Quality and Its Implications for Future Research [J].Journal of Marketing, 1985: 41-50.

[182] PIZAM A.Tourism' s impacts: The social costs to the destination community as

perceived by its residents［J］.Journal of Travel Research，1978：8-12.

［183］RID W，EZEUDUJI I O，PrÖBSTL-HAIDER U.Segmentation by motivation for rural tourism activities in the Gambia［J］.Tourism Management，2014，40：102-116.

［184］RITTICHAINUWAT B，MAIR J.Visitor attendance motivations at consumer travel exhibitions［J］.Tourism Management，2012，33（5）：1236-1244.

［185］SPRENG R A，MACKENZIE S B，OLSHAVSKY R W.A reexamination of the determinants of consumer satisfaction［J］.The Journal of Marketing，1996：15-32.

［186］TAX STEPHEN S，BROWN STEPHEN W，Clandrashekaran Murali.Customer Evaluations of Service Complaint Experiences：Implications for Relationship Marketing. Journal of Marketing［J］，1998，62（2）：60 -76.

［187］TUAN Y F.Topophilia：A Study of Environmental Perception，Attitudes and Values［M］.Englewood Cliffs NJ：Prentice-Hall，1974.

［188］WESTBROOK R A，Oliver R L.The dimensionality of consumption emotion patterns and consumer satisfaction［J］.Journal of consumer research，1991，18（1）：84-91.

［189］YOON Y，UYSAL M.An examination of the effects of motivation and satisfaction on destination loyalty：a structural model［J］.Tourism management，2005，26（1）：45-56.

项目策划：孙妍峰
责任编辑：孙妍峰
责任印制：钱　宬
封面设计：武爱听

图书在版编目（ＣＩＰ）数据

旅游消费者行为学 / 邹勇文，刘德军，林文凯主编 ；
刘玉凤等副主编 . -- 2 版 . -- 北京 ：中国旅游出版社，
2025. 2. --（中国旅游业普通高等教育应用型规划教材
）. -- ISBN 978-7-5032-7537-1

Ⅰ . F590

中国国家版本馆 CIP 数据核字第 2025E3N634 号

书　　名：旅游消费者行为学（第二版）

主　　编：邹勇文　刘德军　林文凯
副 主 编：刘玉凤　肖　刚　曹国新　艾晓玉
出版发行：中国旅游出版社
　　　　　（北京静安东里6号　邮编：100028）
　　　　　https://www.cttp.net.cn　E-mail:cttp@mct.gov.cn
　　　　　营销中心电话：010-57377103，010-57377106
　　　　　读者服务部电话：010-57377107
排　　版：北京旅教文化传播有限公司
经　　销：全国各地新华书店
印　　刷：三河市灵山芝兰印刷有限公司
版　　次：2017年6月第1版　2025年2月第2版
印　　次：2025年2月第1次印刷
开　　本：787毫米×1092毫米　1/16
印　　张：16.75
字　　数：340千
定　　价：49.80元
ＩＳＢＮ　978-7-5032-7537-1